基于互联网的
文言文对译教学法新探

乐晓华　赵美欢　编著

中国书籍出版社
China Book Press

图书在版编目（CIP）数据

基于互联网的文言文对译教学法新探/乐晓华，赵美欢编著 ．－－北京：中国书籍出版社，2021.5

ISBN 978－7－5068－8233－0

Ⅰ.①基… Ⅱ.①乐…②赵… Ⅲ.①文言文—教学研究—中学 Ⅳ.①G633.302

中国版本图书馆 CIP 数据核字（2020）第 254333 号

基于互联网的文言文对译教学法新探

乐晓华 赵美欢 编著

责任编辑	卢安然 宋 然
责任印制	孙马飞 马 芝
封面设计	中联华文
出版发行	中国书籍出版社
地 址	北京市丰台区三路居路 97 号（邮编：100073）
电 话	（010）52257143（总编室） （010）52257140（发行部）
电子邮箱	eo@ chinabp. com. cn
经 销	全国新华书店
印 刷	三河市华东印刷有限公司
开 本	710 毫米×1000 毫米 1/16
字 数	305 千字
印 张	17.5
版 次	2021 年 5 月第 1 版
印 次	2021 年 5 月第 1 次印刷
书 号	ISBN 978－7－5068－8233－0
定 价	75.00 元

参与本书编著者名单

乐晓华　　赵美欢　　郑文佳　　刘　兵

贺梅军　　梁文锋　　叶　梅　　欧宝欣

田卓艳　　李芳芳　　李智玲　　许培纯

前　言

2020 年春天，注定会被历史铭记。新型冠状病毒肺炎来势汹汹，举国上下众志成城，共抗疫情。这绝不是武汉一座城的战役，是全国乃至于全世界人民都在抗争的一场战役。

面对突如其来的大灾难，我们如何找到自己生命的价值？全国教育系统纷纷行动，开展了史无前例的"停课不停学"的活动，数以亿计的师生纷纷涌上互联网平台，以实际行动响应国家号召，打响了另一场没有硝烟的战争。

在大时代的滚滚洪流中，个人渺小如微尘。但每一张平凡的面孔都值得致敬与铭记。当前形势下，"不互联，无教育"。"基于互联网环境的对译教学的实践研究"课题组成员，在课题组主持人乐晓华老师的带领下，牢记师者的使命，白天化身为"十八线网红主播"，录制网课，上直播课，积极投身线上教学；晚上挑灯奋战，奋笔疾书，思考如何实现信息技术与文言文教学的深度融合。《基于互联网的文言文对译教学法新探》一书便是在这样的背景下应运而生。

本书是"基于互联网环境的对译教学的实践研究"课题的研究成果。2013—2016 年，广东省珠海市金湾区教育科研培训中心乐晓华老师将"对译"教学法上升为课题来研究，申报并主持区级重点课题"新课程背景下的中学语文文言文对译教学的研究"，取得一系列成果。为了继续展开深入研究，乐晓华老师以"基于互联网环境的对译教学的实践研究"申报广东省教育科研"十三五"规划 2018 年度研究课题并获准立项，在此基础上开展深入研究并取得了一系列的研究成果。

本课题的研究对象是基于互联网环境的对译教学实践，依托现代信息技术手段，将对译教学与网络技术、多媒体教学媒介等有机结合起来，进行高效文言文教学，构建适合学生学习的高效文言文课堂教学的新型模式。

通过本项目研究，促进学校教育信息化的推进，加强互联网、信息技术设施设备、大数据、人工智能等建设，为信息技术与文言文教学的深度融合研究提供物质基础与网络环境的保障。信息技术与文言文教学的深度融合，即信息技术应用于文言文教学全过程，这样就会改善"文言文教与学环境"，转变"教与学方式"，从而彻底改变传统的"以教师为中心"的课堂教学结构，构建新型的"主导－主体相结合"的课堂教学结构，实现学校教育系统结构性改革。

互联网融合教学理念就是把互联网科技与教学相结合的一种新的教学形式，是建立在互联网技术基础上的以学生为主体的教育。主要体现在两个方面，一是利用互联网及其终端设备进入课堂开展教学活动，达到天衣无缝融合课堂教学生态。二是用互联网思维来创新教学，即在互联网思维下开展备课、教学、作业，从而使教学发生质的变革。"互联网＋教学"实质上体现的是技术融合教育，而不是技术支配教育，是传承性的优化升级，而不是颠覆式的革命与发展，它却能有效地提高教学质量。

通过"对译"教学多年实践，课题研究团队反复推敲研究，探索出最适合学生学习的高效学习方式，构建了文言文课堂教学新型模式。这种模式称为白话文与文言文"对译"教学模式，"对译"教学基本模式可用"六字诀"来概括：导—读—译—练—用—结。通过把白话文翻译成文言文落实文言字词与句式，改变了过去老师讲、学生记的传统模式，让学生在运用中理解与掌握文言知识，传承传统文化。

互联网技术支撑下的文白对译课堂从语言到文化、从思维创新到审美创造多角度来提升学生的核心素养。"文白"对译教学法的核心部分在于教师要创作一篇现代白话短文，学生须把从文言文所学到的词语、句式知识与能力迁移到文白对译练习中。"对译"法一亮相，便以新颖的外衣惊艳全场，"逆向"思维的内核震撼学生，令人耳目一新，兴趣顿生，学习积极性也随之提高。

《基于互联网的文言文对译教学法新探》一书正是"基于互联网环境的对译教学的实践研究"课题研究成果的展示。全书分为"理论研究篇"和"教学实践篇"两部分。

第一部分"理论研究篇"，是课题组成员基于当前文言文课堂教学的现状及思考，结合一线文言文教学工作实际形成的理论总结和教学感悟。既有课题组主持人乐晓华老师多年潜心研究的成果结晶，体现对"开展文言文对译教学的必要性、科学性、实践路径、现实价值"的高度理论的思考，又有课题组成员对新近发生的从疫情期间日本捐赠物资引起的"山川异域，风月同天"与"武汉加油"之议，进而引发"文白对译"、雅俗共赏的教学感悟；既有在文言文教学中如何"加点趣味"，"促进高效学习"，从而"享受不经意的花开"的教学思考，又有"基于互联网环境下"文言文教学与"信息技术融合"的方法指导……一个个跋涉的足印，一篇篇走心的理论思考和教学感悟，真诚地奉献给读者！

第二部分"教学实践篇"，收遍了课题组成员在"对译教学"研究和推广期间的优秀课例。每篇课例都包括"教学设计""导学案""教学实录""专家评析"四大块。一书在手，上课无忧。其中优质示范课《狼》是面对全体课题实验教师开展的前瞻性的示范课例，深入浅出地指导课题实验教师开展课题研究，给他们打开了文言文教学研究的大门；示范课《师说》是课题组骨干成员应邀到广东省清远市清新区第一中学进行研究成果推介的课例；而《陈情表》课例则是受邀到云南省怒江傈僳族自治州贡山县贡山一中进行研究成果推介的课例；《赤壁赋》课例则是获得全国"一师一优课"的部级优课……

这本书总结了课题研究团队经过反复推敲研究，探索出来的适合学生的高效学习方式，具有前瞻性和实用性；书中收编了课题研究组在文言文教学中的理论思考和备课、上课、评课的实践操作，可用作课题培训的专业用书，具有指导性和工具性。

"纸上得来终觉浅，绝知此事要躬行。"没有华美的语言，只有脚踏实地的实干；没有开拓者的呼喊，只有背后默默的付出。只要教育的使命还在，我们课题组将会一如既往地坚持走下去。不忘初心，砥砺前行。这就是教育者的情怀！

（乐晓华、赵美欢）

目　录
CONTENTS

第一部分

01

|理论研究篇|

基于互联网环境的对译教学的实践研究

摘　要：对译教学是新课改中学文言文教学创新的典范，具有扎实的理论基础与良好的实践价值。在当前"互联网＋"的背景下探索基于互联网环境的对译教学，对改革传统的文言文教学模式、激发学生文言文学习兴趣、提高语文教学质量具有重要的意义。因此，本课题从解决文言文教学低效问题出发，以文言文教学模式创新为突破口，依托现代教育信息技术手段与网络资源平台，积极探索中学文言文教学与现代教育信息技术的深度融合，构建起互联网环境下高效可行的对译教学模式，有效地激发学生文言文学习内驱力，促进学生自主、合作、探究学习能力发展，提高语文教学质量水平，最终实现语文教育立德树人的根本任务。在整个课题研究过程中，课题团队从课题申报、开题报告、理论培训、教学示范到课题总结、成果推广等方面进行了科学周密计划，扎实有序地推进研究工作，取得了良好的课题研究成效，形成了课题研究的主要结论。同时，对课题研究过程中存在的问题进行了反思，并提出进一步完善研究工作的建议。

关键词：互联网环境；对译教学；实践

引　言

当前，人类社会已经迈入"互联网＋"的信息化时代。早在 2005 年 9 月，哈佛大学发布的"开放 ICT 生态系统路线图"（Roadmap for Open ICT Ecosystem）报告就描绘了信息化背景下的教育蓝图，即"数字环境随时随地可以普适接入，网络资源像水、电、空气一样方便地广泛共享。教育教学不再以教师为中心，教师是学习过程的参与者、协作者，而不是简单的'传道者'；学生可以向周围的社区、网络资源等学习；学习方式发生革命性变化，研究性学习、探究式学习成为常态，最终构建起以学生为中心的终身学习体系，形成学习型社会"。因此，应对信息时代教育所面临的挑战，我们必须变革现行的教学模式，构建泛在化、智能化的学习环境，实现教育的个性化、精准化和优质教育资源的共享。

语文学科作为学校基础教育最为核心的课程之一，其以"教师讲授为中心"的课堂教学模式长期没有得到根本性的变革，特别是文言文教学长期沿袭"串讲法"套路。师生怕教怕学文言文的恐惧畏难心理普遍存在，文言文教学甚为低效。因此，在"互联网＋"的语境下，如何贯彻新课改的教育理念，开展文言文教学改革，探索高效可行的教学方法与模式，激发学生文言文学习的内驱力，促进自主、合作、探究学习能力发展，提高语文教学质量水平，实现语文教育立德树人的根本任务，这是一个非常值得研究的课题。在这方面，广东珠海市金湾区新课改以来实施的文言文"对译教学"改革为语文教育界提供了一个成功的典范。

一、研究问题的提出

（一）研究背景

长期以来，中学文言文教学不尽如人意，师生普遍存在对文言文教学的畏惧心理，文言文教学改革步履艰难。当前，教育信息化背景下"互联网＋"正以不可逆的方式推动教学方式与学习方式的变革，传统文化"国学热"也对文言文教学提出了更高要求，新课改语文教材文言文篇目数量大大增加，文言文教学的重要性日益突出。传统的"串讲法"及模式已经难以适应新时期文言文教学需要，因此，针对文言文"串讲"教学的弊端，我们从解决文言文课堂教学低效问题出发，提出实施文言文对译教学改革。

珠海市金湾区教科培中心语文教研员乐晓华老师与珠海市教研中心原高中语文教研员容理诚老师在 2010 年就共同倡导"把白话文翻译成文言文"的做法，并先后在珠海、广州、云浮及澳门、台湾等地的教学研讨会上进行过示范演示，反响强烈，各方好评如潮。

2013—2016 年，广东省珠海市金湾区教育科研培训中心乐晓华老师将"对译"教学法上升为课题来研究，申报并主持区级重点课题"新课程背景下的中学语文文言文对译教学的研究"，取得一系列教学成果。为了继续展开深入研究，乐晓华老师以"基于互联网环境的对译教学的实践研究"为名称申报广东省教育科研"十三五"规划 2018 年度研究课题并获准立项，由此展开了本课题的相关研究。

（二）课题研究的文献综述

作为对传统文言文教学的创新，文言文对译教学以新的教学理论和教学模式在当前众多语文教学改革中脱颖而出，并逐渐成为语文教育界关注的热点。相关的研究文章不断出现：如王长富的《"逆译法"在文言文教学中的应用》（2011），容理诚、乐晓华的《〈对译——学以致用〉——另辟蹊径的高效文言文学习》（2013），张静怡的《"文言文对译教学法"的实践与反思——以〈两小儿辩日〉为例》（硕士论文，2016），乐晓华的《浅析中学语文文言文教学的育人功能及价值》（2017）、《学以致用：文言文"对译"创意教法》（2017），乐晓华、曾毅合作的《基于语文学科核心素养培育的文言文对译教学研究》（2019）等等。同时，乐晓华的教学专著《中学语文文言文对译教学探索与实践》（2018 年 1 月）也出版了。上述研究者们围绕文言文对译教学的基本内涵、理论依据、教学方法、教学模式和实践范例都进行了初步探讨，为本课题的研究奠定了良好的基础。但是，探讨基于互联网环境的对译教学的论文或著作，至今还是空白。

（三）课题研究意义价值

本课题研究意义在于：一是将现代教育技术与文言文教学深度融合，在对译教学基础上，创新文言文教学理论、教学方法和教学模式，提高文言文教学效率与质量；二是利用现代教育技术整合文言文教学资源，发掘文言文教学的育人价值，实现"立德树人"的教育目的；三是增强学生文言文学习兴趣，发挥学生学习自主性，提高学生文言文学以致用的能力。

本课题针对文言文教学的弊病，运用相关学科理论与现代教育技术，从理论与实践两方面进行探索，具有较高的研究价值。概括而言，一是在理论价值层面，构建文言文对译教学的理论体系，运用已知论、兴趣论、建构主义理论、头脑风暴理论、读写迁移论等理论，从不同角度阐述文言文"对译"教学的科学性和可行性；二是在实践价值层面，改革传统的"串讲"方法及模式，设计灵活有效的对译教学操作流程，引入微课视频、翻转课堂等新方法，提供给学生最适合最有效的学习方式，提高学生学习兴趣和写作能力；三是形成文言文对译教学理论与实践体系，并加以推广应用，发挥其对文言文课堂教学改革与实践的示范辐射效应。

二、课题研究设计

（一）研究目标

1. 总目标：通过项目研究，改革传统文言文教学方法及模式，构建起"基于互联网环境的文言文对译教学"新型的高效可行的教学模式，以彻底转变教学方式与学习方式，解决文言文课堂教学长期存在的低效问题，提高文言文教学质量，让学生真正掌握我国优秀传统文化的学习方法，初步具备学习古典文籍的能力，实现语文教育立德树人的根本任务。

2. 阶段性目标

（1）开展调研工作，弄清中学文言文教学存在的低效问题及其原因，完成调研报告。

（2）改革文言文课堂教学方式与学习方式，构建基于互联网环境的新型的高效可行的文言文对译教学模式。

（3）建立"基于互联网环境的文言文对译教学"的评价体系与评价机制，明确高效高质文言文课堂教学的标准与方向。

（4）通过本项目研究，促进学校教育信息化的推进，加强互联网、信息技术设施设备、大数据、人工智能等的建设，为信息技术与文言文教学的深度融合研究提供物质基础与网络环境的保障，实现文言文对译教学信息化。

（二）研究对象与内容

本课题的研究对象是基于互联网环境的对译教学实践，具有鲜明的独特性和新颖性。其独特性表现为对译教学本身就是独特的，它与传统的文言文教学有明显的差异，是对传统文言文教学的改革和创新；其新颖性表现为依托现代信息技术手段，将对译教学与网络技术、多媒体教学媒介等有机结合起来，创新对译教学的模式，使对译教学更加灵活高效，有助于提高学生文言文学习兴趣和学习能力，更好地发展学生的语文核心素养。

本课题在前人研究成果基础上，尤其是在"新课程背景下中学语文文言文对译教学研究"成果基础上，依托现代教育信息技术和网络平台资源，深化文言文对译教学改革，创新课堂教学模式。主要研究内容包括：

1. 开展对文言文教学现状与教学质量状况的调查研究，形成调研报告。

2. 对本项目研究的理论依据进行研究，并创新发展文言文教学理论，形成基于互联网环境的对译教学新理念。

3. 对基于互联网环境的文言文对译教学中信息技术手段及信息技术与文言

文对译教学融合方式进行研究，构建"基于互联网环境的对译教学新模式"。信息技术与文言文教学的深度融合，即信息技术应用于文言文教育、教学全过程，这样就会改善"文言文教与学环境"与"教与学方式"，从而彻底改变传统的"以教师为中心"的课堂教学结构，构建新型的"主导－主体相结合"的课堂教学结构，实现学校教育系统结构性改革。

4. 开展基于互联网环境的文言文对译教学评价的研究。主要是开发设计课堂教学评价方案，实施教学效果评价。

（三）研究方法

本课题研究方法主要包括文献研究法、调查研究法、行动研究法、课例研究法和经验总结法。

1. 文献研究法：通过广泛探索、查阅、分析文献，了解有关文言文教学方面的知识、阐述的理论，掌握文言文教学改革的已有理论，为该项目的研究奠定理论基础。

2. 调查研究法：通过访问、座谈、问卷调查等方式，了解中学文言文教学现状与存在问题，为本项目研究提供科学的数据与事实依据，同时，增强研究的针对性与价值意义。

3. 行动研究法：按照基于互联网环境的文言文对译教学实践研究实施方案及相关理论，指导课题组成员（教师）开展项目的实践研究，对既定的实践研究内容进行广泛探索，以实现研究阶段性目标与总体目标。在实践研究中，要真做实干，把学习、思考、实践结合起来，逐步调整与完善实践研究方法和策略，积累研究原始数据与资料。

4. 课例研究法：课题组对实验教师的优秀课例进行重点研究。通过举行优秀课例公开课的形式，组织课题组实验教师听课观摩，课后通过议课、评课、案例反思的方式进行研究讨论，发现并找出课堂教学中存在的问题，及时探讨解决问题的有效举措，推动研究向纵深处发展。

5. 经验总结法：收集整理课题组实验教师在课题实践研究过程中撰写的案例、论文、教学反思等资料，进行分析、归纳和提炼，写成经验总结文章，并适时反馈；定期召开课题实践研究经验交流会，互相学习，共同探索课题研究的重点内容与目标，推动课题研究目标任务顺利完成。

（四）研究技术路线及实施步骤

1. 本课题研究技术路线大致表现为：首先是设计课题研究方案；其次是开展研究工作，在课堂展开实践研究一年，进行中期评估，形成中期研究报告；

最后是实践研究后期，进行总结反思，完成研究报告撰写和成果汇编工作。

2. 课题具体实施步骤包括：

（1）准备阶段（2017年3月—2017年8月）

成立课题项目组，确定课题名称、开展调研、制订课题研究方案、进行课题研究设计论证、完成课题申报立项工作。

（2）实施阶段（2018年5月—2020年3月）

本课题研究完成时间为二年，从2018年5月正式下达立项通知起开始实践研究，这一阶段具体实施目标任务为：

a. 完成调研工作。

b. 开展互联网等信息环境及技术与语文文言文对译教学深度融合研究，教学评价与机制的研究等，总结实践经验，构建"互联网＋"对译教学模式，提炼基于互联网的文言文教学新理念。

c. 2019年4月，完成中期研究报告，举行中期研究总结验收会议。

（3）总结阶段（2020年4月—2020年6月）

本课题研究预期完成时间：2020年5月30日。课题组撰写课题研究报告，收集整理研究资料，研究成果汇编，召开课题结题会议，完成课题结题验收与研究成果鉴定工作。

三、课题研究过程与结论

（一）课题研究过程

1. 扎实开展课题培训学习

课题组2018年5月印发了《实验学校研究工作指引》，2018年6月印发了《"基于互联网环境的对译教学的实践研究"课题研究工作安排的通知》，2019年4月印发了《"基于互联网环境的对译教学的实践研究"2019年研究工作安排》，这三份文件成为课题组开展研究活动的指南。研究之初，加大了对课题组成员与实验教师的培训学习力度。要求各课题组成员、实验学校实验教师重点学习、领会对译教学的理念、基本模式与精髓，以及互联网、信息技术应用等方面的知识。学习内容为：a. 课题开题报告；b. 专著《中学语文文言文对译教学的探索与实践》（乐晓华著）；c.《师道》杂志2017年第12期的论文《学以致用：文言文"对译"创意教法》等。

为了进一步推动课题研究向纵深发展，2019年4月24日下午，课题组主持人乐晓华老师在红旗中学录播室为课题成员与教师们做了一场主题为"文言文对译教学的理论思考与实践路径"的讲座。为了加强课题实验教师的培训培养，探讨"互联网＋文言文对译教学"模式，2019年10月16日上午在金海岸中学教学楼二楼录播室乐晓华老师做了题为"互联网＋文言文对译教学的备课与实践操作"的讲座。2019年12月11日上午，乐晓华老师在金海岸中学为课题组成员及实验教师上了一次"基于互联网环境的对译教学"示范课，课题为文言文《狼》。这些活动的开展，加强了实验教师的培训培养，全面反映"基于互联网环境的对译教学的实践研究"课题研究和实践的成果。

2. 扎实开展研究活动

课题研究团队依据课题研究的计划进度，从2018年6月至2020年4月，先后组织了9次主题鲜明、针对性强的课题研讨活动。内容涉及开题报告资料完善，课题研究实施方案制订、网络平台建设、课题教学培训、课题中期报告撰写、结题报告的撰写、成果材料的结集等方面。

3. 举行公开课，展示对译教学风采

2019年4月24日下午，在金湾区教育科研培训中心乐晓华主任的精心组织和安排下，"基于互联网环境的对译教学的实践研究"教学研讨活动在红旗中学录播室顺利开展，课题组骨干实验教师赵美欢执教了《陈情表》。2019年5月29日下午，"文言文对译教学模式研究"课题实践验收公开课在小林中学录播室举行，课题组实验青年教师刘兵执教《记承天寺夜游》。2019年6月19日下午，在珠海市广东实验中学金湾学校举行了珠海市高中文言文对译教学研讨课活动，马翠翠老师上了一节题为"师说：文言文对译教学法初探"的研讨课。2019年10月16日，在珠海市金海岸中学举行了初中文言文对译教学研讨课活动，青年教师刘兵上了一节题为《陈太丘与友期行》的研讨课。通过这4次公开示范课，大大提高了教师们对文言文对译教学的理解与运用能力，也积累了丰富的教育教学资源。

4. 举行赛课，以赛促研共提高

为了课题成员及教师们相互促进、共同提高，2019年12月，课题组组织实验教师进行赛课。珠海市广东实验中学金湾学校的田卓艳老师在澳门回归20周年的喜庆中执教《张衡传》，李芳芳执教《寡人之于国也》。这次赛课，有两个特点，一是教师们自己创作白话短文，作为学生翻译为文言短文训练素材，基本上摆脱使用现成材料的局限，紧扣课文，结合现实，创作出具有生活气息的白话文段。二是教法上有规规矩矩的六字诀模式，也有删繁就简、灵活多变的"简缩版"文言对译的教学案例。同时，结合高考，鼓励学生运用文言文，提高迁移能力。

5. 成果推广，扩大课题影响力

早在 2017 年，"新课程背景下的中学语文文言文对译教学的研究"课题组就对外推广课题成果。11 月 19 日，乐晓华主任带领着课题组的主要成员郑文佳主任、赵美欢老师，与金湾区教育局代表团一行 8 人，远赴云南省怒江傈僳族自治州贡山独龙族怒族自治县，开展送教帮扶活动。在贡山一中，乐晓华主任向全县中学语文教师做了《对译教学与课堂教学改革》学术讲座，课题组青年教师赵美欢老师上了教学示范课《陈情表》，课题组三位成员共同指导贡山一中的字晓丽老师上了一节试验课《岳阳楼记》，整个活动采用"教—研—训"三位一体的混合教研模式，进行深度交流合作。这次活动在贡山县引起了较大的反响，受到贡山教育局领导和教师的高度评价。2019 年 10 月 18 日，应清远市清新区第一中学邀请，课题主持人乐晓华和课题实验骨干教师郑文佳到清新区第一中学推介成果，乐晓华老师做了题为"基于互联网的文言文对译教学法的理论思考与实践路径"的学术讲座。郑文佳老师上了一节课题成果示范课《师说》，课后进行了评课、质疑答疑。这次课题推介活动引起了强烈的反响。该校教师、邹天顺名师工作室成员等在网络上连发十多篇文章，如《倒骑毛驴出新意，创意教学有奇效》《文言文教学新思路》《鉴珠海名石，攻清新玉璞》等，对文言文"对译"教学法大加赞赏。2019 年 5 月，广东教育杂志社派出记者，对课题研究工作做了专访，并以题为《反弹琵琶出新意——珠海市金湾区教育科研培训中心主任乐晓华访谈录》一文在《广东教育》杂志上做了宣传，产生了积极影响。2019 年 11 月 20—23 日在珠海国际会展中心举办的第五届中国教育创新成果博览会上，本课题成果以"文言文'对译教学'模式的研究与发展"为名称参展，大大扩大了课题影响力。"金湾教育"公众号，在 2019 年 4 月—11 月，分别以《文言文怎么教出精彩？金湾老师这样做……》《实践出真知：对译教学模式再检验》《教育创新，提升影响，对译成果亮相教博会》为题，做了 3 次深度的宣传报道，扩大了课题的知名度。

（二）课题研究结论

语文教育前辈张志公先生说过，"怎样对待和处理文言文问题，是一个很需要加深研究的相当复杂的问题。在这个问题上，需要有眼前的办法，要有长远的打算。这是语文教学需要解决的问题，也是我们文化政策中的重要问题之一"。① 在当前中华民族伟大复兴的历史背景下，文言文教学对继承和发扬中国优秀传统文化具有极其重要的意义，对发展学生语文核心素养，实现语文教育立德树人根本任务尤为关键。因此，针对中学文言文教学低效问题，改革传统文言文教学模式，激发学生文言文学习兴趣、提高语文文言文教学质量，是语文教育者的重要使命，也是本课题研究的价值与意义所在。在总结课题研究的基础上，我们得出如下的主要结论：

1. 基于互联网的文言文"对译教学"是新课改语文文言文教学的创新之举，也是激发学生文言文学习兴趣、提高文言文教学效果的成功典范。从课题研究与实践看，本课题针对传统文言文教学低效的问题，着力改革传统文言文教学单一的"串讲法"模式，在把文言文翻译成白话文的常规教法基础上，重点研究把白话文翻译成文言文的创新教法。实践证明，这种教学法颠覆了传统的文言文"串讲"模式，转变了单一的教学方式与学习方式，体现了新课程倡导的自主、合作、探究的学习方式，实现优化课堂结构和教学过程。

2. 创设良好的互联网教学环境有助于师生开展文言文对译教学，提高学生文言文学习兴趣和课堂教学效果。与此前的"对译教学"相比，基于互联网环境的对译教学有4个明显的变化：一是学生的主体性和主体地位得到强化，突出学生的学为中心，真正体现以学定教的设计理念；二是线上线下资源融合，教学内容丰富新颖，能够有效激发学生文言文学习的兴趣；三是教学过程多样化，能够体现基于互联网的对译教学"三环六步"的"教无定法"的灵活运用；四是师生对话互动的时间与频率增加，教学评价反馈及时有效。从课题组成员的示范课或公开课中，可以发现师生借助网络平台、多媒体和学生平板电脑等，有效地整合线上线下的教学资源，教学过程内容丰富，直观形象，环节灵活，张弛有度；师生对话互动热烈，学生兴趣高涨，思维活跃，课堂教学效果较佳。

3. 构建具有激励性的教学评价体系与机制有助于增强学生文言文学习动力。文言文对译教学是以学生的学为中心开展的，其教学模式中的每个环节都需要学生积极参与。因此，每个教学环节学生学习表现程度有哪些相应指标来观测，这是教师课前应设计好的，同时，这些指标应以激励为导向，有助于激发学生学习的内在动力，帮助学生克服文言文学习的畏惧畏难心理。

4. "对译"教学并不排斥"串讲法"，它先进的教学模式已经被实践证明

---

① 庄文中编．张志公语文教育论集［C］．北京：人民教育出版社，1994：226.

是一种新型的、优质高效的文言文课堂教学模式。"对译法"是创新教法，然而，传统"串讲法"能够长期占据文言文课堂，它必然有自身合理之处。因此，"对译教学"与常规"串讲法"，两者各具特色，相辅相成，教师应灵活运用，引导学生领略文言文蕴含的传统文化，感受伟大的民族精神。

5. 基于互联网的文言文"对译教学"在教学实践中被证明是高效可行的，它对改革传统文言文教学模式、激发学生文言文学习兴趣、助推学生深度学习、促进教师专业发展和角色转型、提高文言文教学效果与效率具有积极的意义，因此，具有良好的推广应用价值。

四、课题研究成果

（一）理论成果

1. 通过调研，弄清了目前文言文教学存在的真问题

通过调研，我们发现当前文言文教学存在如下问题：一是文言文教学理论研究不足，教师缺乏新理念的支撑。二是文言文教学内容与现实生活存在较大距离，学生缺乏学习兴趣。另外，学生文言文学习的目的不清楚，致使缺乏学习动力。在对学生学习文言文目的的认识的一项调查中显示：将近63.1%的学生认为学习文言文的目的就是为了应付考试。不知道学习文言文最终目的是为了让自己"达到能自主阅读古代文献、典籍的能力与水平，继承我国传统文化的精髓"。三是教学方法单一，如传统的"串讲法"，注重"以教师为中心，教师讲、学生听的教学方式与学习方式"，难以激发学生主动积极地学习与对高阶思维的训练，也难以匹配信息变革时代素质教育和支持学习者深度学习的要求。近年，我国香港、澳门、台湾，以及新加坡等地也对文言文教学方式进行了积极探索，但至今未有一种行之有效、可推广应用的文言文教学新模式，能实现匹配"以学习者为中心"的教学变革趋势。

2. 丰富对"已知理论"的认识

我们认为，学生并不是一张白纸，中学生学习文言文也不是从零开始的。早在学前阶段或小学阶段，学生就已经从父母或教师那里初步接触到文言文，他们对文言文的语言形式、文化内容、思想感情并非一窍不通。所以教师在多数情况下只需要对一些重要的字词做解释即可，不必逐字逐词、整句整段做传统的"串讲"，而要针对学生的困惑、疑难与需求提供帮助。在这个过程中，不是对他们灌输，而是帮助他们建构，教会他们学习，相信学生的学习能力，放手让学生学习与练习。

3. 提出互联网融合教学理念

互联网融合教学理念就是把互联网科技与教学相结合的一种新的教学形式，是建立在互联网技术基础上的以学生为主体的教育。主要体现在两个方面，一是利用互联网及其终端设备进入课堂开展教学活动，达到天衣无缝融合课堂教学生态。二是用互联网思维来创新教学，即在互联网思维下开展备课、教学、作业、评价、辅导等，从而使教学发生质的变革。"互联网＋"教学实质上体现的是技术融合教育，而不是技术支配教育，是传承性的优化升级，而不是颠覆式的革命与发展，但它却能有效地提高教学质量。

基于互联网环境的文言文"对译"教学研究伊始，总体按照对译教学的"六字诀"课堂教学流程设计课堂教学各个环节，同时结合互联网因素组织实施课堂教学。微课视频的制作、学生的学习、教学资源的引入、学生课堂的练习与评价，优质课的全程直播、录播，专家对课堂教学的点评等，均可通过互联网的高速传播来完成，这就突破了传统教学的时间、空间的限制，学生随时随地都可以学习，同时让优质的教学资源得以共享，大大提高了文言文学习的效率。

4. 基于互联网的文言文对译教学要始终贯彻生本教育理念

生本教育主张以生为本，教育应实现由"师本教育"向"生本教育"转变。其理念是"一切为了学生，高度尊重学生，全面依靠学生"。生本教育认为人的起点非零，人拥有其自身发展的全部凭借，具有与生俱来的语言、思维、学习、创造的本能，强调教学就是学生在教师组织引导下的自主学习。基于互联网的文言文对译教学，正是贯彻了生本教育的这一理念，主张学生独立自主地学习与练习，少教多学，进而达到"不需教"的目的。在互联网环境的文言文对译教学中，我们提出要贯彻"一个目标""两个原则""三个转变""四个结合""五种能力"。"一个目标"：基于互联网环境的对译教学的终极目标就是培养出学生阅读古代文言文书籍的能力，继承我国古代传统文化的精髓，进而达到发展人、完善人的目标。"两个原则"：以学生为中心和相信学生。"以学生为中心"就是课堂教学以学生的好学为出发点，把课堂时间、空间，思维权，话语权等学习权利交给学生，激扬学生生命，把握学生生命的律动。"相信学生"就是相信学生的学习能力，放心放手让学生学习，尊重学生学习的个性与差异。"三个转变"：变教案为学案、变讲堂为学堂、变教语文为学语文。"四个结合"：互联网技术与课堂教学相结合、独立思考与合作讨论相结合、学与用相结合、课内学习与课外学习相结合。"互联网技术与课堂教学相结合"：文言文对译课堂教学要引入互联网及其终端设备，信息技术的应用，呈现教学内容，利于学生学习与训练，提高教学效率。"独立思考"与"合作讨论"相结合，就是学生独立把白话文翻译成文言文之后，再参与小组合作学习，讨论翻译结果的优劣，进行理性的学习。"学与用相结合"：有句俗语"说一千，道一万，不如实际练（用）一练（用）"，欧阳修说"无他耳，唯手熟尔"，均强调语文综合实践操作的重要性。文言文对译教学，不仅让学生知道怎么学，更要让学生知道怎么用，因此，在重视把文言文（课文）翻译成白话文的教学基础上，更重视引导学生把习得的知识运用在"把白话文翻译成文言文"的学习上，达到学以致用之目的。"课内与课外学习相结合"，就是学生课前在互联网上学习老师发出的微课教学视频，在老师指导下利用课文下面的注解与工具书完成对课文的学习与翻译。在课堂上，主要展示自主学习成果，交流学习体会，研讨理解课文内容与情感及进行文白对译训练。"五种能力"，就是要通过教学培养学生五种能力，即自主学习能力、个性表达能力、合作探究能力、逆向思维能力、审美鉴赏能力。这些教育理念，源自生本教育，又发展生本教育，是指导基于互联网的文言文对译教学的理念支撑。

5. 提出了学习游戏化教学的理论

当学习变成了一项游戏，这样的学习效果是最好的。如果文言文学习是一项生活趣事，那么文言文学习一定大受欢迎。其实学习文言文是可以"玩"起来的。通过任务性驱动（文言文—白话文—文言文）、游戏化学习（词—句—段—篇）、合作式探究（个人—小组—个人）这三个深度学习原则，实现学习主体与知识、能力的连接与贯彻，其中游戏化学习体现对译的进阶顺序：从字词、句子、文段到篇章的升级。"对译"教学强调学以致用，在"用"的环节，需要教师紧扣课文原文的重点字词和句式，创设一段（一篇）白话文短文，然后让学生翻译成文言文，达到学以致用的目的。这种近乎"玩"的学习符合学生的心理特点，拉近文言文与学生的心理距离，同时学生学习文言文的热情就自然而然地从课内延伸到了课外，从学习过渡到了生活中。这种学习最终回归到生活本质，同样是文白对译教学法的目标之一。

（二）实践成果

1. 构建了"基于互联网环境的文言文对译教学"新模式

本课题的研究对象是"基于互联网环境的文言文对译教学"，在实践中，利用互联网空间，将信息技术手段与文言文对译教学"导—读—译—练—用—结""六字诀"模式深度融合，引入微课学习视频，翻转课堂理念与教学形式，进一步发展原对译教学"六字诀"模式，经过两年的教学实践与研究，不断反思与提炼，总结形成了"基于互联网的对译教学"新模式，即三环六步课堂模式。"三环"，即知识输入、知识内化、知识输出三个核心教学环节。"六步"：学—展—研—练—用—结六个教学步骤。"学"为知识输入环节；"展""研"为知识内化环节；"练""用""结"为知识输出环节。具体来说：

（1）知识输入环节（学）

第一步是"学"：即自主学习。学生上课前根据学习任务单（学案）在互联网上观看微课学习视频，在微课视频教师指导下进行自主学习，完成学习任务单上的课前练习，让学生对学习的内容达到初步熟悉，并理解课文的含义，建构起新的知识经验。

（2）知识内化环节（展、研）

第二步是"展"：即展示自主学习成果。学生在课堂上先展示交流课前学习成果。"展"可以是学生主动积极地在课堂上对着全班同学发表学习成果，展示自己对学习内容的理解、感悟，也可以是学习小组内，轮流发表学习的收获与喜悦，还可以，各学习小组选派代表在全班发表本组学习的成果，达到交流、互相探讨、相互进步的目的。

第三步是"研"：即研究问题。围绕教学内容展开问题研讨。其策略是：可以是教师提出基本问题或布置练习题，学生思考并动手做练习题，再展开讨论并纠正问题答案，也可以是学生质疑，提出百思不得其解的问题，教师组织学生共同研讨来解决问题，达到新知识的学习内化。

（3）知识输出环节（练、用、结）

第四步是"练"：即课文对译练习。在教师的组织引导下，学生进行把课文译文翻译成文言文的练习。通过练习，发展学生的逆向思维能力，达到巩固所学知识的目的。同时，让学生初步感知并体验文白对译规律，积累经验，并形成文白对译的能力。

第五步是"用"：即学以致用。就是让学生运用习得的文白对译知识，开展白话文翻译成文言文的练习。这一步也是整个课文学习的拓展训练，其练习所用的白话文可以是教师编撰的，也可以是学生自己写作的。通过把白话文翻译成文言文的训练，使习得的知识得到运用并迁移，达到解决问题的目的。当然，有兴趣的话，也可以让学生运用文言知识，尝试写作文言文，表达自己的情感，以进一步提高文言素养。

第六步是"结"：即教学总结。主要是让学生回顾教学过程，归纳总结课堂所学的知识，使知识结构化和系统化。同时让学生反思收获，检查学习目标达到情况，深化对文言文知识的理解与运用能力。

三个核心环节六个步骤的教学，体现了深度学习的特点。深度学习原则是任务式驱动、游戏化学习和合作探究。三环节六步课堂教学模式，符合该原则，也遵循了学生的认知规律，进行由浅入深、由易到难、由模仿到创造的教学活动，注重批判理解，强调内容整合，促进知识建构和运用，实现语文素养的培养。

2. 建立起"基于互联网环境的对译教学"评价工具、方法，形成教学评价体系与评价机制

两年来，我们开展了对基于互联网环境的文言文对译教学的评价研究与探索，形成了互联网对译教学评价体系，评价体系由教师观测与学生评价构成，涵盖了课程评价的内容、课程设计的评价、课程实施的评价、课程效果的评价等，评价方式灵活多样，重视评价工具的开发，如为了了解文言文教学现状，设计了"文言文教学现状调查问卷（学生版）""文言文教学调查问卷（教师版）"。为了课堂教学改革试验，加强课堂教学评价，制定了"基于互联网文言文对译课堂教学评价标准"（"标准"包括"贯彻生本教育理念""落实对译教学流程""注重知识的运用与迁移""课堂教学实行激励评价""互联网及信息技术与文言文对译教学深度融合"等五个内容）、"文言文对译教学课堂评价表（学生版）"、"文言文对译教学课堂评价表（教师版）"等三个实操文本，形成了对译教学的评价体系。除此之外，还充分利用我区听评课系统中的"课堂观察评价"功能，应用后台电脑与互联网进行课堂教学评价，每节课均从教学环节行为分析、教师活动时间、学生活动时间、教师活动占课堂总时间比重、学生活动占课堂总时间比重、师生问答分析、S－T量表分析、S－T行为分析、课程评论9个方面进行科学评价。重视课堂激励机制的建立。为了激励学生学习，增强赶超竞争意识，制定并实施使用了"基于互联网对译教学课堂学习评分表"，并要求教师的鼓励、肯定、激励评价要贯彻课堂教学始终，形成了较好的课堂激励评价机制。为了了解课堂实施后的效果，制定并使用了"基于互联网的文言文对译教学效果问卷调查表"，对全面了解课题实验的效果起到了很大的作用。

3. 开发出系列微课视频与文言文对译课堂教学视频

在教学实践中，注重微课视频的设计录制，为学生"先学"提供了保障。充分利用学校的录播室与区的听评课系统，把课题实践常态课录制下来，积累了许多课堂教学视频，其中比较典型的课堂教学视频有8个，另外还录制了乐

晓华老师的 2 个讲座视频，这些视频对培训青年教师、推进课题研究起了很大的作用。

五、课题研究的反思与建议

（一）课题研究的反思

在课题研究过程中，我们也发现一些尚待解决的问题与困难。

1. 教师在文言文教学中，过分依赖"三环六步"教学模式，致使课堂教学失去了个性特色。基于互联网环境对译教学模式的六个步骤"学—展—研—练—用—结"在运用过程中，需要教师依据不同文言文课文的教学要求灵活组织，切忌按"步"就班，使教学模式僵化，失去了个性化的教学。

2. "对译教学"容易忽视"情感态度"与"文化价值"的教学。要从三维视野来完善"对译"教学的架构体系，也就是说从目前强调"知识"与"能力"两个维度基础上，重视延伸第三个维度"文化价值"的教学。

3. 课题研究的深度有待拓展。当前互联网环境下涌现了一些新的教学方法与模式，诸如翻转课堂、微课、深度教学等等。文言文对译教学如何与这些新的学习方法或教学模式融合起来，实现自身理论内涵与实践品质的新的突破，从而赋予对译教学更鲜活的生命力与推广价值，这是课题研究有待拓展之处。

4. 课题研究的实验数据有待发掘。为了更好地证明它的重要价值与作用，需要建立实验组与普通组的教学对比。就本课题研究而言，可以探讨一下互联网环境下对译教学班级与传统教室教学班级的教学效果对比，通过设置科学合理的对比量表，利用观测与纸笔测验等方法进行数据的采集，力求达到以数据说话，以数据证明。

（二）课题研究的后续发展建议

1. 继续加强课题教师的培训，有效提高教师文言文对译教学的理论认知与教学实操能力水平。尤其是加强对教师信息技术应用能力的培训，使教师学会微课制作、网课制作技术，掌握翻转课堂的相关知识。

2. 切忌使教学模式僵化，教师要灵活运用教学模式。根据不同课文要求，教学的六个步骤可加可减，不需过分依赖。进一步探索教学模式对学生"情感态度""文化传承"的可能支撑模式，以强化"文化价值""情感"教育。

3. 认真研究当前信息化环境下产生的新的学习方法与教学模式，探讨将文言文对译教学与新的学习方法和教学模式结合，利用新理论新方法丰富基于互联网环境的对译教学的内涵，推进文言文对译教学的创新发展。

4. 进一步确定研究方向。以互联网时代发展为契机，进一步探索把互联网和信息技术手段融合到文言文对译教学模式中，开展深度融合研究。另外，也借鉴脑科学与学习的最新研究成果，优化完善基于互联网环境的对译教学"三环六步"课堂模式。

［参考文献］

［1］中央教育科学研究所. 叶圣陶语文教育论集［M］. 北京：教育科学出版社，1980：606.

［2］刘坤. 桂生高岭，莲出渌波［M］. 郑州：河南人民出版社，2010：7.

基于语文学科核心素养培育的文言文对译教学研究

摘　要：文言文是中国传统文化的语言载体，其本身也是中国传统文化的重要组成部分。当前以核心素养为导向的语文课程改革非常重视中华优秀传统文化教育。因此，创新文言文教学，传承中华优秀传统文化，促进学生语文核心素养培育，是当前文言文教学的重要任务。文言文对译教学是当前文言文教学改革的成功典范之一，具有科学的理论内涵和鲜明的实践价值。它倡导的"导—读—译—练—用—结"的"六字诀"课堂教学模式，对指导当前文言文教学改革和学生语文核心素养培育有积极意义。

关键词：语文学科核心素养；文言文；对译教学

文言文是中国传统文化的语言载体，其本身也是中国传统文化的重要组成部分。当前以核心素养为导向的语文课程改革非常重视中华优秀传统文化教育。因此，创新文言文教学，传承中华优秀传统文化，促进学生语文核心素养培育，是当前文言文教学的重要任务。

一、开展文言文对译教学的必要性

当前，以核心素养为导向的语文课程改革增加了大量的中国古代优秀作品。这些优秀文化经典蕴含着丰富的文化精神财富，是我们的精神家园。"真正意义上的教育实际上就是一个文化过程。教育一旦失去文化，所剩的只是知识的位移、技能的训练和应试的准备。"[1]朱自清先生也强调："中学生应该诵读相当分量的文言文，特别是所谓古文，乃至古书。这是古典的训练，文化的教育。"[2]文言文教学的必要性不言而喻。

文言文对译教学是传统文言文教学的突破与创新。对于"文言文对译教学"的内涵，容理诚老师解释为："对译，从字面上理解：对，是两者相对，彼此相向；对译，即两种语言相对、相向翻译。"[3]文言文对译教学立足于文言与白话两种语言的内在联系，引导学生进行文言与白话两种语言对比与转换，即把文言文翻译成白话文，由"古"及"今"；把白话文翻译成文言文，由"今"推"古"。整个过程侧重于把白话文翻译成文言文。在当前核心素养语境下，开展文言文对译教学是非常必要的。其一，凸显了语文课程性质与语文教育的要义。语文课程是实践性课程，应着重培养学生的语文实践能力。文言文对译教学注重语文实践，其精髓就在于把白话文翻译成文言文，讲究的是学以致用，化知为能。其二，落实语文课程目标和课程内容的教学。语文课标对初中、高中的文言文教学有明确要求，强调文言文重点知识的积累、感悟与运用，注重在学习实践中举一反三。而文言文对译教学致力于文言知识的积累、感悟与学以致用，它是对传统文言文教学的守正出新。

二、文言文对译教学的科学性

文言文对译教学具有科学性，可表现为三个方面。

其一，契合建构主义学习理论。恩斯特·冯·格拉赛斯费尔德（Ernst Von Glasersfeld）认为："学习不是一种刺激—反应现象，它需要自我调节，以及通过反思和抽象建立概念结构。"[4]建构主义理论注重学习的主动性、社会性和情境性，强调学生主动建构知识。文言文对译教学重视激发学生的兴趣和主动性，教学过程结合学生已有的知识和经验不断创设各种教学情境，提示学习方法和策略，鼓励学生进行个性化阅读和创意性写作，不断促进学生知识的主动建构。

其二，符合学习迁移规律。美国心理学家奥苏伯尔认为，一切有意义的学习都是在原有学习的基础上产生的。学生原有的认知结构特征始终是影响新的学习与保持学习效果的关键因素，新旧两个学习之间的相似性越高，越容易发生迁移。在文言文对译教学中，教师可引导学生通过积累常见的文言文词汇、句式结构、表达方法，建立关于文言文学习的认知结构。当开展文白对译时，学生原有的认知结构会对新学习材料发生作用，并且两者之间共同因素越多，迁移的可能性越大。

其三，体现"信达雅"翻译特点。严复先生认为，所谓"信"，要求意义不能背离本文，强调忠实原文；"达"，就是不拘泥于原文，译文能够准确传达原文意思；"雅"，是尔雅，用汉以前的字法、句法，意指为有文采。文言文词汇具有语言精练、意蕴丰富等特点，是作者用词造句独具匠心之举。文言文对译教学要求教师善于把握文言与白话的差异性，指导学生尝试用文言文词汇和句式来翻译白话文，提高学生语言表达的简洁性、含蓄性和审美性等。

三、文言文对译教学的实践路径

在教育教学实践中，探索出文言文对译"六字诀"教学模式，包括六个教学环节：

第一个步骤是"导"。教师要想方设法为学生学习新知识创设适宜的教学情境，激发学习兴趣，唤起学习的自觉性和创造性，让学生愿学、善学、乐学。

第二个步骤是"读"。叶圣陶先生指出，古人学习文言文"有个不二法门，就是熟读名文，读着读着，自己顿悟"[5]。在文言文对译教学中，教师特别注意朗读技巧的运用，从停顿、语速、重音、语气等方面给学生做示范，促进学生在感知言语、声音、形态的同时，实现对文本思想意蕴的感悟理解。

第三个步骤是"译"。教师要指导学生把课文原文翻译成白话文。教师不必面面俱到地逐词逐句翻译，一些浅易的文言词句可以让学生自主解决。教师要善于抓住语文课标中的一些重点文言字词、句子、句式，采用口头测试或口头抢答的方式，帮助学生理解和积累新的文言知识与特殊句式，为接下来的教学环节奠定良好的文言文"认知结构"。

第四个步骤是"练"。教师要指导学生把文言文的译文（白话文）翻译成文言文。这个环节是"对译"教学的基础性练习，也是为"用"的环节有效开展所进行的热身准备。教师一般采用口头测验，让学生快速将白话文翻译还原成课文中的文言语句，发展学生初步的白话向文言的语言转换能力，培养运用文言进行表情达意的习惯。在这个环节里，教师对重点词汇和特殊的文言句式应进行针对性训练，让学生理解并真正掌握这些典型的文言词汇和特殊句式。以便学生在"用"的环节能够做到轻车熟路、事半功倍。

第五个步骤是"用"。教师要紧扣课文重点字词和句式，创设一段（一篇）白话文短文，让学生翻译成文言文，实现学以致用的教学目的。这个环节是文言文对译教学的核心环节，前面四个环节都是为"用"的环节做铺垫和准备。学生在理解课文的基础上，初步体验了文言和白话之间的语言思维差异和表达方法技巧，教师运用学习图式原理，通过提供白话文语言材料，让学生趁热打铁，借助原有的学习经验和学习方法对新语言材料进行自主性、创造性学习，促进学生新旧文言文学习"图式"之间的加工整合，形成举一反三的文言文学习迁移能力。

第六个步骤是"结"。教师要指导学生对课堂所学的知识进行归纳总结，使知识结构化和系统化。这个环节可以由教师对课堂教学的重点字词、重要句式进行归纳整理，也可以由学生自主回顾学习过程，谈反思，谈收获，深化对文言文知识的理解和运用能力。

四、文言文对译教学的现实价值

多年的教学改革实践证明，文言文对译教学具有鲜明的现实价值。

第一，打破了传统文言文教学的模式，解放了教师的教学观念。传统文言文教学"串讲法"一统天下，其结果使得教学活动成了一件最索然无味，但为了应考又不得不忍受的苦事[6]。针对这种弊端，文言文对译教学大胆地变革教师的角色和作用，即变"主宰"为"主导"，变"灌输"为"点拨"，变"照本宣科"为"资源创生"。由于教师的教学观念得到解放，教学活动不再是索然无味的苦差事，而是变得富有创造意义和充满乐趣。

第二，实践了自主、合作、探究的学习方式，强化了学生的主体性和创造性。文言文对译教学关注学生的学习兴趣、知识经验、能力差异等。在整个"六字诀"的课堂教学过程中，每一个教学环节都指向学生的学习和发展需要，体现出对学生作为学习和发展主体的认同与尊重。学生在教师引领下，积极主动开展学习活动，课堂变得活泼灵动、充满生机、富有意义，学生的学习主体性和创造性得到充分的展现。

第三，加强了文言文阅读与写作的联系，促进学生语文学科核心素养的发展。传统文言文教学阅读与写作之间的联系被人为割裂，教学质量长期得不到提高。对此，文言文对译教学独辟蹊径，注重从文言文的立意、素材、结构、语言等方面，找到经典文言文与学生写作方面的连接点，并提供与之相类似的现代文范文让学生开展由现代文向文言文的写作活动，从而更有效地促进学生对文言字词、句式等语言形式的理解与运用，提高学生写作能力和文言文教学质量。在这个过程中，学生在语言建构与运用、思维发展与提升、审美鉴赏与创造、文化传承与理解这四方面的语文学科核心素养将会得到有效发展。

[参考文献]

[1] 程红兵. 以教师的文化自觉成就"有文化"的课堂 [J]. 中小学管理，2012 (9)：10 – 13.

[2] 中央教育科学研究所. 朱自清论语文教育 [M]. 郑州：河南教育出版社，1985：61.

[3] 容理诚. 对译，不仅仅是一个方法问题：《伯牙绝弦》教学实录 [J].

师道，2014（2）：30－31.

　　［4］斯特弗，莱斯利·P.，盖尔，杰里. 教育中的建构主义［M］. 高文，徐斌艳，程可拉，等译. 上海：华东师范大学出版社，2003：12.

　　［5］中央教育科学研究所. 叶圣陶语文教育论集［M］. 北京：教育科学出版社，1980：606.

　　［6］钱梦龙. 文言文教学改革刍议［J］. 中学语文教学，1997（4）：25.

基于互联网环境文言文对译教学评价

——以《记承天寺夜游》教学为例

摘　要：为了给文言文对译教学的可持续性发展提供另一种教学模式，在现今网络信息技术普及的大环境下，文言文对译教学往网络信息化方向构建全新的教学模式势在必行。在"互联网＋"背景下，教学评价体系构建自动化水平高，可塑性强，评价设计科学。而在新模式教学过程中，教学评价目标应基于互联网平台，对师生进行教学活动所产生的行为进行价值判断。此种方式的评价，强调在线实时归纳和总结的能力，为提高教学质量提供依据，从而达到培养师生的创新精神和实践能力的目标。

关键词：文言文对译；网络平台；实时

"基于互联网环境的对译教学的实践研究"是全国教育信息技术研究 2017 年度专项课题，2018 年 1 月 25 日于广东实验中学珠海金湾学校三楼会议室正式开题。《记承天寺夜游》一课是 2019 年 5 月 29 日下午，在珠海市金湾区小林中学录播室举行的，该课程是"基于互联网环境的对译教学的实践研究"课题实践检验公开课，由课题组实验教师刘兵执教。当天的瓢泼大雨没能阻挡课题组实验教师们的听课热情，在课题主持人乐晓华主任的带领下，大家冒雨前来，准时参与听课评课与教学研讨。

一、评价的内容及其作用

以《记承天寺夜游》此节课为例，从新课标角度来看，这是一节具综合性、实践性的创新课，体现了新课标的要求。

在一般的课堂上，大多数老师提问往往追求的是问题本身的答案，学生只要给出了教师想要的答案，便会得到教师的赞赏，并且单方面地认为，这个学生已经掌握了这个知识点，如果是重要的知识点，教师则会自己强调一遍。教师上述做法，是一种最原始的教学评价方式，导致的直接后果就是大多数学生一听就懂、一错就改。

本节课创设了一个非常好的情境，也搭建了一个活动的网络平台，让学生不停地在动，不停地在讨论。反复的语言实践和语言刺激，让我们的学生真正地理解和传承传统文化。这堂课大量融入互联网信息技术手段，在网上搜索并直接播放，通过在线实时评价注重对学生价值观的引领。文言文对译不仅要教文言，还要教文学和文化。整节课通过小组合作、探究学习和内部互评的方式，带领着学生充分理解课文，并且进一步延伸拓展，充分挖掘了文章的主旨和思想的内涵，做到了文以载道。而作为教师，我们可以通过网络平台上发布用语模块，追问同学们："你怎么理解这段话？""你最后的答案是什么？""其他同学有何不同意见？""同意的同学请点赞！"等等问题，然后实时发布同学回答的结果，让其他学生通过网络平台进行点赞和不认同的线上操作。通过这些补充问题的提出，能够直接暴露出学生的思维方式，揭露出其思考过程中的失误点，并在一定程度上帮助学生纠正错误，跨过障碍，使学生思维得到最大程度的激发。

二、对译教学评价内容

1. 课堂学习激励评价

传统的对译教学中，教师检验学生的学习成果往往也是通过不断的练习来进行，这种模式的教学评价往往会忽视对学生学习动机、学习策略等方面的检验，具有一定的片面性。而基于互联网环境"对译"教学法模式运用灵活，重点突出，脉络清晰，大道至简，顺势随缘，结合现在信息技术学科知识更新快，可用文字考察或者简单的电脑考察，针对文言文"串讲"教学的弊端，从解决文言文课堂教学低效问题出发，提出实施文言文对译教学改革，我们也利用课题的优势，研究出一种与时俱进的课堂学习激励评价方法。

在课堂学习激励评价中，若我们能利用平板设备，通过网络平台实时有效地进行量化激励评价，效果会不错。具体做法是：将班上全部学生按小组搭配，小组要在网络平台 app 上命名。课堂上开展组际间的线上学习竞赛。表现突出的小组被评为优秀小组，老师会为每组点赞加分，每小组中表现突出的同学也可另外点赞加分。通过实践证明：此种方法操作简便，方便快捷，实时反馈成绩，不但能培养学生的竞争意识、集体荣誉感，还能让学生相互监督，自觉学好知识。利用这样教学评价，我们能更好地检查学生的学习与掌握程度。

2. 课堂教学效果评价（听评课系统）

我们课题的研究对象是"基于互联网环境的文言文对译教学实践"，具有鲜明的独特性和新颖性。文言文对译教学中的"对译"，侧重指把白话文翻译成文言文。互联网环境不仅仅是指网络资源与网络工具发生作用的地点，还可以包括学习氛围，学习者的动机状态、人际关系，教学策略等非物理形态。它与传统的文言文教学有明显的差异，是对传统文言文教学的改革和创新；其新颖性表现为依托现代信息技术手段，将对译教学与网络技术、多媒体教学媒介等有机结合起来，创新对译教学的模式，使对译教学更加灵活高效，有助于提高学生文言文学习兴趣和学习能力，更好地发展学生的语文核心素养。

我们先通过网络平台——听评课系统"畅言智慧课堂"，提前发布"课前自主学习任务单"及相关微课，要求学生自主完成并提交作业，教师可随时在网络平台上查阅并评价学生的作业，以便全面了解学情，从而有针对性地制订并修改教学目标。

课前发布微课则可以保障各个层次的学生的不同需求，程度好的学生观看一到两次即可掌握，程度稍差的学生则可反复观看，这样就真正做到了因材施教，学生的学习主体性也得以体现。再让学生的学习成果在网络平台"畅言智慧课堂"实时展现，课堂评价运用了智能的评价系统，可立即导出所有评课老师的评课记录。这堂课同步直播，不在现场的老师可以通过网络实时观看。课前，制作的微课视频通过网络提前发布，布置学生课前预习。整堂课很好地凸显了"基于互联网环境的对译教学的实践研究"课题中的"互联网"要素。

课后，要求学生再次使用网络平台"畅言智慧课堂"，录制并上传课文朗读录音，系统自动评分，教师可及时查阅学生们的完成及评分情况。做到与时俱进，合理利用互联网融合教学。

3. 学生对译成果评价（文白对译文本）

再以刘兵老师执教的《记承天寺夜游》为例，该课在课前、课中、课后贯穿互联网环境元素。通过网络平台"畅言智慧课堂"授课，学生与老师人手一台平板。总体按照对译教学的"六字诀"模式设计课堂教学各个环节，同时结合互联网组织课堂教学。教学思路清晰，把"导—读—译—练—用—结"六字诀浓缩成"读—译—测"三个环节，教学重点放在"把白话文转成文言文"上，有序展开，环环相扣。教师在课堂上利用网络平台设置学习小组，学生以小组形式互相给予评价，并实时公布评价结果。网络平台系统的评价迅速有效，极大地提升了课堂教学效率。此外，本节课设置必答与抢答题，学生在平板上抢答，系统自动推送抢答结果，提高了学生的学习积极性。在文白文段对译环节，学生把白话文翻译成的文言文拍照上传，教师第一时间能查阅学生们的完成情况，并有针对性地推荐几份典型答案让同学们相互点评。这个过程中每个学生都可在平板上查阅其他同学的答案，打破了小组合作学习的空间局限，真正实现了全班范围内的交流。

通过对网络教学的研究，对教学方法、教学手段与学习方式产生一次革新，它代表了现代科技与教育结合的方向，较大程度地激发了教与学的兴趣。将抽象化为具体，将枯燥变为生动，激发学生的学习兴趣，吸引学生参与学习过程，变被动式学习为主动探索式学习，充分发挥学生的主体作用。

三、评价方式

1. 网络评价

随着信息技术的发展，"互联网＋"已经逐步运用于学科教学。语文教学中运用信息技术可激发学生的学习兴趣，启发学生的想象力，扩大课堂教学的信息量，满足各层次学生的需求，弥补教师自身的不足，完善课堂结构。

那么，基于互联网背景下的对译教学的网络评价如何体现因素呢？

教师可以通过网络平台上优质的课程录播，并经后期视频处理，发布在网络平台的教研系统中，充分利用了互联网的传播作用，让获得推送的教师和学生得以学习，让优质的教学资源得到共享。学生当天的课堂表现评价也发送到学生的网络平台上，通过听取学生对当天学习的想法，加强与学生的交流沟通，使学生了解自己的学习情况、学习状态，也使教师了解学生的学习意愿。教师可以挑选一些网络评价内容，截图发送到微信家长群，让家长们及时了解学生的优点与缺点，帮助家长督促学生尽快弥补知识漏洞，提高复习的效果。

2. 学生自我评价

我们采取多元化的评价体系，提倡自我评价和同学之间的互评。一方面能够让学生对自己进行评判，提升自我认识，自我监控能力的发展，认识并肯定自己所取得的进步，从而不断增强自信心，实现有效学习的目的。另一方面，学生可以通过同学对他的评价进一步审视自己的学习能力和水平，对自己的学习有一个更加客观的认识。

每经过一段教学之后，如每周末、每个月底或每一学期期末，学生点击屏幕下方菜单"布置任务"和"评价量表"，即可获取评价量表。该问卷是使用问卷网生成的，可直接应用在网络平台上。而"问卷星"是免费注册与使用的，操作非常简单，教师只需关注"问卷星"微信公众号即可制作问卷和量表。在"问卷星"上还有问卷库，教师可以在问卷库中挑选合适的问卷直接使用，或稍作修改后使用。学生可在手机接收到的量表上直接作答，选好后点击"提交"，即可将答案发送到"问卷星"的后台；教师用微信登入"问卷星"，即可通过手机查看分析结果，并对教学安排做出适当调整，完善教学。

3. 教师评价

在文言文教学中，教师既要学会自我评价，又要借鉴优秀老师的成功经验，使课堂教学更加丰富。在实际操作中，运用"反弹琵琶"，同样能有效解决文言文教学中遇到的一些难题。教师在进行作业批改时，一般只是用对和错来做批示，最终以等级或者分数的形式反映出学生作业的完成质量。这样导致的直接后果就是学生想方设法提高自己的分数，一味地追求正确答案，不在乎答案获得的途径，不利于学生素质的提高。

构建有互评功能的学生自主学习网络平台，包括教材资源库、反馈中心、课堂教学、搜寻中心、网上展览、成长档案等模块。首先学生在课前要搜寻相关的文白对译的资料，准备教材及手绘线条的相关常用工具。接着教师为学生传输文白对译的相关资料，对其进行有效的指导，制定相应的教学评价表格，学生填制表格。然后教师在网站公布教学评价结果。最后，学生通过对相关资料进行搜集、整理，制订与之相对应的学习方案。

教师在批改在线作业时，可利用网络平台以适当的评语代替单纯的分数或等级。教师给出评语反馈作业信息，或者可以通过视频的方式，对其中的好的方面进行充分肯定，并且指出其中的不足之处，给出建设性的意见，提出希望。这样，可以使学生不再去关注分数，而是加强对问题本质的理解，找出思考过程中的错误地方，促进学生长足的进步。

四、评价结果运用

互联网融合教学评价是把互联网科技与教学评价相结合的一种新的教学评价形式，是建立在互联网技术基础上的以学生为主体的教育方式。主要体现在两个方面，一是利用互联网及其终端设备进入课堂开展教学活动，达到密切融合课堂教学生态的效果。二是用互联网思维来创新教学，从而使教学发生质的变革。"互联网＋教学评价"实质体现的是技术融合教育，而不是技术支配教育，是传承性的优化升级，而不是颠覆式的革命与发展。不管是哪种评价方式，都能较大程度地激发学生的学习动力和积极性。从心理学的角度上讲，这是一种最大程度地被认同感，是自我实现的需要。所以，多元化的评价能让学生对自己负责，最终促使学生通过自我管理达到自我学习的目的。

网络平台已经成为日常教学广泛使用的评价工具，不过评价对象大多是学生，对于评价对象是教师的评价量表虽然也有，但评价者大多是专家教授，缺少学生的参与。开展教学评价活动时，教师应进行适时的引导和启发，学生利用网络平台与教师加强沟通交流，围绕课题内容进行扩展性探讨并对教学进行总结性评价。

上述网络环境下的教学评价，是时代发展和教育体制改革下的产物，在评价过程中要循序渐进，实现"文白对译"教学效果的最大化。教学评价是整个教学过程的一个重要环节，具有诊断作用、激励作用、调节作用和教学作用。而利用网络平台进行评价这种新手段，形成了教学过程评价与总结评价相结合，学生自主评价与教师评价相结合，展现出实现过程，力求更全面、更客观地对教师的教与学生的学做出评价。

［参考文献］

［1］广东省教育科研"十三五"规划 2018 年度研究课题．"基于互联网环境的对译教学的实践研究"中期报告［R］．2019 - 9 - 26

［2］董红．基于微信公众平台的小学语文口头作业设计．《中国教育技术装备》［J］．2017（17）

［3］于洋鹏．中小学信息技术学科"互联网＋课堂"教学评价的实践研究．《黑龙江教育学院学报》［J］．2019 年第 01 期

［4］马海宁．网络环境下美术教学评价的思考与实验．《速读·中旬》［J］．2016 年第 05 期

［5］蒋建刚．课堂教学从激励性评价走向学习性评价．《小学科学·教师版》［J］．2011 年第 05 期

［6］谢雷 韩骏 刘菁 翟学坦．基于微信公众平台环境支持的教学评价系统研究．《中国教育技术装备》［J］．2016 年 11 月下 第 22 期（总第 400 期）

［7］中央教育科学研究所．叶圣陶语文教育论集［M］．北京：教育科学出版社，1980：606.

文白对译，风月同天

2020 年的春天，新型冠状病毒性肺炎来势汹汹，举国上下众志成城，共抗病毒。国外纷纷向我国捐赠救助物资。其中日本在捐赠物资上附上了优美的文言诗词"山川异域，风月同天""岂曰无衣，与子同裳""青山一道同风雨，明月何曾是两乡"，让人倍感暖心，一时在网络上刷屏，受到网友的青睐，甚至还有人将其与"武汉加油"对比。

其实，这种比较没有太大的必要。"武汉加油"通俗易懂，直白有力，拉近与老百姓的距离，是最贴心的鼓舞；"山川异域，风月同天"则含蓄隽永，富有诗意，避免疫情带来的恐慌焦虑，是最暖心的共情。文言和白话，"风月同天"，雅俗共赏，不同环境下的语言都体现了文字之美，美在真诚，美在走心。

正所谓"到什么山上唱什么歌"，比较"文言"与"白话"两种表达孰优孰劣，实在没有太大的必要。但刷屏事件背后所引发的对于传承我国优秀文化的迫切焦虑，特别是目前文言文教学的危机感，不得不引起我们深深的思考。

一、文言教学，细思极恐

文言文充满着生命的张力，是中国文化、民族精神的宝库。但对于我们的学生来说，它就是一枚青橄榄，虽口有余香，但咀嚼之涩足以让人敬而远之。

反观网络文化用语，对学生的渗透可谓无缝不入。遇到针锋相对时，学生清一色用"怼"；遇到事物突然流行时，他们言必用"火"；你说我是"杠精"，我说你在"带节奏"……语言贫乏带来了思想的贫乏，长此以往，确实让人细思极恐。

而文言文常规课堂，不少老师把文言文教学简单地归结为"介绍作者、时代背景——字词串讲——思想内容分析"这一僵化而单一的程式。更有甚者，把文言文教学理解为字字落实，句句落实，不厌其烦地"串讲"，使教学成为碎片化的死记硬背，教师教得精疲力尽，学生学得头昏脑涨，文言文阅读教学因而成为当前基础教育中语文教学最薄弱的环节。语文教学片面追求文言文阅读应试对策，忽视学生的质疑及自主学习的氛围，导致了文言文阅读教学的严重异化。

实际上，文言文的学习应该通过组织学生开展言语活动让学生积累和理解，而不是简单的授予和讲解。在这样的现状下，侧重于文言知识的积累感悟与学以致用的"文言文对译教学"是行之有效的方法。

二、"对译教学"，独辟蹊径

在当前核心素养语境下，开展"文言文对译教学"是非常必要的。2017 版《普通高中语文课程标准》提出，"语文学科核心素养"主要包括"语言建构与运用""思维发展与提升""审美鉴赏与创造""文化传承与理解"四个方面。四大核心素养是一个有机的整体，而"语言建构与运用"是语文学科核心素养的基础。"文言文对译教学"侧重提高学生的语文素养，关注"语言建构与运用"，着眼于扫除文字障碍，着力于学生的学习行为，引导学生从学会到会学。

王荣生教授在《文言文教学教什么》中提出文言文教学要"文言""文章""文学"和"文化"四位一体。[1]实际教学中，言与文是并重的，但还有一个先后顺序，即先"言"后"文"，由"言"到"文"。"文言文对译教学"就是先引领学生打通"语言"关，进而打开"文学"之门。

"文言文对译教学"简而言之，就是立足于文言和白话两种语言的内在联系，引导学生进行文言与白话两种语言的对比与转换，即把文言文翻译成白话文，由"古"及"今"；把白话文翻译成文言文，由"今"推"古"。[2]"文言文对译教学"是一种学以致用的文言文教学方法。它打破了传统教学中直接将文言文翻译成白话文的方式，独辟蹊径，激发了学生强烈的学习兴趣。

三、"风月同天"，雅俗共赏

"文言文对译教学"包括六个步骤"导、读、译、练、用、结"。前三个步骤是引导学生自学，关注学生的学习行为；后三个步骤是学以致用，引导学生从学会到会学，关注学生学习能力的培养。本人在具体教学实践中有如下感悟和收获：

（一）拉近与文言文的距离，雅俗共赏。

本人执教的课例《赤壁赋》，每个关键流程的设置都尽量贴近学生的生活，力图让学生感到文言就在身边。例如，导入部分引用了几年前高三学生程鹏的千字文言自荐信作例子，学生感觉既熟悉又亲切，激发他们对这节课浓厚的探究兴趣。在"学以致用"的环节，白话文的选段《游红树林记》，就是本土老师根据珠海的本土地理特色写成的一篇白话文段，这些来源于身边的素材，既有"高大上"的文言外衣，又有非常"接地气"的生活素材，激发了学生极大的学习热情。

而2017年11月我们课题组成员应邀到云南省贡山县推广"文言对译"教学法时，指导当地老师上的汇报课《岳阳楼记》，其中在"学以致用"环节，师生在课堂上根据贡山当地的怒江大峡谷的景色，编写了文言作品《怒峡游记》。对当地少数民族学生而言，"高大上"的文言作品竟然能够这样的"接地气"，学生纷纷摩拳擦掌，碰撞出思维的火花。以当地少数民族语言为母语的贡山学生，竟然写出"予观夫怒峡胜状，于高黎贡山之巅。头顶天，脚踏峰；重峦叠嶂，雄奇险绝；激流拍岸，雷霆震怒"等典雅含蓄的文言片段，获得听课专家和老师的一致好评。

（二）咬文嚼字，思维碰撞。

"文言对泽"教学的课堂以小组合作探究为主，强调以学生的自主学习为中心，让学生自己去探究文本，发现问题，然后通过师生互动，相互讨论，最后解决问题。

特别是在最后"用"的环节，如何把"白话文"《游红树林记》翻译成"文言文"，学生在分组讨论中，对某些问题如"快速爬行"到底是用"速行""速走"还是"疾行"更好，争论得异常激烈，这是非常可贵的思维碰撞，在"咬文嚼字"的争论之中，学生也发现并感受到了含蓄、典雅的文言魅力。

质疑的过程是学生探索、研究的过程，讨论的过程是使探索、研究形成结论的过程，这样的教学，才能在最大程度上调动学生学习的积极性，变被动学习为主动学习，从而擦出思维的火花。

（三）激励评价，变苦为乐。

回顾课题的实践课，从教学设计、教学准备到教学实施，本人都坚持以激励机制贯穿始终。课前学生自由组合成几个学习小组，每个学习小组都自己命名，他们焕发出极大的热情，如有的命名为"吴彦组""男神组"，笑点频出。

课堂设计成三个抢答环节，每个环节都有评分标准，每次抢答完毕当堂打分。在集体荣誉的感召下，学生在课堂中摩拳擦掌，跃跃欲试。回答问题时，根本不用举手，直接站起来进行抢答。抢答到白热化时，最多有超过一半的学生站起来争抢回答一个问题。每一个学生都有获得认可与欣赏的需要，同时也有获得集体荣誉感的需要。抢答正确时，同学们的笑声掌声，老师真心的褒扬，都使他们感到莫大的喜悦。在青春的笑声与掌声中，学生变"苦"为"乐"，学得轻松快乐。

卢梭在《爱弥尔》中指出："教育的艺术是使学生喜欢你所教的东西。""文言文对译教学"，引导学生进行文言与白话两种语言的对比与转换时，给"文言"和"白话"架起一道桥梁。"山川异域，风月同天"，"文言""白话"，雅俗共赏，唤起了学生学习文言文的浓厚兴趣，改变了文言文教学中学生"被动学习"的状况，收到了事半功倍的效果。

［参考文献］

［1］王荣生．文言文教学教什么［M］．华东师范大学出版社，2014

［2］乐晓华．基于语文学科核心素养培育的文言文对译教学研究［M］．中国教育学刊，2019.11

对译，给枯燥的文言文学习加点趣味

摘要： 文言文教学，是初中语文教学的重要组成部分。但是，很大程度上，文言文教学停留在应试的层面，而忽略了引领学生透过古文字去领略中国传统文化的美好。本文试图以教学实践为例，结合文白对译教学法，给枯燥的文言文学习加点趣味。

关键词： 文言文教学　文白对译

从教十年，在文言文教学这一版块，始终费力却不讨好。尽管备课时费尽心思，试图引领学生透过古文字去领略中国传统文化的美好。但是，绝大部分学生都只是停留在应试的层面，一味死记硬背，当然，应付课内文言文考查尚不在话下，一旦需要迁移运用，那就陷入了雾里看花的迷惘状态。

中学生对文言文学习，大多是不感兴趣的。究其原因，主要是文言文远离当代中学生的生活，学生在学习文言文时缺乏必要的理解、运用与人文情境。如执教《记承天寺夜游》时，"闲"是解读人物之关键，理解漫步之悠闲、赏月之欣喜对于学生而言并不难，只需紧扣文本，便能体会苏轼那一份"欣然"；但是，绝大多数学生很难真正地领会苏轼的人生之感慨、胸怀之旷达，一方面是因为阅历不够，无法切身体会，另一方面是由于与文本隔着一层拨不开的纱，始终是雾里看花，难以走近作者的内心。

王荣生教授在《文言文教学教什么》中强调，在文言文中，"文言""文章""文学"和"文化"，一体四面，相辅相成。文言文的特点，首先体现在"文言"上。学习文言文，最终的落点是文化的传承与反思。而要实现文化的传承与反思，突破学生对"文言"的生疏与畏惧是文言文教学的前提所在。

实践证明，学以致用，对于激发学生理解并运用"文言"的兴趣，大有裨益。可是，大部分语文老师采用传统的串讲法进行文言文教学，老师讲，学生听，课堂效率低下，学生对文言文学习的兴趣更是被消磨殆尽。如何在困局中寻一条出路，文言文"对译"教学法经过十余年的实践，取得了一定的成效。

文言文"对译"教学中的"对译"，侧重把白话文翻译成文言文。传统的串讲模式下，老师们一般是根据考试题型，要求学生熟记重点字词和解释和重点句子的翻译。然而，缺乏理解的记忆是极度不牢固的，因此文言文学习在考试分数的呈现上也是事倍功半。而引领学生尝试着把白话文翻译成文言文，既能调动学生的学习兴趣，又能促进学生对于文言词汇的理解。

文言文"对译"教学，分为六个环节——导、读、译、练、用、结，前三个环节主要引导学生自学，掌握文言文中基本的文言知识；"练"这一环节则是对学生的自学检测；课堂的主要环节在于"用"，教师出示自己根据课文创作的白话文，要求学生运用文中出现的重点词汇和句式，自主把白话文翻译成文言文。

执教《记承天寺夜游》时，我根据课文改编了一段这样的白话文：我曾经寄居在惠州的嘉祐寺，有一天散步到松风亭下，觉得非常疲劳乏力，于是想要在这片树林里就地休息。抬头看见亭子仍在山顶，想着如何才能到达？很久之后，忽然（对自己）说："这里为什么不能安睡呢？"哪个地方没有门窗？哪个地方没有亭子？只是缺少像我这样的闲思罢了。为什么会徘徊不前？原来是内心自我困扰啊。

回想备课的过程，这段文字的诞生着实不易，翻阅了《东坡志林》《东坡传》，方才找出《记游松风亭》这一篇与《记承天寺夜游》在思想上十分相近的小品文。欣喜之余，在形式上加以改编，尽量接近课文的表达。文以载道，创作白话文文本时，我始终坚持，白话文文本的形式固然重要，但是思想内容同样重要。

执教《陈太丘与友期行》时，我又改编了一段这样的文言文：有一个郑国人去探望生病的朋友，相约在正午时分。遇到胡人攻打城池，友人说："我如今快死了，您可以离开。"郑国人不忍心丢下朋友，说："您父亲与我父亲就是朋友，我实在不忍心丢下你。"胡人到了，十分惊讶地说："整个城池都空了，唯独您为了朋友而留守，真正男子汉呀！"郑国人才头也不回地走入朋友家门。

每每改编或创作白话文本，都是一次巨大的挑战。既要紧扣课文中的重点字词和句式，又要符合课文的思想内容，不可谓逐字逐句，反复推敲。但是，通过课堂效果来看，辛勤的付出终究是有收获的。全新的文言文学习方式，学生们新奇不已，跃跃欲试，对文言文的学习热情空前高涨，纷纷动笔，运用课内习得，自主翻译由老师创作的白话文段。

翻译完毕，老师出示评价标准及参考译文，学生自主评价，老师及时给予鼓励及肯定。尽管有的学生翻译能力有限，但主动参与的学习远远比被动接受更有趣味、更有效果。

《人是如何学习的》一书中提到，学习动机影响到人们愿意投入学习的时间，人具有发展能力和解决问题的动机。为了激发和维持动机，挑战的难度必须适中：太容易的任务使人厌烦，太难的任务使人产生挫败感。紧扣课文自主创作或改编的白话文文本难度适中，形式新颖，激发了学生的学习热情。而及时的评价和鼓励，又能够进一步帮助维持学生的学习动机。

王荣生教授指出，古文阅读由于语言的古今差异，造成学习的困难，为了消除这种隔膜，课堂上恰当的活动是一种有效又有趣的途径。文白对译，无疑是一种成功的探索。

对译，给枯燥的文言文学习加点趣味。对译，让学生穿透时代的隔膜，与作者对话，与传统文化对话。

[参考文献]

[1] 乐晓华. 中学语文文言文对译教学探索与实践［M］. 长春：东北师范大学出版社，2017

[2] 王荣生. 文言文教学教什么［M］. 上海：华东师范大学出版社，2014

[3] 约翰·D·布兰思福特. 人是如何学习的［M］. 程可拉、孙亚玲王旭卿合译. 上海：华东师范大学出版社，2002

突破"串讲"窠臼，促进高效学习

——浅谈文言文对译教学法的策略及意义

摘要： 高考改革方案的提出和《普通高中语文课程标准（2017 年版）》的制定意味着高中语文教学有了新的目标与要求，但文言文在语文教学中的地位依然重要。传统的文言文教学策略，即"串讲法"，已经暴露出太多亟待解决的问题，而文言文对译教学法在历经了八年的探究与实践历程之后为老师有效教学、学生高效学习提供了可供参考的文言文教学范式，值得进一步研讨、探究与推广。

关键词： 文言文　串讲法　对译教学法　教学策略

一、高中文言文的重要性及其在语文学科中的地位

"传承中华文化"作为语文课程目标之一，要求学生"通过学习运用祖国语言文字，体会中华文化的博大精深、源远流长，体会中华文化的核心思想理念和人文精神，增强文化自信，理解、认同、热爱中华文化，继承、弘扬中华优秀传统文化和革命文化"。①

文言文作为中华传统文化的重要载体，对传承中华文化起着举足轻重的作用。在高中文言文的学习中，学生们认识了"寄蜉蝣于天地，渺沧海之一粟"的乐观旷达、参透生死的苏轼，认识了"究天人之际，通古今之变，成一家之言"的心怀理想、忍辱负重的司马迁，认识了"乘天地之正，而御六气之辩，以游无穷者"的浪漫逍遥、无为自由的庄子。文言文也告诉了学生们许多道理，如"不积跬步，无以至千里；不积小流，无以成江海"，荀子的《劝学》告诉学生学习需要持之以恒，做事需要锲而不舍；"盖将自其变者而观之，而天地曾不能一瞬；自其不变者而观之，则物与我皆无尽也"，苏轼的《赤壁赋》用朴素

---

① 普通高中语文课程标准（2017 年版）［M］．北京：人民教育出版社，2018，7.

的辩证法告诉学生生命短暂，应保持豁达乐观的精神状态，这样才能从人生的无常中解脱出来，理性地对待生活；"尽吾志也而不能至者，可以无悔矣，其孰能讥之乎"，王安石的《游褒禅山记》通过游山的经历告诉学生为人处事不能随波逐流，要保持自己高洁的志向并为此而坚持不懈，这样即使失败，对自己来说也不会后悔。

无论是儒家"修身齐家治国平天下"的入仕理想，还是道家"无为自然、逍遥自由"的出仕追求，在高中文言文选篇中都有所体现，高中生通过文言文的学习理解中华文化的内涵，体会中华文化的博大精深，增强文化自信，更在其中为自身的成长汲取营养，逐渐形成自己对于世界与人生的认知，影响着其世界观、人生观、价值观的形成。

从教材编写的角度看，现行高中语文教材中，以人教版 2003 为例，选取了包括《寡人之于国也》在内的共 17 篇文言文，此外还有《中国古代诗歌散文欣赏》《先秦诸子选读》作为选修教材。而自高考改革以来，语文课程标准作了修订，提出了"学习任务群"的概念，其中第八个任务群是"中华传统文化经典研习"，共 2 学分，36 课时。该任务群旨在"引导学生通过阅读中华传统文化经典作品，积累阅读经验，培养民族审美趣味，增进对中华优秀传统文化的理解，提升对中华民族文化的认同感、自豪感，增强文化自信，更好地继承和弘扬中华优秀传统文化。"① 新的语文教材也即将在高中开始使用，据《人民日报》等主流媒体已经发布的目录来看，普通高中《语文》全套教材共 5 册，一共选取了包括《赤壁赋》在内的 34 篇文言文。因此，可以看出，文言文在语文学科中始终占据着重要的地位。

二、高中文言文的教学现状及其问题分析

根据《普通高中语文课程标准（2017 年版）》提出的对"中华传统文化经典研习"任务群的教学提示可知，老师在教授文言文时，不仅应"引导学生借助注释、工具书独立研读文本，并联系学习过的古代作品，梳理常用文言实词、虚词和特殊句式，提高阅读古代作品的能力"，还应"组织学生在具有一定阅读量的基础上，展开交流和专题讨论，就传统文化的历史价值、时代意义和局限等问题，用历史和现代观念进行审视，表达自己的看法"，更应"引导学生坚持在研读的过程中勤查资料，勤做笔记；围绕所读作品，利用图书馆、互联网查

---

① 普通高中语文课程标准（2017 年版）［M］．北京：人民教育出版社，2018，22.

阅相关注释、评点等资料，加深和拓展对作品的理解；学习运用评点方法，记录自己的感受和见解，不断提高独立阅读能力"。①

但在实际文言文教学时，大部分老师遵循的依旧是"串讲法"。不是学生自主利用工具书或网络资源查阅相关注释，也不是引导学生独立研读文本，而是老师在查好所有需要掌握的文言知识点之后，逐字逐句地串讲，这样直接导致讲授一篇文言文往往至少要花费三个课时，文言文教学在语文教学中占据了大部分时间。而许多老师为了按时完成教学任务，则会对教材内容进行取舍，对教学顺序进行重组。如会把文言文教学提前，而对于一些实用类文本则略讲甚至不讲，这样势必会造成学生阅读量的减少以及知识结构的不完备，导致占据了语文教学大部分时间的文言文教学却并没有取得与之成正相关的教学效果。学生对文言文依旧提不起兴趣，文言文依旧是学生望而却步的部分，几乎没有学生会主动利用课余时间阅读课外文言文，而表现在试卷上，学生通常反映考试时文言文看不懂，翻译等题目的得分率也十分惨淡。学生的独立阅读能力并没有提高，更毋宁说用历史和现代观念对文本进行审视，表达自己的看法了。

为何占据了语文教学大部分时间的文言文教学的效果如此不令人满意？许多专家学者及一线教师都对此做出了思考。如，王元华在回顾了近百年语文文言文教学的历史后，在《百年文言文教学的反思与重建》中指出当前中学文言文教学存在"底层缺失语感、顶层缺失美感、中间缺失理解性思辨三种倾向"，"整个文言文教学弥漫的是一种简单识记、重复记忆、知识至上的教风与学风"。② 这些问题的形成与文言文的传统教学方法"串讲法"密切相关。串讲法这一以老师讲授为主导的教学方法，使得学生处于被动接受知识的地位，学生缺乏内驱力，久而久之养成了依赖心理，对于阅读时不懂的文言知识缺少发现与思考，对于上课时老师教授的文言知识缺乏理解与思辨，等着老师教，对于老师教的内容全盘接受，却没有入脑走心。遇到一篇新的文言文，缺乏自主思考意识与能力的学生少了老师的主导，自然会遇到诸多问题，而好像已经掌握的知识在此时却难以迁移，学了这么多文言文却依然无法自主阅读文言文，学生自然会产生畏难情绪，自然对学习文言文更加缺少兴趣。

三、文言文对译教学法的策略及意义

既然文言文在高中语文教学中的地位如此重要，那么教师该如何进行高效

---

① 普通高中语文课程标准（2017 年版）［M］．北京：人民教育出版社，2018，22.
② 王元华．百年文言文教学的反思与重建［J］．课程·教材·教法，2015（6）：51.

的文言教学呢？乐晓华老师和容理诚老师从多年的教学实际出发，从2011年开始注意中学文言文教学改革的问题，并对此做出了探索与实践。功夫不负苦心人，最终以乐晓华老师为核心的语文教学改革课题组，在容理诚先生的研究基础上，经过八年探索总结出一套文言文教学方法和教学模式——文言文对译教学。

　　文言文对译，简要来说就是改变以往只将文言文翻译成白话文的模式，而更加强调在掌握了文言知识之后，运用这些文言知识，将相关的白话文翻译成文言文。两位老师于2013年3月至2014年7月，出版了《对译学以致用（教师版）》《对译学以致用——另辟蹊径的高效文言文学习（高中考试版）》《对译学以致用——另辟蹊径的高效文言文学习（初中考试版）》三册相关著作，在书中系统地介绍了文言文对译教学的"六字诀"教学模式，即"导—读—译—练—用—结"，并详细记录了以容理诚老师《两小儿辩日》为代表的诸多教学案例。可以说"文言文对译教学解决了当下文言文教学以'串讲'为主要教学手段的弊病，为新课改语文文言文教学提供了一种新的教学范式"。①

　　文言文对译教学，不仅帮助学生巩固已经掌握的文言知识，更重要的是让学生学会知识迁移。因为在对译的过程中，学生原有的文言知识往往会对白话材料发生作用，通过相似的白话文本的翻译，学生把学习过的文言知识运用其中，完成知识迁移，也以此来检测自身文言知识的掌握情况。因此，在文言文对译的教学过程中，教师要善于指导学生从文言文的阅读中掌握语言表达技巧，感悟语言的生命力，使学生形成关于文言文的认识结构，培养学生的语感，更加顺利地完成将白话文翻译成文言文的学习任务，完成知识迁移。

　　其次，文言文对译教学还能够拉近学生与文言文之间的距离，提升学生学习文言文的兴趣与获得感。文言文因产生年代久远，语言表达与当今截然不同，学生产生了一种陌生感，进而产生了学习上的困难，因此学生学习文言文的兴趣不浓。再加上语文文言文教学以串讲法为主，学生处于被动接受的地位，难以激发学生学习的主动性与积极性。而文言文对译教学让学生运用自己所掌握的文言知识把白话文段翻译成文言文，这样会拉近学生与文言文的距离，因为学生会发现文言文只是语言的一种表达方式，并不是高高在上的，而是可以贴近生活的，另外认识到平时自己所学的文言知识是有用武之处的，势必会增强

---

① 乐晓华. 中学语文文言文对译教学探究与实践［M］. 长春：东北师范大学出版社，2017：73－74.

学生学习的获得感。这样一来就会增强学生学习文言文的兴趣，进而养成自主学习文言文的良好习惯。

最后，文言文对译教学把教师从繁杂的"串讲"中解放出来，针对学生的困惑、疑难与需求提供帮助。在这个过程中，不是灌输学生知识，而是帮助他们建构知识，教会他们学习的方法。授人以鱼，不如授人以渔。文言文对译教学引导学生自主学习，缩短了教师串讲文言知识的教学时间，提高了教学效率。教师在文言知识内容的串讲上节约的时间，可以更多地用来引导学生挖掘文言文的内在价值，更好地将文言文的"工具性"价值与"人文性"价值结合起来，深入分析文言文丰富、深刻的思想，还原文言文真实的生命力，真正发挥文言文传承中华文化的作用与使命。

四、结语

以乐晓华老师为核心的语文教学改革课题组，在容理诚先生的研究基础上，经过多年探索总结出的文言文对译教学法符合语文课程改革后的基本理念，具有一定的前瞻性与较强的实践性，通过其具体的教学方法指导，在一定程度上弥补了传统"串讲法"的不足，强调学生学习的主动性，注重知识的迁移与运用，加强学生学习文言文的获得感与积极性，促进了学生语文文言文学习方式的转变，也促进了老师语文教学思维的革新，对文言文教学具有重要意义。

[参考文献]

[1] 普通高中语文课程标准（2017年版）[M]．北京：人民教育出版社，2018．

[2] 乐晓华．中学语文文言文对译教学探究与实践 [M]．长春：东北师范大学出版社，2017．

[3] 张静怡．"文言文对译教学法"的实践与反思——以〈两小儿辩日〉为例 [D]．长沙：湖南师范大学，2016．

[4] 潘小红．高中文言文教学现状与对策研究——以广东韶关市区的全国示范高中为例 [D]．重庆：重庆师范大学，2013．

[5] 王元华．百年文言文教学的反思与重建 [J]．课程·教材·教法，2015（6）．

我与"文白对译"教学方法

　　《义务教育语文课程标准（2011 年版）》指出，"语文课程是一门学习语言文字运用的综合性、实践性课程"，语文课程"应着重培养学生的语文实践能力"，同时认为"培养这种能力的主要途径也应是语文实践"。文言文教学应遵循语文课程的规律，把握课程性质和特点，在各种语言实践中，在学习活动过程里，学生自我构建语言能力，"以自我的生活体验为基础，通过具体情境的语言转化活动，自如的驾驭语言形式，从而赋予语言以新的活力和个性化的生命"，从而提高语文能力，提升语文素养，这是语文学习的内在规律。文言文对译教学是当前文言文教学改革的成功典范之一，具有科学的理论内涵和鲜明的实践价值。它倡导的"导—读—译—练—用—结"的"六字诀"课堂教学模式，对指导当前文言文教学改革和学生语文核心素养培育有积极意义。

一、文言文的现状——让人"惧怕"

　　初中语文教材承载了大量的文化遗产。其中文言文对于培养学生热爱祖国文化、提高自身修养、陶冶高尚情操有着重要作用。这些文言文虽经反复筛选，可毕竟写作年代久远，不仅语言文字艰涩难懂，内容主旨更是难以把握，学生们对文言文学习总是有一种"本能"的逃避甚至畏惧。文言文阅读中由于教师对文言的处理方式不同，学生阅读的兴趣和阅读效益就会产生明显差异。学生普遍不喜欢上文言文课，多年来学生中流行这样的顺口溜"一怕文言文，二怕写作文，三怕周树人"，蕴含着千古文化的文言文竟然让学生们"惧怕"。文言文阅读"凶神恶煞"的罪名由何而来？学生们不喜欢文言文甚至唯恐避之不及，我们的文言文阅读课难辞其咎。

　　文言文阅读课的教学思维"根深蒂固"，课堂早已"顽固不化"，大部分教师奉守"字字落实，逐句翻译"的原则，以为让孩子们把握一篇文言文的内容就是让他们了解每一个词语和句子的含义，教师讲解文言字词，孩子翻译文言字词，很难再给孩子们自主思考的空间，每一节文言文课程都让孩子们感觉枯燥，只是增加了背诵和默写的负担，难以体会文言文中的风光无限好。所以，执教老师们应该意识到这个误区，改变以往的"满堂灌"风格，尝试运用新的教学方法，将学习的主权交到学生手上，培养他们对文言文阅读的兴趣，改变文言文让人"惧怕"的现状。

二、我与"文白对译"的初识

一次机缘巧合下，我有幸参加了乐晓华主任主持的"基于互联网环境的对译教学的实践研究"课题活动，在乐主任生动的讲述下，我初步了解了"文白对译"，"文白对译"，即把文言文翻译为白话文，也把白话文翻译为文言文。在教学过程中，文白对译应有三个阶段：一是把我们的文言课文翻译为白话文，根据白话文的翻译写出文言原文。二是利用已学的文言知识将课外白话文段翻译为文言文，借此运用、巩固本课要掌握的文言字词句。三是课外拓展中的小练笔，要求学生先用白话文创作，再翻译为文言文，或者直接用文言文创作。课堂教学模式为"导—读—译—练—用—结"，亮点在于鼓励学生们利用已学的本课知识将与本课主题或内容类似的白话文翻译为文言文。这种新奇的教学方法，提升了我对文言文教学的兴趣，吸引着我进一步深入了解"文白对译"这种教学方法。

三、我对"文白对译"的了解

此后，有关乐主任这个课题的一系列活动我都积极参与，其中参与了赵美欢老师开的一节"文白对译"实践公开课——《陈情表》，令我受益匪浅。课堂中，教师用白话文介绍了"2012年感动中国人物"之一——程威，一个与李密有着相似身世与品质的少年，并让同学们将课外白话文翻译成文言文。此时，课堂气氛达到了高潮，前一秒同学们还在认真感受着李密的孝顺，后一秒便积极参与到用文言文介绍程威的创作中。同学们利用本节课所学的内容，把握重点字词，一字一句将白话文翻译成了文言文，教师在黑板上一边给各个小组判分，同学们热情高涨，当下课铃声响起时，我感觉到同学们仍意犹未尽，仿佛还沉浸在文言文学习的知识海洋。这不禁让我惊讶道："这还是令同学们惧怕的文言文吗？"伟大的物理学家爱因斯坦说过："兴趣是最好的老师"，学生对学习有了兴趣，就会有动力，就会变被动学习为主动学习。初中文言文教学首先应激发学生的学习兴趣，通过这节课，我对"文白对译"的教学方法也有了新的认识，并尝试将其运用到我的课堂教学中。

四、我在"文白对译"中的实践

与此同时，我查阅了很多"文白对译"的相关书籍，并且申请加入课题组，参与了"文白对译"书籍的编写，对这个课题的教学理念有了更深的理解。到了学期末，我尝试了用"文白对译"教学方法指导同学们复习《诫子书》，我先仿照《诫子书》，抓住重点字词，编写出《学霸养成记》的白话文部分："学霸的行为准则，以做题来振奋精神，以阅读来丰富自我，不能解出难题，就无法吃饭，不能完成阅读，就无法睡觉，学习必须静心专一，而才干来自学习，不解题就无法取得高分，不阅读就无法写好作文……"让同学们将其转换成文言文，在课堂中我先提出要求：翻译前先要有个标准，这个标准就是要注意三个字：信、达、雅。这是中国清末民初的著名翻译家严复提出的三条标准。"信"是什么呢？就是要准确；"达"，就是要流畅、通顺："雅"，是要有文采，翻译的时候特别要注意刚才讲到的课文中重要的单音节词和句式。同学们纷纷开始翻译，在翻译结束后我给出了评分标准，让同学们互评，小组选出代表来分享他们的成果，同学们都争先举手，课堂氛围一改之前的沉寂，感觉到他们对此很有兴趣。课后有同学跟我说，这节"文白对译"课程，让他仿佛变成了古人，将自己想说的话用古人的说话方式表达出来，感觉还蛮有趣的，他还想用这种方式给他的朋友写一封信，劝诫他的朋友好好学习。这让我感到万分惊喜，决定以后多尝试这种文言文教学方法，让同学们改变对文言文的"成见"，让同学们喜欢上文言文。

文言文是我国文学艺术中的瑰宝，如果教师教学不当，这些文化瑰宝就会让学生感到枯燥乏味，甚至望而生畏。为了让学生有兴趣学习文言文，促进学生的学习质量整体提高，我认为，教师们可以尝试运用"文白对译"这种教学方法，将课堂的主权交还到学生手上，让同学们沉浸于实践、创造之中，而非以往的老师输出、学生输入，只有这样，学生才能更加主动地去学习、去理解课文内容，达到更好的学习效果。教师则从授课者转变成引导者，引导学生去思考问题，转变成评价者，对孩子的创作给出评价性意见，鼓励学生进行更好的创作，提升学生的学习兴趣。有句话叫"实践出真知"，教师应鼓励学生发挥自主思考能动性，将自己所学所思所想写下来，转变成自己的知识，从而提高语文学习能力，提升语文素养。

享受不经意的花开

——《陋室铭》教学感悟

摘要： 文言文的教学一直都是语文教学中的关键领域，或者因为考试制度的限制，也或者是因为作品本身的时代差距差，文言文总让教师受"虐"无数。本文以教学《陋室铭》为例，尝试从另一个角度去开展文言文的教学，让教学更有趣味，学生更能接受，同时又能让学生充分地体味到文言文的魅力的方法。

关键词： 文言文教学　兴趣　审美　写作

文言文是相对于白话文的一种书面性的文体。第一个"文"，是书面文章的意思。"言"，是写、表述、记载等的意思。"文言"，即书面语言，"文言"是相对于"口头语言"而言，"口头语言"也叫"白话"。最后一个"文"，是作品、文章等的意思，表示的是文种。"文言文"的意思就是指"用书面语言写成的文章"。而"白话文"的意思就是："用常用的直白的口头语言写成的文章"。仅从这点上看，文言文于学生从某种意义上就是一种负担，这也是造成文言文学习障碍的普遍原因。从客观上而言，文言文是中高考的必考内容，考试的局限性以及教学对应试的畸形要求下，让学生在面对文言文有一种"食之无味弃之可惜"的鸡肋之感。

其实不然，文言文在传承中华民族文化过程中功不可没，且文言文典雅、简洁而又内涵丰富的语言表达方式同样也是中华民族文化的一颗璀璨明珠，但在现实教学中，这些都被某些因素所遮盖，并没有在课堂中发掘出来，这未免可惜。本人多年从事语文一线教学，与文言文打交道无数次，受"虐"无数，但为了能让学习更轻松，教学更和谐，也不停地思考并尝试不同的方法。

1. 关于兴趣：让文言文穿越现代，在学生心中吹起"最炫文言风"。

文言文的教学经常会陷入这样的误区：前面有图有真相，后来慢慢地就枯燥起来了，无味起来了。久而久之，同学们已经形成共识：所谓的文言文嘛，就是背，背翻译，背古今异义，背通假字，背词类活用，背一词多义，背完这些也就差不多了。果真如此吗？非也！

"兴趣是最好的老师"。学生如果对课堂毫无兴趣，那就谈不上教学。所以，激发学生的兴趣，是一堂课的关键所在，而且不只是"激趣导入"。"激趣导入"是个诱饵，但漫长的四十五钟如果只有开始的这么一点诱饵，是很难吸引学生一直跟你走下去的。如何激发，关键在于在课堂任何时刻寻找合适的契机。

前段时间电影电视都在流行穿越，从十六年前香港TVB的电视剧《寻秦记》项少龙重返秦朝的故事开始，直至最近热播的《盗墓笔记》，轰轰烈烈，沸沸扬扬，如火如荼，让人欲罢不能。这就是契机。当学生面对文言文的时候，思想总在抗拒：这些那么古老的东西有什么好看的呢？但对于热播的各种穿越剧却又追捧不已，该如何引导，这需要一点教育智慧。

在《陋室铭》这篇课文的教学中，我在引导学生阅读课文，参照注释自行疏通文义之后给学生引用了这么一句话：我与小伙伴们都惊呆了！同学们听了这句话都莞尔。然后我继续发问，如果这句话换种形式说：吾与友皆愕然！你觉得这两句话有什么不同之处呢？同学们都很感兴趣，纷纷发言：高大上了！对，这同样也是一句流行语，但用在了文言文上，这是我第一次听到的。我再次引导，如果你尝试跟你的朋友这样的说话，人家会怎么看你呢？学生很快就想到了另一个很流行的词语：穿越。我想此刻，无须多言，学生的热情又一次被激发起来了。这就是一种契机。

在文言文的教学过程中，不断地插入流行元素，现代气息，尽可能地缩近时空差距，让学生在阅读过程中放下思想的包袱，让学生感受到文言这种东西，其实也可以很好玩，也是很流行的，它还能让你的言谈瞬间高大上起来。这样不仅能活跃课堂的气氛，更是引导学生学习文言，热爱文言的一种契机所在。

2. 关于审美：不经意间的花开才是最美的享受

文言文字字珠玑，短小精悍，却又内涵丰富。在文言文中，山川之怡情美，为人处事之礼仪美，个人修养之人性美等等，在文章中比比皆是。如何让学生透过文字去感受这其中的美呢，这才是文言文教学的重点。但如何品味，纵观课堂，无非谈谈感受体会之类的话语，学生轻车熟径，自然知晓答题的关键，答案也日趋完美。但，这是真审美吗？本人不敢苟同。

在教学《陋室铭》这篇文言文的时候，我没有随从惯性，让学生去了解"铭"，了解作者在这篇文章中是如何托物言志，表达自己的高洁志趣的。而是依照了《陋室铭》，创作了一篇白话文版的《荒园铭》。

道路不一定要深远，只要清幽就可取胜，桥梁不一定要很长，只要有景色必然出名。这是一座荒园，只是我的品德高尚（就不觉得荒凉了）。嫩绿的蒿草给瓦铺上了绿毯，野草将帘子映得碧绿。闲聊时有知识渊博的人，来往的没有粗鄙的人。可以描画竹子的影子，诵读古今经典。没有繁琐的事务（繁文）扰乱精神，没有多余的礼节（缛节）劳累身心。纵然有千千万万的花朵，仍然敌不过这满园的荒草。心里感到很愉悦：怎么会觉得荒呢！

然后让学生根据本课所学习的《陋室铭》中的关键词语，依照其句式特点将这篇《荒园铭》包装成"高大上"的文言文。学生兴致盎然，跃跃欲试，很快就完成了，而且完成得很好。

荒园与陋室相近，把白话文对译成文言文不仅实现的文本内容《陋室铭》的回归，让学生巩固基础上尝试运用，同时更是学生对文言探究能力的一种启发。在对译过程中，学生可从文章的句式特点中感受到"铭"这种文体的简练的文字，还有朗朗上口的韵味感。这种感觉只可意会不可言传。学生必然会知道"铭"是用韵的，这让人读起来铿锵有力，但事实如何，只有用过的人才知道。而这个在对译的过程中恰好地让学生体会到了。

同时，《荒园铭》与《陋室铭》在文章内涵上又极其的相似，所以陋与不陋或是荒与不荒，这个问题的答案学生在译过程中自然不言而喻了。与其让学生按部就班地描述出作者的思想境界，还不如这种对译的创造中感受体会，这种的课堂看似跳出了问题的范畴，但问题却在不经意中被解决了，这样的课堂才是美好的，这才是真正意义上的对学生进行美的熏陶与启发。

3. 关于写作：这不仅只是为了写作。

一节完美的语文课堂，如果只停留在阅读的层次，未免让人怅然若失。如果文言文的教学仅在为了让学生读懂文章，了解作者的思想意图，那大有买椟还珠之意，未免令人惋惜。对文言文的热爱，如果仅限于阅读，那样的爱不可能会长久，所以要能真正让"最炫文言风"在学生心中泛起涟漪，必须要让学生动起手来，所以写作是必不可少的。

但也有人反对：写作才是对学生最大的伤害！确实，扪心自问，写作确实是对学生的一种严重摧残。但就此放手吗？当然不。

写作之所以变成伤害，是因为带着恨意。但如果兴趣于此，情郁于衷，那样的写作自然不会伤害。所以在文言文教学中，很多老师习惯性止于写作，认为白话文都难以完成，更何况文言文呢。有一个道理现在大家渐渐懂得：当学习变成了一项游戏，这样的学习效果是最好的。同样道理，如果写作是一种娱乐，那样的写作一定是最动人的。现今的文言文的写作应该采取这样的方式。

在教学《陋室铭》这篇文章时，我在课堂的最后一个环节要求大家针对当下各种现象，或者是你喜欢的，不喜欢的事物，更或是某一个地方，仿照本文的句式，创作一篇"铭"，要求有自己的思想。这样的要求不但是在文本的拓展延伸，更是实现文言文与现代的对接，缩小时空的范畴。这种做法让学生感受到：文言文是精华，纵然高大上，但其实还是可以"玩"起来的。而这样的"玩"是符合了学生的心理特点，拉近文言文与学生的心理距离，同时学生学习文言文的热情就自然而然地从课内延伸到了课外，从学习过渡到了生活中。这种学习最终回归到生活本质，不正是语文应该追求的吗？

[参考文献]

[1]《语文课程标准》2011 年版

[2]《文言文文字背后的魅力》肖艳

[3] 刘张利，尚丹丹．浅析我国穿越剧的现状与发展 [J]．艺术科技，2012（05）

浅谈文言文对译教学和信息技术的融合

摘　要：文言文的句式千变万化，这无形之中为文言文的学习增加了难度，由于中小学对译文言文教学一直不尽如人意，所以在教学技术信息化背景下，"互联网＋"的方式变革势在必行。为提高学生对文言文学习的兴趣，传统课程教学改革成为重要的研究方向。

关键词：互联网　对译文言文　信息技术

自参加课题《基于互联网环境的对译教学的实践研究》以来，我一直思考如何集合微信、互联网和新媒体等工具对课题进行融合，而本课题的研究对象是在互联网环境下文言文对译教学实践，它与传统的文言文教学相比有明显的新颖性和不同的技术手段，对译教学与多媒体网络技术结合起来施教，无疑成为课程改革的新焦点。以下是对译文言文教学和信息技术的融合的一些见解。

一、构建基于互联网环境下文言文对译的新教学模式

利用信息技术与文言文教学进行融合，须改变传统的文言文教学过程，在探索信息技术改善文言文教学环境下，转变教学方式，改变教师对教学的主体重要性，构建全新教学结构，如此才能实现新模式教学的结构性改革。在信息技术的支持下，教师应该学会建立"共享资源"和信息交流平台，通过微信、QQ空间、各种自媒体App等方式进行资源整合，丰富文言文教学资源，为学生提供更好的学习平台。

例如本课题组成员赵老师执教《陈情表》的一课，利用互联网资源，通过人物视频资料的图文结合，运用微信的助推，结合教学需要，与这节课的教学内容进行融合，很好地提高学生学习的积极性。这是一节"基于互联网环境的文言文对译教学"示范课，以对译教学"导—读—译—练—用—结"的"六字诀"模式，对教学总体把握在互联网环境中进行。在教授过程中，通过播放相

关图片，配以轻缓的古典中式音乐，能让学生感受当中意境，而生动形象的视频讲解，更能提高学习的主动性。这样就可以将枯燥乏味的文言文教学变得生动活泼，从而引导学生进入到教学情境中，这样不仅降低了学习文言文的难度，同时还提高了课堂的教学质量，使得教学资源得到网络共享，提高了教学效益。（本课教学过程通过全程录播、后期视频处理，并发布在智慧教研系统）

二、利用互联网设备激发学生对文言文学习的兴趣

抢答和小组竞赛等手段不能及时把结果传播到位，是传统的文言文教学模式需改进之处，而这些问题完全可以借助互联网与平板电脑解决。平板电脑常态化落实到课堂教学中，能让课堂节奏加快。

在课题组成员刘老师执教的《记承天寺夜游》文言文对译教学示范课中，善于利用平面电脑教学提高教学效率，吸引学生的注意力，使学生对学习产生了浓厚的兴趣。本节课老师在课堂上使用平板电脑教学以及如何利用平板电脑进行比赛打分点赞，同学之间互看对译文言文翻译，并通过点赞和留言实现互动。在课后，要求学生结合项目任务，利用平板电脑上传自己的对译成果，通过平板电脑发表自己的意见，推动师生共同交流、评价。同时教师利用手机实时拍摄小视频，通过网络上传到家长群以实现家校互动。

三、通过微信公众号或畅言智慧课堂等互联网平台预习和布置作业

微信公众号和畅言智慧课堂平台方便快捷，具有很强的即时性，能够有效地实现双向线上互动，有利于个别化指导。其实这就是"翻转课堂"教学新模式。在每次课程开始前，教师可以通过互联网平台为学生提供自主学习的微视频材料和演示文稿，学生通过阅读教材与观看微视频，进行预习并将学习情况及时反馈。教师根据学生反馈的学习情况，可以有选择地调整课堂的教学活动，并有针对性地实施教学。课外，同学们也可以自由组成学习小组建立微信群，探讨学习并进行成果交流。

再以刘老师执教的《记承天寺夜游》为例，该课利用互联网平台完成信息推送，包括作业的布置和重要通知等都能够随时随地进行图文、语音等全方位的沟通互动，实现文字、图片、语音、视频等多元反馈。课前发布微课保障不同层次学生的不同需求，做到因材施教。课堂结合互联网因素组织课堂教学，总体按照对译教学的"六字诀"模式，同时通过畅言智慧课堂授课，设置学习小组并予以评价，并及时公布评价结果，提升了课堂教学效率。课后要求学生

运用畅言智慧作业平台，录制并上传课文朗读录音，系统自动评分。而通过畅言智慧作业平台提前发布学习任务及相关微课，教师可随时在平台上查阅并批改学生的作业，了解全班学情。作业还可利用微信公众号信息推送到家长群，和家长之间产生互动，从而有针对性地制定并修改教学目标。

四、结语

传统对译文言文教学给人的印象就是让学生死记硬背，所以学生对文言文学习大多是排挤和惧怕的，学生在信息技术操作、视频作业的录制和上传工作方面一般都比较生疏，基本上是由家长协助完成，但部分家长特别是老年家长缺乏多媒体信息技术平台操作的知识，对视频的录制无从下手，所以需要家长学习并掌握视频、音频和图文等信息发送操作技巧。为此，对译文言文教学和信息技术如何融合，仍需要不断地探索和研究。

[参考文献]

[1] 广东省教育科研"十三五"规划 2018 年度研究课题，《基于互联网环境的对译教学的实践研究》中期报告 [R]，2019 - 9 - 26

[2] 董红，基于微信公众平台的小学语文口头作业设计，《中国教育技术装备》[J]，2017（17）

信息技术与文言文对译教学法深度融合的课堂实践

　　摘要： 传统的教学思想、教学方法和教学手段的种种弊端，造成学生对语文学习兴趣的弱化。文言文的学习，更是诸多学生的一大难题。在现代信息化社会，互联网具有高效、快捷、方便传播的特点，学生能通过对资源的收集、探究、发现、创造、展示等方式进行自主学习，不但有利于提高中学生上网学习和交流的能力，帮助孩子增长知识、开阔视野，还能更有效地激发学生的求知欲和好奇心，更能有效地养成独立思考、勇于探索的良好行为习惯。在教育理论的支持下，笔者通过教学实践，基于互联网环境的文言文对译教学对提高学生学习文言文兴趣、培养学生的良好习惯、提高学生学习能力，以及促进教师文言文知识专业化具有一定的创新性。

　　关键词： 互联网环境　文言文　对译教学

一、引言

　　大家都知道，文言文学习在中学阶段非常重要，但当前文言文教学却不尽人意，师生普遍对文言文教学有畏惧心理，文言文教学改革步履艰难。钱梦龙先生曾经把传统的文言文教学归纳为"字字落实，句句清楚"的"八字真言"。他指出："所谓'八字真言'，无非是由教师一字一句'嚼烂了喂'，以应付考试。[1]其结果是不仅学生对文言文人见人厌，而且导致广大教师对文言文教学也失去了兴趣。同时，文言文教学在中学语文教学中又是一个难点。许多老师和学生都花了很多的时间和精力，往往收效甚微。我，也有同感。那么，文言文教学是否真的没有好方法？真的不能走出这个困境？我相信好的方法是有的，我一直也在思考和摸索着。

　　为了让七年级的学生顺利完成学段过渡，在学习实践中培养文言文学习的兴趣以提高语文素养，笔者对部编教材七年级语文上册第二单元第四篇课文

《咏雪》进行了互联网环境下的对译教学实践研究，以期探究有效的文言文对译教学模式，促进文言文对译教学的高效开展。

二、互联网文言文对译教学内涵

（一）文言文对译教学内涵

新课标第四学段明确指出：对于浅易的文言文，学生要能借助注释和工具书理解基本内容。新课程语文教育改革基于以人为本的逻辑起点，强调学生的兴趣、经验和个性化体验，注重教学过程学生的自主、合作与探究学习方式等。针对这个问题，我们在长期的语文教育改革探索基础上，总结并提炼出一种文言文教学行之有效的新方法和新模式——"对译教学法"。对译，从字面上理解：对，是二者相对，彼此相向；对译即两种语言相对、相向翻译。文言文"对译教学"中的"对译"，侧重指把白话文翻译成文言文。它是新课程背景下中学文言文教学如何改变单一的"串讲法"模式，在把文言文翻译成白话文的常规教法基础上，重点研究如何把白话文翻译成文言文的一种创新教法和教学模式。将"把白话文翻译成文言文"这一创意教学称之为"对译"。[2]

（二）数字化教学顺应时代发展

现代信息社会，"互联网＋"的时代，基于大数据等先进的信息化技术层出不穷。互联网具有高效、快捷、方便传播的特点，在中小学生的学习和生活中发挥着不可替代的重要作用，成为中小学生学习的好帮手。我们的教育也不可避免地要顺应时代发展的要求，国家也在大力发展信息化数字化的教育教学方式手段。笔者利用我校的"云教室智慧课堂"试图改变传统的文言文教学模式，拥抱互联网，带着学生利用平板终端，展开自主学习、小组合作等多种学习方式，让学生更好地学习文言文，以达到更好的教学效果。实践证明，基于互联网的文言文对译教学很受学生欢迎。

三、课例实施

（一）课前自主学习

在学习《咏雪》时，围绕三维目标，笔者将微课教学重难点确定为引导学生品读文章，赏析语言，分析人物，感悟亲情，设计"创设情境——导入知识点——精讲品析——随堂演练"四个教学步骤，并录制了约6分钟的微视频。教师将制作的微课共享到"班级语文QQ学习群，学生观看微课。重点掌握文章叙述谢太傅与子侄辈一起谈论文章的义理一事，体现出一家人其乐融融重视亲情的和睦画面。同时，学生也借助工具书，完成老师的课前自主学习单（如表1）。同学之间、师生之间在学习平台上进行交流、讨论，将个人的学习情况得以反馈，有的同学在交流完之后还会有新的感悟，可以在第二天的课堂学习中再次提出、交流、探讨，以形成新的认知体验。

表1　课前自主学习单

课前自主学习单

1、搜集并了解《世说新语》以及文中涉及人物的相关信息，（图片、视频的链接可发到班级语文学习 QQ 群上）与大家分享；

2、自读全文，把你认为读不准的字词圈出来，并把它们记录下来。

3、朗读课文，尝试读出停顿，读出情感，并结合课下注释理解课文内容，掌握重点字词。

4、尝试把《咏雪》翻译成白话文。

5、读完课文后，你有什么感悟？对于课文，你还有什么疑惑？

（二）课堂教学流程

本节课的教学支撑系统为：创而新 ForClass 互动系统。具体教学过程如表2所示。

表2　教学过程

教学步骤	活动序列	资源及环境	设计意图
第一环节：课堂导入	1. 学生进入 ForClass 数字课堂。 2. 教师展示一组雪景图，并提问。 3. 通过对话方式引入课程教学主题。	ForClass 智慧教室。	引入课程。
第二环节：前测	1. 教师展示课内字词拼音，让学生选出拼音和书写有误的一项。 2. 展示一组词语和解释，要求学生在互动中进行拖拽填空。 3. 学生投票：你喜欢文中谁的回答？你的理由是什么？	通过 ForClass 课堂互动活动，进行字词学习和文章内容感知。	检测学生课前预习情况，了解学生对文章基本知识的掌握情况并导入新的内容，通过电脑实时查看学生的答题情况，以了解学生的学情。

教学步骤	活动序列	资源及环境	设计意图
第三环节：品读课文	1. 自读课文，读出停顿。 2. 演读课文，读出情感。	教师展示数字教材，学生齐读全文，圈点停顿，教师巡堂并四分屏查看。	先采用个人朗读的形式，进行默读，四分屏查看学生圈点停顿，并引导学生通过演读课文，分析感悟人物的形象。
第四环节：翻译课文	1、学生自主翻译课文，并落实重点字词"内集""儿女""讲论文义""俄而""雪骤""欣然""何所似""差可拟""未若""因"的解释。 2、学生成果展示与评价：课堂抢答、随机点名。 3、再次朗读课文，感悟文章中体现的温暖亲情。	利用数字教材展示重点内容，学生拍照上传字词解释，教师通过ForClass中的四分屏查看学生作品。	采取个人阅读的形式进行学习思考，四分屏查看学生作品，以了解学生对文言字词、课文内容的把握。
第五环节：对译训练	1、学生自主翻译，把课内白话文还原成文言文。 2、学生成果展示与评价：拍照上传，师生共评。 3、总结文言文翻译成白话文的原则和方法。	学生根据问题独立思考，拍照上传自主翻译，教师通过ForClass中的四分屏查看学生作品。	采取个人阅读的形式进行学习思考，四分屏查看学生作品，以了解学生对文言词句的把握情况。
第六环节：学以致用	1. 把课外白话文翻译成文言文，要注意运用学习目标中涉及的文言实词"内集""儿女""讲论文义""俄而""雪骤""欣然""何所似""差可拟""未若""因"。 2. 教师出示训练要求与评价标准，学生当堂自主翻译。 3. 教师出示参考译文 4. 学生对照参考译文及评价标准自我评价。 5. 拍照上传，全班交流，师生共评。	学生根据问题独立思考，拍照上传自主翻译，教师通过ForClass中的四分屏查看学生作品，再小组合作交流、展示、汇报。	进一步进行文言文对译拓展训练，让学生进行自我展示和组内展示，以提高学生学习的自信心和表达能力，增强学生学习文言文的兴趣和能力。

续表

教学步骤	活动序列	资源及环境	设计意图
第七环节：后测	学生投票：你喜欢文中谁的回答？你的理由是什么？	通过 ForClass 课堂互动活动，学生投票。	进一步深化主题，并引导学生联系实际体会文章蕴含的深刻哲理。
第八环节：课堂总结	1. 师生一起总结本节课的学习内容。2. 学生反馈课堂收获3. 布置作业	ForClass 智慧教室。	总结回顾本节课的学习内容，学生谈本堂课的学习收获。

四、案例评析

（一）互联网环境下的教学模式提升了学生的学习能力

新课程标准倡导的是学生学习方式上的自主性、探究性、合作性，强调的是以培养学生创新精神和实践能力为核心，如搜集和处理信息的能力、获得新知识的能力、分析和解决问题的能力以及交流与合作的能力等等。《咏雪》这一文言文对译教学实践案例，在课前，利用微课、QQ 群等网络资源进行线上交流学习，很好地提升了学生的自学能力，也激发了学生学习文言文的兴趣。同时，此次教学过程中，还利用了 ForClass 系统的拍照、上传、查看、随机点名、投票等功能，为了体现整堂课的连续性，结合本课内容的特点，设置了前测和后测两个课堂互动活动。从前测的数据显示，大部分学生都能很好地能掌握课文字词书写、拼音和词义，而对于第三个问题"你喜欢谁的回答"，68% 的同学直接选 A——兄子，并表示是结合自己的生活经验做出的判断，32% 的同学选 B——兄女，而让他们说出选择的理由时，很多同学都说是凭感觉，具体答不上来。所以，教师就将教学重难点放在这一块，并引导学生重点掌握字词并一步步分析课文，探讨课文主旨。在经过一系列课堂学习活动之后，在后测过程中，同样的问题，有 88% 的学生选 B，10% 的学生选 A，个别同学未及时做出选择。在询问理由时，可以看出很多同学通过课堂的主动学习读懂了课文并深刻理解了课文主旨做出的选择。通过前后测的评价监测，可以明显感受出学生通过课堂学习，在对文内容的把握、对文章主旨的理解有一定程度的深入，进而表现出学生学习能力上的进步，能够监测教学目标和重点的落实情况，也能反映出教师在教学设计上和实施过程中连续性。

（2）互联网环境下对译教学的基本模式提升了学生的学习兴趣

文言文对译教学模式可用"六字诀"来概括："导——读——译——练——用——结"。从本课例来看，首先，在导入新课环节中，教师播放一组雪景图下雪的视频，创设情境，以激发学生的学习兴趣，尤其对广东地区的学生而言，雪无疑是一种陌生而又向往的事物，这样一来，唤起学生学习的主动性和创造性。其次，演读课文环节，让学生在理解人物形象后通过语言肢体动作将课文人物重现，更能训练出学生良好的文言文阅读的语感。再者，翻译、练习和拓展这三环节一环扣一环，从课内到课外，从简单的字词解释到句子翻译再到课外的迁移拓展，层层深入，一步步引导学生自主学习课文，并能将课内的文言文知识很好地学以致用，加以训练，这无疑是对文言文学习的一种高效的开展，长此以往，学生课内的字词积累得多了，要创作一篇文言文，自然是手到擒来。对于学生而言，他能在某一方面收获快乐享受成功的喜悦，自然就会更加喜欢这方面的挑战。对于七年级的学生而言，通过这节课的训练，已经能创作出简单的文言文了，他们在以后的学习中应该不会再谈"文言"而色变了。

五、结语

综上所述，从学生参与的状态、思维的状态和课堂目标达成的情况看来，《咏雪》这一文言文对译教学课例是有别于传统的文言文教学，从形式上使用"粤教云"的"智慧课堂"的教与学的系统，更是从根本上体现了运用信息技术打造的文言文教学的高效课堂。

这样的学习过程，教师成了学生学习的指导者和学习目标制定者，"课前预习"让学生的预习过程具体化，课堂成了学习反馈的场地，课堂中有同伴和教师具体又及时的指引，即小组讨论和全班讨论等"及时的知识生成"。还可以看到学生通过课内文言字词的翻译理解积累并运用到课外的文言创作，当中的种种表达给教师一次又一次的惊喜。学生的反馈让我们看到七年级的学生通过互联网环境下的文言文对译教学实践和对译训练能很好地提升学生学习文言文的兴趣、培养学生的良好习惯、提高学生学习能力，而且还能促进教师文言文知识专业化，乃至提高思考文本带给我们生活的哲理……

这实践的过程让教师觉得"努力并收获着"！

[参考文献]

[1] 乐晓华. 中学语文文言文对译教学探索与实践［M］. 长春：东北师范

大学出版社

[2] 李方. 现代教育科学研究方法 [M]. 广东：广东初等教育出版社，1997 年

[3] 傅道春. 新课程中教师行为的变化 [M]. 北京：首都师范大学出版社，2002 年

[4] 语文课程标准解读（实验稿）[M]. 人民教育出版社，2004 年 2 月

02
第二部分

│教学实践篇│

《狼》课例

《狼》教学设计

学习目标:

1. 正确理解与运用"故""窘""敌""顾""弛""瞑""意""暇""寐""黠"等文言词汇及"……几何哉?"文言特殊句式。

2. 正确理解课文内容,把握文章主旨。

3. 掌握"把白话文翻译成文言文"的高效文言文学习方法,培养学生文言文阅读的能力。

学习重难点:

1. 正确理解课文内容,把握文章主旨。

2. 掌握"把白话文翻译成文言文"的高效文言文学习方法。

教学用具: 微课视频、学案、PPT

课时安排: 二课时

学习过程:

第一课时

学习目标任务:完成学习目标1、2

一、讲故事激趣,导入新课

(一)讲述故事:《东郭先生与狼》

在互联网中搜索《东郭先生与狼》的视频进行播放,让学生静静听故事。

(二)激趣导入新课

同学们,东郭先生救了危难中的狼,狼却要吃掉东郭先生,在危急关头,农夫帮助了东郭先生，才转危为安。你认为狼是怎样怎样一种动物？

在学生回答基础上（对狼的本性特点有了初步认识），自然导入新课（板书课题及作者）

二、熟读课文，整体感知

（一）通读课文，正音正字。

学生自由放声朗读一遍课文，要求准确地朗读。在朗读过程中圈点勾画出生字词，并在课文中注音。

狼

作者　蒲松龄

一屠晚归，担中肉尽，止有剩骨。途中两狼，缀（zhuì）行甚远。

屠惧，投以骨。一狼得骨止，一狼仍从。复投之，后狼止而前狼又至。骨已尽矣。而两狼之并驱如故。

屠大窘（jiǒng），恐前后受其敌。顾野有麦场，场主积薪其中，苫（shàn）蔽成丘。屠乃奔倚其下，弛（chí）担持刀。狼不敢前，眈（dān）眈相向。

少（shǎo）时，一狼径，其一犬坐于前。久之，目似瞑（míng），意暇甚。屠暴起，以刀劈狼首，又数刀毙之。方欲行，转视积薪后，一狼洞其中，意将隧（suì）入以攻其后也。身已半入，止露尻（kāo）尾。屠自后断其股，亦毙之。乃悟前狼假寐，盖以诱敌。

狼亦黠（xiá）矣，而顷刻两毙，禽兽之变诈几何哉？止增笑耳。

（二）再读课文，解词释句。

1. 要求学生流畅地朗读课文，读出节奏、语气与情感。并要求学生边读边圈点勾画出不懂的字词与句子，然后师生共同解决，达到粗通文意。

一屠晚归，担中肉尽，止（　　）有剩骨。途中两狼，缀（　　）行甚远。

屠惧，投以骨。一狼得骨止，一狼仍从（　　）。复投之，后狼止而前狼又至。骨已尽矣，而两狼之并驱如故（　　）。

屠大窘（　　），恐前后受其敌（　　）。顾（　　）野有麦场，场主积薪其中，苫蔽成丘。屠乃奔倚其下，弛（　　）担持刀。狼不敢前（　　），眈眈相向。

少时，一狼径，其一犬坐于前（　　）。久之，目似瞑（　　），意（　　）

暇（　　）甚。屠暴（　　）起，以刀劈狼首，又数刀毙之。方欲行，转视积薪后，一狼洞其中，意将隧入以攻其后也。身已半入，止露尻尾。屠自后断其股（　　），亦毙之。乃悟前狼假寐（　　），盖以诱敌。

狼亦黠（　　）矣，而顷刻两毙，<u>禽兽之变诈几何哉？</u>止增笑耳。

2. 学生自主学习：要求在排除难词难句的基础上，结合课文下的注解，把文言文翻译成白话文。

3. 学生展示翻译结果（师生共同订正）

（三）学生三读课文，要求学生理解地朗读课文，并概括课文内容。要求学生用一句话概括课文主要讲了一个什么故事？

（屠户晚归遇狼、战胜狼的故事）

三、研讨问题，探究文意

（一）教师简介作家作品，为理解文意打基础。

蒲松龄，字留仙，山东人，著有《聊斋志异》。他虽自幼聪慧，但一生科举考试不成，于是在家设馆教书，写作了许多鬼怪故事，后来汇编成书，取名《聊斋志异》。

《聊斋志异》，"聊斋"是蒲松龄的书房名，"志异"是记录奇异事的意思，是一部短篇小说集。作者通过谈狐说鬼，讽刺当时社会黑暗、官场腐败、科举制度腐朽，具有很高的艺术成就和现实意义。

（二）小组合作学习，思考探究问题

（1）我们人类提倡要与动物相处共存，要善待生命，但屠户为什么要杀掉两只狼？

（2）屠户坚决与狼斗争，并杀掉了狼，这一结果给我们怎样的启示？

（3）如果我们现实中遇到了这种情形，你将会怎样处理？

学习要求：小组带着三个问题，默读课文，重点品读赏析重点句段，然后小组共同讨论问题，寻找问题答案。

（三）小组展示学习成果。（结合课文思维导图分析）

第1个问题回答并结合课文分析。

参考答案：狼想吃掉屠户，具体分析课文。

（1）从故事情节分析斗争过程：遇狼——惧狼——御狼——杀狼

（2）从屠户与狼三次交锋分析狼的本性与屠户形象：

第一次：屠户惧怕并且"投以骨"，狼仍跟随第二次：屠户背倚麦草堆，"弛担持刀"、"眈眈相向"，与两狼对峙。

第三次：屠户奋起，杀死两狼。

狼的本性特点：贪婪、凶残、狡猾。

屠户形象：勇敢、机智。

（3）从本文的落脚点分析本文的写作目的。（要求学生从课题、斗争过程、课文中心句三个维度分析）

第2个问题回答（结合课文内容分析归纳）

启示我们对待像狼一样的恶人，不能妥协退让，而要像屠户一样敢于斗争、善于斗争，这样才能取得胜利。

第3个问题回答（开放性问题，只要学生处理得当，都要肯定）

四、课堂小结

同学们，请回顾一下本课的学习过程，简单说说你的收获。

五、布置作业

1. 复习课文的译文。

2. 尝试把课文的译文翻译还原成文言文。

第二课时

学习目标任务：本堂课主要完成学习目标3。

一 、讲述对译学习方法，导入本课教学内容。

（一）给学生简介对译学习方法

两种语言的互译叫对译，如英汉对译。同一种语言的两种表达形式互译也叫对译，如文言文与白话文对译，即把文言文翻译成白话文，也可以反过来，把白话文翻译成文言文。

举例说明：

例1：一狼得骨止——一只狼得到骨头停下来。（由古到今）

一只狼得到骨头停下来——一狼得骨止。（由今到古）

例2：（同学们试试）

屠户突然跳起来，用刀劈狼的头——屠暴起，以刀劈狼

（由今到古）

（二）把白话文翻译成文言文的标准：信、达、雅

1. 信：就是忠实原文。

2. 达：就是不拘泥于原文，译文要准确表达原文意思。

3. 雅：就是译文要有文采。（用古汉语的字法、句法表达，达到语言流畅）

（三）导入本课学习内容：同学们，今天我们试试把白话文翻译成文言文。

二、文白对译，巩固知识。

（一）对译练习：把下列《狼》的白话文翻译（还原成）文言文。

有一个屠户傍晚回家，担子里的肉卖完了，只剩下一些骨头。路上遇到两只狼，紧跟着走了很远。

屠户害怕了，拿起一块骨头扔过去。一只狼得到骨头停下了，另一只狼仍然跟着。屠户又拿起一块骨头扔过去，后得到骨头的那只狼停下了，可是先得到骨头的那只狼又跟上来。骨头已经扔完了，两只狼像原来一样一起追赶。

屠户非常困窘，恐怕前后都受到狼攻击。回头看见野地里有一个打麦场，场主人把柴草堆在打麦场里，覆盖成小山似的。屠户于是奔过去倚靠在柴草堆下面，放下担子拿起屠刀。两只狼都不敢向前，瞪眼朝着屠户。

过了一会儿，一只狼径直走开，另一只狼像狗似的蹲坐在前面。时间长了，那只狼的眼睛似乎闭上了，神情悠闲得很。屠户突然跳起来，用刀劈狼的脑袋，又连砍几刀把狼杀死。屠户正要上路，转到柴草堆后面一看，只见另一只狼正在柴草堆里打洞，想要钻过去从背后对屠户进行攻击。狼的身子已经钻进一半，只有屁股和尾巴露在外面。屠户从后面砍断了狼的后腿，也把狼杀死。这才明白前面的那只狼假装睡觉，原来是用来诱惑敌方的。

狼也太狡猾了，可是一会儿两只狼都被砍死，禽兽的欺骗手段能有多少呢？只是增加笑料罢了。

（二）对照原文，自我评价。

（三）教师点评。

三、拓展延伸，学以致用。

（一）对译练习：把下面根据原文创作的白话文，翻译成文言文。

小　偷

从前，有一个老头坐在树下（休息），小偷走了过来，在老人面前坐了下来，想偷老人身上的钱物。一会儿，他左右回头往旁边看了看，却看到一个官差正向他这边走来，小偷感到十分困窘，于是就闭上眼睛假装睡觉，装出悠闲无事的样子。

过了一会儿，见官差走过去了。小偷突然站了起来，抢过老人身上的钱物就想跑，这时候，官差迅速跑过来，一把抓住小偷，小偷放下了钱物，被官差抓走了。小偷也太狡猾了，比起官差的机智，小偷的欺骗手段能有多少啊？只给人留下笑料罢了。

翻译要求：

1、要使用"故""窘""顾""瞑""意""暇""暴""寐""黠"九个单音节词与"……几何哉"反问句式。

2、按"信、达、雅"的标准，翻译成文言文。

（二）小组合作，讨论译文。

（三）各组学生自我评价。

1. 教师出示参考译文

昔日，一老翁于树下坐，一贼行至，坐于老翁前，欲盗其钱物，少时，贼左右顾盼，见一官差行至，贼大窘，即瞑其目，假寐，意暇甚。

少顷，官差径去。是时，贼暴起，抢其财物欲去，此时，官差速至，即捉贼，贼弛物，为官差提去矣。贼亦黠矣，与衙役智比，贼之变诈几何哉？止增笑耳。

2. 各组学生对照参考译文进行自我评价。

评分标准与操作要求：

（1）使用老师强调的9个单音节词与1个反问句式。每使用一个得10分，总分得80分或以上为优秀，得60分以上、80分以下为合格。

（2）学生根据标准自我评分及评出相应的等次。（各组自报）

3. 教师点评，鼓励学生。

（四）各组展示对译学习成果，师生共同讲评。

（以口头抢答方式讲评译文）

四、课堂总结

回顾激励（回顾学习过程，重温学习目标，评价学习行为）

五、布置作业，巩固所学

1、继续修改完善《小偷》文言文。

2、完成《学案》中"课后巩固练习"设计的习题。

《狼》导学案

课前预习：

学生观看微课视频，按微课视频中教师的辅导内容进行课前预习，完成以下题目。

一、作家作品（填空）。

1. 蒲松龄，字_____，_____代著名_____家，著有作品_____。

2. 《聊斋志异》，"聊斋"是蒲松龄的_____名，"志异"是_____的意思，是一部短篇_____集。

二、朗读课文正音正字。

1. 给下列生字词注音。

缀（＿＿＿） 窘（＿＿＿） 苫（＿＿＿） 弛（＿＿＿） 眈（＿＿＿）

瞑（＿＿＿） 隧（＿＿＿） 尻（＿＿＿） 黠（＿＿＿）

2. 请把自己还不会读的字写下来，自己查字典注音。

_____

_____

三、再读课文，圈点勾画出难词难句。

（1）学习实词，积累文言词汇。

1. 缀（_____）行甚远   2. 一狼仍从（_____）

2. 并驱（_____）如故（_____）   4. 屠大窘（_____）

5. 恐前后受其敌（_____）   6. 顾（_____）野有麦场

7. 弛（_____）担持刀   8. 意（_____）暇（_____）甚

9. 屠暴（ _____ ）起　　　　　　10. 屠自后断其股（ _____ ）

10. 乃悟前狼假寐（ _____ ）　　　12. 狼亦黠（ _____ ）矣

（二）一词多义，辨析以下词的不同含义。

止　　　　　　　　　　　　　　意

1. 止有剩骨（ _____ ）　　　1. 意暇甚（ _____ ）

2、一狼得骨止（ _____ ）　　　2. 意将隧入以攻其后（ _____ __ ）

3. 止增笑耳（ ____ __ ）

敌　　　　　　　　　　　　　　前

1. 恐前后受其敌（ _____ ）　　　1. 恐前后受其敌（ _____ ）

2. 盖以诱敌（ _____ ）　　　2. 狼不敢前（ __ ____ ）

（三）词类活用。

1. 一狼洞其中（ _____ ）

2. 其一犬坐于前（ _____ ）

四、特殊句式的认识，翻译下列句子。

1. 投以骨_____

2. 而两狼之并驱如故_____

3. 禽兽之变诈几何哉_____

五、结合课文下面的注释，并借助字典等工具书，口头试译课文。

_____

_____

课中学习：

一、结合课文下面的注释，借助字典等工具书，书面翻译课文（把文言文《狼》翻译成白话文）。

_____

_____

_____

_____

二、复述故事情节，概括课文内容。

本文主要讲了一个＿＿＿＿＿＿＿＿＿＿＿＿＿＿＿＿＿＿＿＿

＿＿＿＿＿＿＿＿＿＿＿＿＿＿＿＿＿＿＿＿＿＿＿＿＿＿＿＿＿＿

＿＿＿＿＿＿＿＿＿＿＿＿＿＿＿＿＿＿＿＿＿＿＿＿＿＿＿＿＿＿

的故事。

三、结合课文思考并回答下列问题（小组合作学习，研讨问题）。

1. 我们人类提倡要与动物相处共存，要善待生命，但屠户为什么要杀掉两只狼？

2. 屠户坚决与狼斗争，并杀掉了狼，这一结果给我们怎样的启示？（即这个故事告诉了我们什么道理？）

3. 如果我们现实中遇到了这种情形，你将会怎样处理？

第 1 题答案：＿＿＿＿＿＿＿＿＿＿＿＿＿＿＿＿＿＿＿＿＿＿

＿＿＿＿＿＿＿＿＿＿＿＿＿＿＿＿＿＿＿＿＿＿＿＿＿＿＿＿＿＿

第 2 题答案：＿＿＿＿＿＿＿＿＿＿＿＿＿＿＿＿＿＿＿＿＿＿

＿＿＿＿＿＿＿＿＿＿＿＿＿＿＿＿＿＿＿＿＿＿＿＿＿＿＿＿＿＿

第 3 题答案：＿＿＿＿＿＿＿＿＿＿＿＿＿＿＿＿＿＿＿＿＿＿

＿＿＿＿＿＿＿＿＿＿＿＿＿＿＿＿＿＿＿＿＿＿＿＿＿＿＿＿＿＿

四、对译练习：把课文《狼》第二段白话文翻译成文言文。

屠户害怕了，拿起一块骨头扔过去。一只狼得到骨头停下了，另一只狼仍然跟着。屠户又拿起一块骨头扔过去，后得到骨头的那只狼停下了，可是先得到骨头的那只狼又跟上来。骨头已经扔完了，两只狼像原来一样一起追赶。

＿＿＿＿＿＿＿＿＿＿＿＿＿＿＿＿＿＿＿＿＿＿＿＿＿＿＿＿＿＿

＿＿＿＿＿＿＿＿＿＿＿＿＿＿＿＿＿＿＿＿＿＿＿＿＿＿＿＿＿＿

五、对译练习：把下面白话文《小偷》翻译成文言文。

小　偷

从前，有一个老头坐在树下（休息），小偷走了过来，在老人面前坐了下来，想偷老人身上的钱物。一会儿，他左右回头往旁边看了看，却看到一个官差正向他这边走来，小偷感到十分困窘，于是就闭上眼睛假装睡觉，装出悠闲无事的样子。

过了一会儿，见官差走过去了。小偷突然站了起来，抢过老人身上的钱物就想跑，这时候，官差迅速跑过来，一把抓住小偷，小偷放下了钱物，被官差抓走了。小偷也太狡猾了，比起官差的机智，小偷的欺骗手段能有多少啊？只给人留下笑料罢了。

翻译要求：

1. 要使用"故""窘""敌""顾""瞑""意""暇""寐""黠"九个单音节词与"……几何哉？"反问句式。

2. 译文要符合"信、达、雅"的标准。

课后巩固练习（学习效果评价）

一、继续修改完善《小偷》译文，使它具有文言味，并从感受中总结把白话文翻译成文言文的规律。

二、解释下列句中加点的词。

1. 狼不敢前（＿＿＿＿＿）　2. 其一犬（＿＿＿＿＿）坐于前

3. 一狼洞（＿＿＿＿）其中，意将隧（＿＿＿＿＿）入以攻其后也

三、用现代汉语（白话文）翻译下列句子。

1. 骨已尽矣，而两狼之并驱如故。

_____

2. 久之，目似瞑，意暇甚。

_____

3. 禽兽之变诈几何哉？止增笑耳。

_____

四、课文内容与主旨理解。

1. 本文主要写了一个什么故事？这个故事告诉了我们什么道理？

_____

2. 课文中描写狼贪婪、凶残、狡猾的句子是?

_____

_____

3. 课文中写屠户勇敢、机智的句子是?

_____

4. 能概括文章中心的语句是哪一句? 这句话在全文有什么作用?

_____

《狼》教学实录

第一课时

师：今天由乐老师给大家上课。我姓乐，音乐的乐。我们先来活跃一下气氛，成语一般有几个字？

生：四个字。

师：大家很清楚，中国的成语非常多，也反映了丰富的内容，是不是？现在同学们来玩个游戏——成语接龙。成语里面必须要包含"狼"，你们现在先思考一下，哪个同学先讲一个与"狼"有关的成语。

生：狼狈为奸。

师：对，很好，下一个同学。

生：狼心狗肺。

师：狼的心，狗的肺，都是黑的。好，第三个，哪位同学？

生：狼子野心。

师：很好，下一位同学？

生：狼吞虎咽。

师：狼吞虎咽，很好，这个女同学。

生：引狼入室。

师：引狼入室，是好还是不好？

生：不好。

师：引狼入室是什么呢？说明狼是什么人？坏人？狼的本性就是坏人吗？

生：不是。

师：你们从这些词语可以看出它是什么本性？有什么样的特点？哪个同学

能够自告奋勇地讲讲你的理解？好，这位女同学讲讲。

生：狡猾、凶恶。

师：很好，从这些成语可以看出来，都是写它的狡猾、凶恶，是不是？下面我来播放一个故事，看看狼到底是怎样的动物。

故事播放：从前有一个读书人，他叫东郭先生，有一天他赶着毛驴急匆匆地赶路，经过森林的时候，从岔路口跑来一只受伤的狼。狼哀求说，猎人用箭射中了我，请你发发慈悲救救我吧。东郭先生很害怕，他知道狼是吃人的动物，所以摇了摇头。狼哀求着说："好心的先生，请您行行好，救救我吧，将来我一定会好好报答您的。""既然你这样求我救你，我就想个办法吧。"

这时，远处传来了马蹄声，"好心的先生，求您快想个办法吧。"马蹄声越来越近。狼急忙卧在地上把四肢紧紧蜷缩起来说："好心的先生，快点儿。"东郭先生把狼裹得紧紧的，塞进了袋子里。

袋子刚刚扎紧，猎人就追了上来："先生，你看见一只狼没有？""我没有看见狼，狼也许从别的路上跑走了。"猎人相信了东郭先生的话，从别的方向追去了。东郭先生把狼放了出来，不料狼却说："你既然救了我，那就救人救到底，我现在饿坏了，你就再做一件好事，让我吃了你吧。"狼张牙舞爪地扑过来，东郭先生吓得拔腿就跑，这时候一个农夫扛着锄头从这里经过。

东郭先生赶忙跑到农夫身边求救，东郭先生把事情的经过告诉了农夫，请农夫帮忙评理。可是狼却一口否认东郭先生救过自己，"他把我捆得那么紧，差点勒死我，分明是害我，我要吃掉他。"

农夫想了想，说："你们说的我都不信，那么小的袋子怎么能装下这么大的一只狼，不如再装一次，要是能装进去你就吃了他"，狼同意了。它又躺在地上蜷作一团，让东郭先生重新用绳子捆起自己，装进了口袋里。农夫立即把口袋扎紧，对东郭先生说："你对狼讲仁慈，简直是太糊涂了"。说完农夫抢起锄头把狼打死了，东郭先生这才明白过来，非常感谢农夫救了自己。

师：同学们，刚才我们看了东郭先生与狼的故事。这个故事寓意非常深刻，东郭先生救了处于危难之中的狼后，狼却要怎么样？要吃掉他。后来在农夫的帮助下，才救了东郭先生，是不是？那么这个故事可以看出狼是怎样一种动物？我们叫个同学来回答，哪个同学？好，那位同学请你回答。

生：狡猾、奸诈！

师：非常好，他讲出了狼的两个本性、特点。从这个故事中还可以看出什么？还有没有了？这位同学。

生：它再怎么狡猾也还是比不过人类的智慧。

师：她把这个故事说明的道理也讲清楚了，非常好。今天我们学七年级上册的一篇古文——《狼》。这个故事，又表现了狼怎样的特点？说明了一个什么深刻道理？下面我们就学习这篇课文。请大家打开书本，翻到105页。《狼》的作者是谁？

生：蒲松龄。

师：开始学习这篇课文之前，我录了一个微课视频，让大家课前学习。我在微课视频里面给大家做了辅导，让大家明确学习目标。对作家作品的情况做了介绍，这篇课文的生字生词是哪些？怎样读？还有这篇课文的难词难句怎样解释？并且要求你们课前根据课文下面的注解和老师辅导的内容，借助字典口译课文。稍后我要检查。大家掌握这些生字词之后，要读准课文，读准每句话每个词。现在我们各组组长组织大家自由朗读，准确地朗读，下面开始。

（同学们朗读中）

师：好，我看大家都读完了。下面我们先介绍一下这篇课文的学习任务。这篇课文要完成三个学习任务：第一、正确理解和运用10个单音节词、一个特殊句式，积累核心词语。第二、正确理解课文内容，把握文章的主旨。第三、掌握将白话翻译成文言文的高效学习方法。这堂课教你们一个新的学习文言文的方法。这三个任务中第二个是重点，第三个是难点，掌握了难点，以后学习文言文就更容易了。下面我们再读一遍，老师看你们生字词掌握没有？

师：哪个同学来试一试？怎么读？标红的字怎么读？

生积极举手。

师：挺好，我们同学学习积极性很高。这位同学，你来读一下。

生：缀、窘、苫、弛、眈。

师：很好，请坐。我们把标红字的句子，读一遍。缀行甚远。一起读。

生：缀行甚远。屠大窘，苫蔽成丘，弛担持刀，眈眈相向。

师：很好，读得很准！接下来看后面两段，哪个同学来读？好，那位女同学。

生：少时。对目似暝。意将隧入以攻其后也。止露尻尾。狼亦黠矣。

师：挺好，读得非常准确。下面同学们把标红字的句子齐读一遍，一起读。

生：少时。目似暝。意将隧入以攻其后也。止露尻尾。狼亦黠矣。

师：好，大家读得很好。那我们课文朗读，除了要把字读准之外，还要读的流畅，注意节奏，包括每句话的停顿，怎么停顿！还有重音怎么读？语音的速度。哪个地方要读快，哪个地方要读慢？这些问题朗读时要注意。首先大家看课文，这一句该怎么断句？怎么读？大家齐读一下。

生：后狼止而前狼又至。

师：很好，最后一句。

生：而两狼之并驱如故。

师：可以很好。好，还有第三段第三句话，怎么断句怎么读？一起读。

生：屠乃奔倚其下。

师：很好。下面我点个同学看看断句怎么样。这位男同学，请你读一下第四段的第一句。生：少时，一狼径去，其一犬坐于前。

师：很好，这句"其一"这里要稍加怎么样？

生：停顿。

师：好，翻过来，读一读第二行的第一句话，这句话比较难读，大家一起读，我看你们如何停顿。

生：意将隧入以攻其后也。

师："隧""入"要停顿一下，不停顿的话就不正确了。还有"屠自"什么？一起读。

生：屠自后断其股。

师："屠自后"，你要停顿一下。重音读得很好，语速也不错。下面大家齐读一遍，刚才是自由朗读，现在齐读，看大家读得正不正确？第一要准确，第二要流畅。

生：（齐读课文）

师：读得非常准确。下面检查一下大家这篇课文的生字和难词难句的掌握情况。因为我们已经在微课视频做了辅导，看一下大家的掌握情况。这些是这篇课文中一些重要的实词，有一词多义、通假字和词类活用，这三类词属于实词，很重要。下面这些标红的字是这篇课文中必须要掌握的一些难词。我想叫个同学来试一试，解释它的意思。

生："只有"的"只"。

师：那么是通假，是不是？

生：对。然后第二个"缀"是"紧跟"。

师：很好。紧跟。原意是什么？原本的意思是什么？这里是紧跟。

生：装饰什么东西。

师：其他同学说是什么意思？

生：连接。

师：对，一位同学讲了，连接。原意是两种东西连接起来，这里翻译成"紧跟"，对吧？第三个。

生：跟从。

师：对。

生："故"是"原来"。

师：对。

生："窘"是"处境困难"。

师：对。

生："敌"是"攻击"。

生："顾"是"看"。

生："弛"是"放假"，"前"是"前进"。

师：大家看这几个字，有的是一词多义的，有的是词类活用的，这里有没有词类活用的现象？有没有？还有"恐前后受其敌"。"敌"原来是什么意思？

生：敌人。

师："敌人"是名词还是动词？

生：名词。

师：现在把它翻译成"攻击"，是动词。名词用作什么？

生：动词。

师：还有没有这样的用法？这个字，狼不敢前，原来应该是什么意思？

生：前方。

师：前方或者前面是不是？在这里怎么解释？

生：向前。

师：名词用作什么？

生：动词。

师：掌握得很好，下面哪个同学自告奋勇地来试一试这几题？这个很难吗？

生：不难。

师：这位同学你来试一试，前面，这个就是原意了，还有呢？

生："瞑"是"闭上眼睛"。

师：对。

生："意"是"神情"。

师：对。

生："暇"是"悠闲"。

师：对。

生："暴"是"突然"。

生："股"是"大腿"。

师：对。

生："寐"是"睡觉"。

师：对。

生："黠"是"狡猾"。

师：请坐，很好。这个同学对难词难句掌握得很扎实。掌握这些难词难句后翻译就不难了。同学们，除了这些词之外，还有几个重要的句子要求大家掌握。是哪几句话呢？投以什么？

生：骨。

师：它是一个什么句式？

生：倒装句。

师：翻译时怎么倒过来？以骨投，应该翻译成什么？

生：用骨头扔给（狼）。

师：还有一个特殊方式，是哪一句？

生：禽兽之变诈几何哉。

师：你看这个是什么句式？

生：反问句。

师：我们掌握了这几个重要的句式后，布置一个练习，大家根据课文下面的注解和老师刚才辅导的实词、句子，把课文翻译一遍，翻译到我们的学案上，学案是第三页，给你们 10 分钟时间。

师：我看大部分同学做了，还有一小部分有同学没有写上去，口译也译完了。我们来看一下大家翻译的情况。古文翻译主要把句意翻译通顺、基本意思不变就可以了。下面我叫几个同学试一试。这位同学，你来翻译第一、第二、第三段，其他同学看看他翻译对不对？

生：有一个屠户傍晚回家。担子里的肉卖完了，只有剩下的一些骨头，路上遇到两只狼，紧跟着走了很远，屠户有些害怕了，就把骨头投给了一只狼，一只狼得到骨头后停了下来，而另一只狼仍然跟着，屠户又把另一个骨头给狼，后来得到骨头的那只狼停下来了，可是先得到骨头的狼又追上来了，骨头已经扔完了，但是两只狼还像原来一样一直追赶着屠户。屠户非常为难，担心前后同时受到狼的攻击，他看见一个打麦场，麦场主人堆积柴草在麦场中间，覆盖成小山的形状，屠户于是奔跑过去靠在柴草堆下面，拿起刀，狼都不敢上前，睁着眼睛看着屠夫。

师：翻译得很好，请坐。这位女同学，你来翻译第四段。

生：一会儿，一只狼径直离开，另一只狼像狗一样蹲坐在屠夫前面，时间长了，那只蹲坐着的狼眼睛好像闭上了，神情很悠闲。屠夫突然跳起，用刀砍狼的脑袋，又连砍几刀杀死了它。屠夫刚想要走，转身时，看见柴草堆里的后面一只狼在打洞，企图要攻击屠夫的背后。狼的身子已经钻进了一半，只露出屁股和尾巴，屠户从狼后面砍断了狼的大腿，也杀死了它，这才明白，前面那只狼假装睡觉，原来是用来诱惑对方。

师：把最后一段也翻译完吧。

生：狼也太狡猾了，可是一会儿两只狼都被杀死了，禽兽的手段能有多少呢，只是增加笑料罢了。

师：翻译得怎么样？

生：很好。

师：看来这节课准备得非常好。这个翻译就到这里，这篇课文如果用一句话来概括，这篇课文讲了一个什么故事？就一句话，要有故事情节，故事内容。好，这位同学，请你来说一下。

生：这篇文言文讲述了一个屠户回家途中遇狼、惧狼，最后杀死狼的故事。

师：很好，还有没有同学能概括得更加简洁一点？哪个同学来试一试？这位同学，你怎么概括的？讲了个什么故事？

生：一个屠夫遇到两只狼，最后把狼杀死了。

师：一句话就概括出来了，很好！接下来我们来探究这篇课文的文意。先介绍一下作家、作者，这篇课文的作者是蒲松龄，他的字大家需要了解，是留仙。他是哪个朝代的文学家？

生：清代。

师：他著有什么作品？

生：《聊斋志异》。

师：蒲松龄从小就很聪明，是不是！但是他一生参加科举考试，都考上没有？

生：没有。

师：对。后来回到家自己开了一个私塾。在教学的同时，他收集了写作了很多的奇异的故事，后来把就成了什么作品？

生：《聊斋志异》。

师：这本书主要是通过什么故事来讽刺当时的社会？

生：鬼怪故事。

师：通过这些故事来讽刺当时社会的什么？

生：黑暗、腐败。

师：他为什么讽刺社会的黑暗和官场的腐败，与他自己的经历有没有关系？

生：有。

师：他科举考试怎么样？不成，对科举考试有没有意见？

生：有意见。

师：作者的这些经历，可以在《狼》中反映出来。下面我们研究三个问题。第一个问题，我们人类提倡要与动物相处共存、善待生命。这个是我们现在提倡的是吧？

生：对的。

师：当时屠户为什么要杀掉两只狼呢？这是第一个。第二个问题，屠户坚决与狼斗争，并杀掉了狼，这些结果给我们怎样的启示？第三，如果我们生活中遇到了这种情形，你将会怎样处理？三个问题，我们分组讨论。回答问题时，如果涉及课文，大家可以默读课文。下面有个学习要求。各小组的组长组织好，带着三个问题默读课文，重点品读赏析重点句段，然后小组共同讨论，寻找这三个问题的答案。给大家三分钟。

师：刚才我参加了两组同学的讨论，大家讨论得很热烈。下面叫几位同学展示一下。第一个同学，第一组组长来回答。第一个问题怎么回答？为什么要杀死狼？

生：如果不杀死狼，屠户就会被狼吃掉。

师：这个答案非常明确，如果不杀掉狼，屠户就会被狼怎么样？

生：吃掉。

师：因为狼要吃掉自己，所以才怎么样？

生：杀掉狼。

师：有什么依据？课文中，我们课文的故事情节写了这几个部分，第1段是写什么？

生：遇狼。

师：第二段呢？

生：惧狼。

师：第三段。

生：御狼。

师：最后一段是？

生：杀狼。

师：好，我们来分析一下，用思维导图梳理一下课文。好，大家看看。这个是狼的情节。课文都是围绕三次屠户与狼的什么来写？

生：交锋。

师：首先看第一次，屠户遇狼有什么表现？遇狼首先是怎么样？他剩下骨头狼看到了，是不是？狼怎么样？

生：跟从。

师：从课文中可以看出它很狡猾。第二段写了惧狼，怎么写的？课文每一段都是既写屠夫的表现也写狼的什么特点？

生：狡猾。

师：作者是对比着写的，大家看惧狼，第二段，首先看屠户有什么表现？害怕。可以从哪里看出它害怕？

生：投骨。

师：投了几次骨呀？

生：两次。

师：一只狼得到骨头，复投的时候。

生：交替向前。

师：最后狼怎么样？那么这个时候屠户的骨头怎么样了？

生：没有了。

师：这只狼还是跟从，那么这里可以看出狼的什么品质？

生：贪婪。

师：第三段，看看御狼，这段写屠户最后到了什么地方？

生：柴草堆。

师：屠户有什么行动？

生：弛担持刀。

师：狼有什么表现？

生：不敢向前，原地不动。

师：为什么它不敢去？

生：因为屠户有刀。

师：这里可以看出，狼有什么本性？

生：凶残。

师：好，下面再看第三次交锋，也是故事的高潮、结局。课文中写狼的是哪些？其一犬坐于前，另外一只狼呢？

生：一狼洞其中。

师：狼有这个表现，屠户又有什么表现？

生：以刀劈狼首。

师：从这方面分析，大家看我们这篇课文的屠户和狼，到底谁是主人公？落脚点应该是在哪里？在狼？还是在屠户？这个问题你们要把弄清楚。有没有同学来讲讲？他写了屠户，又写了狼。到底落脚点是哪？主因到底是谁？

生：没有狼，屠户就不会拿着刀去杀它。落脚点是狼。

师：为什么？可以从三个方面分析，第一，课题是什么？

生：狼。

师：斗争过程都是通过屠户的表现怎么样？特别最后一句话是什么话？大家读一读。

生："狼亦黠矣，而顷刻两毙，禽兽之变诈几何哉？止增笑耳"。

师：最后一句话，落脚点在谁身上？

生：狼？

师：所以这篇课文的落脚点应该是什么？

生：狼。

师：屠户怎么样？聪明，好，第一个问题我们解决了。这篇课文给我们有怎样的启示？

生：对待像狼那种恶人，我们要敢于斗争。

师：好，坐，第三个问题，如果现实中你真的碰到这种情况，你怎么办？现在我们社会上有没有这种情况？

生：没有。

师：哪个同学来讲讲你的想法？

生：我觉得狼这么凶残，我还是要把杀了。但是我觉得我打不过。

师：很好，还有同学讲讲自己想法，你怎样处理这件事，还有谁回答？

生：遇到困难要沉着冷静。

生：打 110 公安求救。

师：看来同学们都很有办法。由于时间关系，这里就不多讲了。下面我们总结一下课文，这篇课文学习的内容还是比较多的，是吧？

生：对。

师：我们朗读了 4 次课文，有自由读、个体读、齐读，还有默读。通过读大家掌握了文章的内容，也很好地掌握了主旨中心，是不是？那么这堂课就学到这里，我们下堂课继续，现在同学们休息 10 分钟。

第二课时

师：下面继续上第 2 节课。我们学习有三点，第一第二点在上节课已经介绍了，大家学习得非常认真，我对这个班印象很好，大家学习很积极，也肯动脑思考，并且学习得也快。下面这节课，我给大家介绍学习古文的另外一个方法。我们传统学习古文是老师一句一句翻译，同学们听然后记录，是不是？我们这样今天学习对译学习法，首先了解什么是对译学习法。文言文跟我们的现代文，都是语言，但是表现形式不同。所谓对译学习法就是将文言文翻译成白话文，是不是？

生：是。

师：然后我们又把白话文翻译成什么呢？

生：文言文。

师：那么这样的双向就叫作？

生：对译。

师：第一种大家做了很多，但是由白话文翻译成文言，大家尝试过没有？

生：尝试过。

师：下面我们举个例子，"一狼得骨止"，这是文言文是吧？

生：对。

师：这是古代的语言，现在我们要把它翻译成白话文，一狼。就是一只什么呀？

生：狼。

师：得。

生：得到。

师：止。

生：停了下来。

师：实词我们懂得意思马上就翻译出来了。古代的这个得跟得到，是什么？单音节。而得到就成了什么？

生：双音节。

师：对了，双音节。如果是我们把它倒过去，得到一个翻译成？

生：得。

师：骨。

生：骨头。

师：这个是单音词对不对？现在变成怎么样？双音节词。变成骨头，如果倒过去呢？

生：骨。

师：对，古代的语言表现表达非常的简洁，是不是？这种方式，由古怎么样？

生：到今。

师：第二，这是现代文，白话文是由今到古，怎么到古？翻译。

生：屠暴起。

师：屠户怎么样？

生：暴起，突然跳起。

师：对，这是我们课文中的。屠户就是屠是吧。

生：是。

师：突然。

生：暴。

师：暴一个字，跳起来。

生：起。

师：简不简洁啊？

生：简洁。

师：用到的用是什么？

生：以。

师：以刀劈。

生：狼头。

师：以刀劈狼头。

师：这就是由今到古。翻译白话文翻译成古文，还是有标准的。我给大家讲完之后你们再试着翻译。把白话文翻译成文言文的标准就是三个字，信、达、雅。什么是信？信的标准是什么？是要忠实原文。就是说白话文翻译成文言文的时候，这个句子的意思？

生：不能改。

师：不能改，对，讲的挺好。现代文是什么意思？翻译成文言文的句子，意思能不能变啊？

生：不能。

师：整个文章也不能变。不能变就要注意实词，实词是双音节词，翻译到古文变成什么？

生：单音节词。

师：单音节词。除此之外，地名、人名、动植物名变不变化？不能变是吧？

生：是。

师：如果地名变了，那往今的意思就变了是吧？

生：是。

师：实词变过去，还叫特殊句式。倒装句、省略句等等，这一点注意一下。"达"是什么意思？准确表达原文的什么？

生：意思。

师：由现代文句子翻成文言文，句子的表达要准确。

生：通顺。

师：不准确，意思就会怎么样？

生：会有变化。

师：第三是雅，翻译成文言文的句子要有什么？

生：文采。

师：要有文言文的味道。你都说出来，文言文之乎者也的味道就出来了。好，那么同学们就按照这三个要求，我们来试着翻译一下。大家把课本这个合起来，我们把课文的第二个白话文试着翻译成文言文。给你们 5 分钟时间，可以吗？写在学案上。不要看原文，老师强调了要翻译过去，翻译成原文。有些同学已经做完了，做完的同学可以打开课本，对照原文，看看你翻译的有没有错误？没有做完的继续做。都做完了没有？

生：做完了。

师：我们由白话文翻译成古文的时候，虽然是翻译刚刚学过的古文，但是大家有没有遇到困难啊？

生：有。

师：思维上有点问题，是不是？

生：是。

师：白话文翻成古文是浓缩，所以翻译还是有点难度的，尽管是刚刚学的课文。我叫个同学谈谈翻译之后有什么不同的感受？第一组那个同学，你觉得你翻译的时候对照原文有没有错误的地方？

第一组男生：有。

师：有哪个地方？

第一组男生：骨已尽矣。

师：骨已尽矣是不是？

第一组男生：对。

师：骨已尽矣。哪句话？听完啦。哪个字有翻译有问题？

第一组男生：矣。

师：矣是不是？还有你觉得翻译的过程中有什么感受？

第一组男生：语言表达跟最后的写出来的不一样。

师：语言表达都不同。还有没有别的同学谈谈你的感受？那位女同学谈谈你的感受。

女生：翻译过来，有一些顺序不同，还有一些语气词不同，然后用词更简洁。

师：这个同学谈了她的三点感受。谈得很好，其他同学我先不问了。这个训练是一个基础，我们把课文的白话文翻译成文言文，是有课文来做对照的，是不是？老师创作了一个课外文段，也是根据狼的这个课文来创作的。下面大家根据老师创作的现代文，翻译成文言文，我们再来试试，好不好？这一段叫《小偷》，大家把白话文齐读一遍。我再讲要求。

生：从前，有一个老头坐在树下（休息），小偷走了过来，在老人面前坐了下来，想偷老人身上的钱物。一会儿，他左右回头往旁边看了看，却看到一个官差正向他这边走来，小偷感到十分困窘，于是就闭上眼睛假装睡觉，装出悠闲无事的样子。过了一会儿，见官差走过去了。小偷突然站了起来，抢过老人身上的钱物就想跑，这时候，官差迅速跑过来，一把抓住小偷，小偷放下了钱物，被官差抓走了。小偷也太狡猾了，比起官差的机智，小偷的欺骗手段能有多少啊？只给人留下笑料罢了。

师：好。老师创作的文段，大家觉得跟《狼》中的一些句子有什么关联？

生：差不多。

师：下面我们把这段白话文翻译成文言文，翻译要求，第一，要使用"故""窘""顾""瞑""意""暇""暴""寐""黠"，九个单音节词。大家看哪句话必须用这几个词来翻译，还要用上"几何哉"这个反问句式。按照"信、达、雅"的标准翻译成文言文，下面给你们 10 分钟来翻译，现在就开始！你可以做到学案上。

师：自己先独立完成，一会儿有讨论机会。现在你们在翻译的过程中可能有些困难，可以一边翻译一边讨论。有位同学已经翻译出来了，展示给大家看一下。"昔日，有一老人"翻译成"老人"还有哪几个词呢？

生：老者、老翁

师：都可以。这个"小偷"翻译成什么呢？

生：贼、盗。

师：对，把这个搞清楚。从前，昔日，还有呢？有一老人，息于树下。就在树下休息是吧？贼前来，以这句话翻译成怎么样？小偷走了过来，然后面呢？在老人面前坐下来，想偷老人身上的钱物，他翻译成怎么样？望盗取财，这个对不对呀？像狼里面哪个字？欲。是不是？偷是盗是吧。盗也可以。还有老人怎么样？遇到了什么？他用哪一个代替啊？指示代词。用哪个指示代词啊？他用其行不行？

生：可以。

师：那么后面的后面四个字，钱物怎么翻译啊？这个就不要变就行，钱财就行了是吧？大家都还是第一次翻译，都很感兴趣，又想翻译又感觉有点难度是不是啊？

生：是的。

师：我有一个参考翻译，你们和自己翻译的对照一下。给自己打个分，我们用了有 9 个实词和 1 个特殊句式是吧？看你能得多少分，自己给自己评，然后打一个分数。打好分没有？

生：打好了。

师：60 分以上有多少？举手。

生：刚好 60 分的呢？

师：刚好 60 分也是。十几个。50 分以上举手。又增加了好几个。可以。两次加到差不多有一半的同学。80 分以上的举手,一个、两个。有两位同学,三位是不是?不是啊。两个我这两个同学我看了这样翻译不错,这样,鼓掌。下面我们就一起来看一看。有几个词语大家要把它理解清楚,第一从前,可以翻译成怎么样?

生:昔日。

师:有一老头。

生:一老翁。

师:老翁是对的!坐在树下休息!坐于怎么样?

生:坐于树下。

师:于树下坐,或者坐于哪里?

生:坐于树下。

师:那个休息要不要翻译出来?

生:不要。

师:小偷走了过来。一个小偷就是一贼。走了过来就翻译成什么?行至。在老人面前坐了下来。我们文中有一句话叫什么?哪句话跟这相同的?坐于前。坐于老翁怎么样?想偷老人身上的钱物。"想"是"欲"。这个偷是盗是不是?这个老人,也可以用老翁,可以用其来代替是不是啊。欲盗其怎么样?

生:财物。

师:一会儿是哪一个词?我们课文中的是哪个?

生:少时。

师:对,少时。在下面,想偷老人身上的钱物,再看下面。一会儿是少时,他左右回头往旁边看了看,他是指谁?贼是不是啊?左右可以不变。回头往旁边看了看,如何翻译?

生:盼、顾

师:看是顾对吧?左右顾盼。

生:左盼右顾、左顾右盼。

师:再下面一句,却看到了一个官差正向他这里走来,对吧?

生:见一官差至。

师:这个就好办了,见一官差怎么样?

生:至。

师:行至,对吧?我们这篇课文有这句话。小偷感到十分窘迫。

生:贼大窘。

师：对啦，贼大窘，很好。我们课文中是哪句话？

生：屠大窘。

师：于是就闭上眼睛假装睡觉。

生：即瞑目，假寐。

师：于是怎么样？

生：瞑目假寐。

师：乃、即也可以，乃也行。闭上眼睛，如何翻译？

生：假寐之。

师：假寐怎样？对，假寐可以。

生：假寐，意暇甚。

师：装出悠闲无事的样子，就是什么？

生：意暇甚。

师：跟我们课文中一样。过了一会儿，翻译成什么？

生：少时。

师：对啦。少顷也可以。

生：官差径去。

师：怎么翻译？

生：官差径去。

师：我们课文中有一句话，"一狼径去"，是吧？可不可以通用？

生：可以。

师：官差怎么样？

生：径去。

师：这时候，这，在古代是什么？是，对不对？是时，官差经过怎么样？跑过来怎么翻？迅速跑过来，我们课文中哪句话相对应？

生：贼暴起。

师：一把抓住小偷，即捉什么？贼。好，这个贼怎么样？小偷怎么样？

生：放下钱物被官差提去了。

师：怎么翻译？

生：贼驰物。

师：被官差抓走了。

生：为官差提去矣。

师：对。小偷也太狡猾了。怎么翻译？

89

生：贼黠矣。

师：比起官差的机智，小偷的欺骗手段如何？

生：与衙役智比。

师：只给人留下笑料罢了。

生：只留笑料。止增笑耳。

师：好，我总结一下。把白话文翻译成文言文，大家是第一次尝试吧？

生：对。

师：第一次学习，看大家也非常的积极，有些同学做得可以，起码能够把9个实词和1个特殊句式都用进去了。至于这个文章在翻译中，通不通顺，有没有达到"信、达、雅"的标准，课后我们要继续完善。今天我觉得大家学得不错。对对译学习方法有了初步了解，是不是？

生：对。

师：下面布置学习检测题，大家课后完成。学案中的第6和7页。我给你们设计了下面几个问题，第一、继续修改完善小偷的文言文译文。第二、解释下列句中加点的词。第三、用现代汉语翻译下列句子，一共三个句子。第四，课文内容的主旨理解。大家回去好好地做一做。同学们，这堂课就上到这里，谢谢大家。下课。

生：老师再见。

《狼》专家评析

黄平（珠海市教研中心语文教研是、正高级老师）：

各位老师，我们今天上午在金海岸中学参加乐晓华主任主持的课题，以及对应研讨课的活动，整个活动内容非常充实，也很紧凑。乐晓华主任为所有观摩老师展示了两节课堂教学，完整地给我们展示了文白对译课的整个过程。今天我们不仅仅是一个课例的展示，我想我们也借乐晓华主任的这两节课，与在座所有老师探讨如何进一步开展课题活动。希望在座每一位老师都踊跃发表自己的意见，结合今天上午的这两节课谈谈你的看法，还可以谈谈你下一步的课题规划及困惑。下面我们先请乐晓华主任谈一谈他这两节课的设计思路。

乐晓华（金湾区教科培中心主任珠海市名师）：

好，谢谢黄主任。这次是我们课题的示范课研讨活动，这个活动的目的是想培养我们这个课题的骨干，为下一步到市外去推广应用课题的成果打下基础。所以说，今天来观摩的老师都是我们课题的骨干，今后我们外出讲座、上示范课，大概是这么一个形式。这个活动非常感谢刘兵老师把她今天这两节课让给我来上，另外整个活动刘兵老师忙前忙后，做了很多准备工作，包括把微课视频发给学生先预习，这些她都帮我做了。另外也非常感谢黄定全主任和梁文锋老师，昨天亲自过来把话筒、音响调试好，包括录制微课视频，他们也协助我完成了。这就是团队的力量。那么，我想把今天这两堂课的教学设计做一个简单说明，可能大家听了说明之后才知道我设计的意图。

这篇课文的教学，我是按照"生本教育"理念来设计的。课堂教学始终以学生为中心，尊重学生、关注学生、促进学生思维的发展和素养的提升。这篇课文的教学思路，我是按照文言文对译教学的六字诀教学流程来实施的。第一课时，完成前三个教学环节，第二课时完成后三个环节教学，前面三个环

"导、读、译"三个环节。导入新课，我是通过成语接龙的游戏以及讲故事的方式，来激发学生兴趣。这篇课文设计了四次不同要求的"读"，第一次读，准确地读，就是解决生字词问题；第二次读是流畅地读，学生在掌握生字词以及句子的停顿、重音、语速之后，再流畅地读，在这个基础上再来解决这篇课文的难字难句；第三次读就是对课文的整体感知，理解课文讲述了一个怎样的故事。

"译"就是把课文翻译成现代文，翻译完之后，第一课时的内容就基本完成了，最后就是把握文意，我设计了一个思维导图来辅助理解。分析的过程中学生的思维很敏捷，从故事开端遇狼到后面结局杀狼，对情节的把握非常准确。另外，三次交锋中，狼与屠户如何表现，如何结合原文进行分析，进而概括屠户的形象和狼的本性，这个过程就是学生知识和信息输入的阶段，是学习的阶段和掌握知识的阶段。

后面三大环节"练、用、结"，由于时间关系，我就用课文的第二段白话文，要求学生翻译成文言文。学生翻译得非常不错。在这个基础上再进行课外创作，把现代文翻译成文言文。这个过程难度很大，基础比较好的学生做得可以，基础不好的还没完成，还有一部分没有完成，因为他们现在的思维还未真正进入到把白话文翻译成文言文的思维，语言无法即时转换。这是一个知识输出的过程，也是我课堂教学的基本思路。

这堂课设计是基于哪些理论呢？第一是目标贯通环节的理论。目标贯通环节是什么意思呢？就是每一个课堂活动的设计都是为了教学目标而服务。第二是语文学科思维导图的理论。思维导图使思维可视化，分析文章结构、内容，学生的思维是无法呈现的，但是通过思维导图来把原本看不到的思维在这导图里显示出来，从而实现思维可视化。最后一个是学习迁移理论，也就是学以致用。通过学生的深度学习，迁移成新的知识，形成自己的能力。

这堂课我还融入了互联网信息技术手段。导入部分"东郭先生与狼的故事"是在网上搜索并直接播放的，学生学习成果通过希沃授课助手实时展现，课堂评价运用了智学公司的评价系统，可一键导出所有评课老师的评课记录。这堂课同步直播，不在现场的老师可以通过网络实时观看。课前，我也制作了微课视频，通过网络提前发布，布置学生课前预习。

郑文佳主任（珠海市名师）：

多年来，我们跟着乐主任共同来做课题，一边探索一边总结，大家都在学习过程中成长。这节课给我的整体印象，就是一堂成功的示范课。第一，从这个课题研究本身来讲，是一节成熟的、典型的对译课。首先对"导、读、译、练、用、结"六字诀的落实非常准确、非常成熟。其次，基于互联网环境下的对译课如何推进？这节课就把信息技术与学科教学的融合充分体现出来。第二，从课改角度来讲，我觉得这节课贯穿了三个意识。第一个意识是学生主体意识。预习课中学生的主动学习，课堂上学生的合作小组探究等，教师都把大部分时间留给学生。第二个意识是朗读意识。我们的新课程改革并不是要抹杀掉朗读，有的老师朗读意识薄弱，导致了我们的语文课堂缺少朗读。第三个意识是板书书写意识。这堂课的板书书写非常规范，非常美观，非常扼要。第三，从教师个人角度来看，我觉得有两个精神也非常突出。第一个是实践精神，不管是作为教研员还是课题主持人，带领大家开展教学教研，既是课题的实践者，又是课题的领路人。第二个是学习精神。乐主任在课堂上运用了思维导图，正是他前段时间的学习所得。他能马上学以致用，就充分体现了他的学习精神。

黄平（珠海市教研中心语文教研员、正高级教师）：

刚才两位老师点评都很到位，也提出了一些困惑和建议，最后我来总结一下。我一直在思考，基于互联网背景下的对译教学如何落实。今天听到乐晓华主任的这两节课以后，我感觉耳目一新。为什么这么说？我觉得从两个方面来看，第一就是在下一阶段我们如何进一步推进课题，并在课堂上加以落实。我赞同郑文佳主任的意见，要体现在六字诀上。这是文白对译的精华之所在，就是"导、读、译、练、用、结"。今天，乐晓华主任的这两节课，就完整整地把这六字诀展现出来了。文言文怎么教？我觉得文言文不仅要教文言，还要教文学和文化。从第一节课当中，我们可以看到乐晓华主任的导入、朗读、实词、一词多义乃至句式，一直到学生动笔翻译，对于文言这样一个独特文本的教学，他做得非常扎实。学生在课堂上的获得感，我们从听课的角度来看，是非常多的。那么除了文言之外，在文本的处理方面，我觉得乐主任也是做得很到位的。他通过思维导图，让学生理清怎样用简洁的语言把故事叙述出来。通过主人公到底是狼还是屠夫的辩论，明确写作中心。如果说我们对一个文本的教学脱离了文学角度的话，我们是不得要领的。除此之外，这堂课非常注重对学生价值观的引领。那么我们可以从他最后的研讨的三个问题当中，尤其是你与动物相处，我们一直提倡与动物和平相处，和谐相处，为什么屠户要杀狼？那么你在现实生活中遇到这种情形，你怎么处理？这就是古今文化差异的问题。我们现在是提倡要与动物和谐共存。但是，我们要走进文本所产生的背景，乐主任跟我们已经专门做了一个提示，就看看蒲松龄是怎样的一个人，他是在怎样的背景下创作了这篇作品。这就解答了我们的疑惑，也就是从文化古今差异的角度来引导我们的学生正确地看待人与动物的关系。

　　第二，从新课标角度来看，我觉得这又是一节综合性、实践性的创新课，老师们，我们的语文课到底是什么课？语文课程又是什么课程？2017版的高中语文课标已经做了一个全新的界定，我也希望我们在座的初中老师也要去了解。语文课程是一门学习祖国语言文字运用的综合性、实践性的课程，一定要把握综合性、实践性这两个关键词。我们之前上文白对译课的时候，有的人提出质疑：文言文能这么教吗？在课堂上拿一篇文章让学生对译，文不文白不白有收获吗？那么我们现在2017版本新课标的综合性、实践性的界定来看，我们参加这个课题实验的老师是可以理直气壮的，要更加有自信心地把我们这个课题进行下去，因为我们在课堂上已经看到乐主任创设了一个非常好的情境，也搭建了一个活动的平台，就是让学生不停地动，不停地讨论。我觉得我们给了学生一种言语的体验，语文老师就做了一件非常有意义的事情。反复的语言实践和语言刺激，才可能让我们的学生真正地理解和传承我们的传统文化。今天这节课，既是很真诚的一堂研讨课，也能让我们看到课题未来的希望。在此，再次感谢乐晓华主任的辛勤付出与劳动。我提议，让我们以热烈的掌声，对他这种劳动和奉献表示感谢。今天的研讨活动到此结束，谢谢。

《师说》课例

《师说》教学设计

一、教学目标

（一）理解与运用"所以""是故""庸""无""下""耻""益""惑"等虚词、实词及相关句式。

（二）激发学生学习文言文兴趣，学习并运用"白话文翻译成文言文"的方法，提升文言文学习能力。

二、教学重点、难点

三、教学课时

一节课。

四、教学设想

（一）温故知新：复习课文《师说》，把文言文翻译成白话文，进而把白话文翻译成文言文。

（二）学以致用：把课外文章《房奴说》翻译成文言文。

五、教学过程

（一）谜语导入

这节课我们以一篇学过的文言文文章为例来尝试另一种文言文学习方法——白话文翻译成文言文。

哪一篇文章呢？大家来猜猜谜语就知道了。

子曰（打文言文篇目一）

（谜底：《师说》）

有趣的是谜面可以转化为谜底，谜底可以转化为谜面。如：

1、师说（打《论语》句一）（谜底：子曰）

2、结合律（打法律名称一）（谜底：婚姻法）

这给我们学习文言文带来什么启发呢？

学习文言文，通常采用翻译的办法，把文言文翻译为白话文，其实我们也可以把白话文翻译为文言文。这种方法我们称之为"对译"。"对译"的方法，很久以前就有人在实验了，这个人就是我们的珠海市教研中心原语文教研员容理诚老师。容理诚老师是"对译"法的倡导者。我们今天就尝试通过学习韩愈的《师说》这篇文章来学习"对译"法。

（二）温故知新

复习课文《师说》，把文言文翻译成白话文，白话文翻译成文言文。

1、把文言文翻译成白话文。

如何把文言文翻译为白话文呢？北京大学第一任校长严复先生提出"信、达、雅"的翻译标准。这一标准也可应用在文言文翻译成白话文上。即把文言文翻译为白话文，要求做到准确，通顺，美观。我们来翻译《师说》第一段。

原文：古之学者②必有师。师者，所以传道受业解惑也③。人非生而知之④者，孰能无惑？惑而不从师，其为惑也⑤，终不解矣。生乎吾前⑥，其闻⑦道也固先乎吾，吾从而师之⑧；生乎吾后，其闻道也亦先乎吾，吾从而师之。吾师道也⑨，夫庸知其年之先后生于吾乎⑩？是故⑪无⑫贵无贱，无长无少，道之所存，师之所存也⑬。

注释：（略）

译文：古代求学的人必定有老师。老师，是用来传授道理，讲授学业，解答疑难问题的人啊。人不是一生下来就懂得道理的，谁能没有疑惑？（有了）疑惑，如果不跟老师（学习），那些成为疑难问题的，（就）始终不能解答了。出生在我前头（的人），他懂得道理本来就比我早，我（应该）跟从（他），把他当作老师；出生在我后面（的人），（如果）他懂得道理也比我早，我（也应该）跟从（他），把他当作老师。我（是向他）学习道理啊，哪管他的生年比我早还是比我晚呢？因此，无论（地位）高低贵贱，无论（年纪）大小，道理存在的（地方），就是老师所在的（地方）。

小结：翻译时要注意什么？

①单音节词翻译成双音节词；

②重点词语要翻译准确。如："孰""庸""无""是故"；

③注意特殊句式的翻译。如："所以……""孰能……"。

2、把白话文翻译为文言文。

我们试把《师说》第二段（节选）的内容翻译成文言文。

唉，（古代）从师（学习）的风尚不流传已经很久了，要人没有疑惑就难了！古代的圣人，他们超出一般人很远，尚且（要）跟从老师请教；现在的一般人，他们（的才智）低于圣人很远，却以向老师学习为耻。因此，圣人（就）更加圣明，愚人（就）更加愚昧。圣人成为圣人的原因，愚人成为愚人的原因，大概都出在这里吧？（人们）爱自己的孩子，（就）选择老师来教他。（但是）对于他自己呢，却以跟从老师（学习）为可耻，（真是）糊涂啊！……小的方面（倒要）学习，大的方面（却反而）放弃（不学），我未能看出那种人（是）明白（事理）的！

译文：嗟乎，师道之不传也久矣，欲人之无惑也难矣！古之圣人，其出人也远矣，犹且从师而问焉；今之众人，其下圣人也亦远矣，而耻学于师。是故圣益圣，愚益愚。圣人之所以为圣，愚人之所以为愚，其皆出于此乎？爱其子，择师而教之；于其身也，则耻师焉，惑矣。……小学而大遗，吾未见其明也。

小结：翻译时要注意什么？

①双音节词翻译成单音节词；

②重点词语要翻译准确。如："下""耻""益""所以""其""惑"；

③注意特殊句式的翻译。如："……之所以……""其……乎"。

（三）学以致用，能力迁移：试把下面的白话文翻译成文言文。

房奴说

房子，是用来居住或做其他用途的建筑物。现今民众多而土地很少，民众都争相购置房屋。房价越高，购买的人就越多。因此有了房奴这一类人。他们想：结婚在我之前的人，他购买房屋本来就比我早，我跟随他们；结婚在我之后的人，他购买房屋也比我早，我跟随他们。因此，不论北京上海，不论广东四川，婚姻所在的地方，就是房奴所在的地方。

哎！房奴的辛苦已经很久了！想要老百姓都安定地居住很难啊！当今的百姓，才智不及圣人也很远。父母爱自己的孩子，购买房屋送给他；对于孩子的教育，却漠不关心，糊涂啊。那些城市中的白领，勉强用力供房，有的人负债累累，穷于应付，一点儿没有生活的情趣。他们小的方面很聪明，大的方面就很愚笨了，我没有看到他们的明达。他们居住在简陋的房屋就感到耻辱，居住在豪华的住宅就极其傲慢。哎！百姓的淳朴风尚难以恢复，就可以知道了。

1、下文是对第一段的翻译。请你加以评价。如翻译得不够准确，请指出并修改。

翻译：房者，所以居住或他用之建筑也。今者民多而地少，民皆争置业。价益高，人益趋之。是以有房奴之类。常念之，婚乎吾前之人，其置业也固先乎吾，吾从之；婚乎吾后之人，其置业也亦先乎吾，吾从之。是故无论北京上海，无论广东四川，婚姻之所在，房奴之所存也。

修改：房者，所以居住或他用也。今者民多而地少，民皆争购房。价益高，购益众。是以有房奴之属。其思之，婚乎吾前，其购房也固先乎吾，吾从之；婚乎吾后，其购房也亦先乎吾，吾从之。是故无京无沪，无粤无川，婚姻之所在，房奴之所在也。

2、小组合作，翻译出第二段。

参考答案：嗟乎！房奴之艰辛也久矣！欲民之安居也难矣！今之民，其下圣人也亦远矣。父母爱其子，购房而予之；于其子之教，则漠视之，惑矣。彼都市之白领，强力供房，或累债焉，穷亦应之，了无生趣。其小知而大愚，吾未见其明也。栖陋室则羞，居豪宅则傲。呜呼！民风之不复，可知矣。

（四）谈谈体会：

学好文言文也是当今时代的要求。4月1日教育部公布《完善中华优秀传统文化教育指导纲要》，今后我国将把中华优秀传统文化教育系统融入课程和教材体系，增加中华优秀传统文化内容在中考、高考升学考试中的比重。同学们，我们要学好文言文，为更好地学好中华优秀传统文化打下良好基础。

（五）猜谜结束：

1、沿途伏兵。（猜《师说》句一）

谜底：

2、四季皆宜（猜《师说》句一）

谜底：

六、作业

课后对《房奴说》自己翻译成的文言文做进一步的推敲和修改。

《师说》导学案

学习目标：

（一）理解与运用"所以""是故"" 庸""无""下""耻""益""惑"等虚词、实词及相关句式。

（二）激发学生学习文言文兴趣，学习并运用"白话文翻译成文言文"的方法，提升文言文学习能力。

一、温故知新

复习课文《师说》，把文言文翻译成白话文，白话文翻译成文言文。

1、把文言文翻译成白话文。

翻译《师说》第一段。

原文：古之学者②必有师。师者，所以传道受业解惑也③。人非生而知之④者，孰能无惑？惑而不从师，其为惑也⑤，终不解矣。生乎吾前⑥，其闻⑦道也固先乎吾，吾从而师之⑧；生乎吾后，其闻道也亦先乎吾，吾从而师之。吾师道也⑨，夫庸知其年之先后生于吾乎⑩？是故⑪无⑫贵无贱，无长无少，道之所存，师之所存也⑬。

注释：（略）

译文：

_____

_____

_____

_____

_____

小结：翻译时要注意什么？

①_____

②_____

③_____

2、把白话文翻译为文言文。

我们试把《师说》第二段（节选）的内容翻译成文言文。

唉，（古代）从师（学习）的风尚不流传已经很久了，要人没有疑惑就难了！古代的圣人，他们超出一般人很远，尚且（要）跟从老师请教；现在的一般人，他们（的才智）低于圣人很远，却以向老师学习为耻。因此，圣人（就）更加圣明，愚人（就）更加愚昧。圣人成为圣人的原因，愚人成为愚人的原因，大概都出在这里吧？（人们）爱自己的孩子，（就）选择老师来教他。（但是）对于他自己呢，却以跟从老师（学习）为可耻，（真是）糊涂啊！……小的方面（倒要）学习，大的方面（却反而）放弃（不学），我未能看出那种人（是）明白（事理）的！

译文：

_____

_____

_____

_____

_____

小结：翻译时要注意什么？

①_____

②_____

③_____

二、学以致用，能力迁移：试把下面的白话文翻译成文言文。

房奴说

房子，是用来居住或做其他用途的建筑物。现今民众多而土地很少，民众都争相购置房屋。房价越高，购买的人就越多。因此有了房奴这一类人。他们想：结婚在我之前的人，他购买房屋本来就比我早，我跟随他们；结婚在我之后的人，他购买房屋也比我早，我跟随他们。因此，不论北京上海，不论广东四川，婚姻所在的地方，就是房奴所在的地方。

哎！房奴的辛苦已经很久了！想要老百姓都安定地居住很难啊！当今的百姓，才智不及圣人也很远。父母爱自己的孩子，购买房屋送给他；对于孩子的教育，却漠不关心，糊涂啊。那些城市中的白领，勉强用力供房，有的人负债累累，穷于应付，一点儿没有生活的情趣。他们小的方面很聪明，大的方面就很愚笨了，我没有看到他们的明达。他们居住在简陋的房屋就感到耻辱，居住在豪华的住宅就极其傲慢。哎！百姓的淳朴风尚难以恢复，就可以知道了。

1、下文是对第一段的翻译。请你加以评价。如翻译得不够准确，请指出并修改。

翻译：房者，所以居住或他用之建筑也。今者民多而地少，民皆争置业。价益高，人益趋之。是以有房奴之类。常念之，婚乎吾前之人，其置业也固先乎吾，吾从之；婚乎吾后之人，其置业也亦先乎吾，吾从之。是故无论北京上海，无论广东四川，婚姻之所在，房奴之所存也。

修改：

_____

_____

_____

_____

_____

2、小组合作，翻译出第二段。

说明：以同课桌的三位同学为一个学习小组，共同探究讨论，推出一位"发言人"说出本小组的答案。

参考答案：

_____

_____

_____

_____

《师说》教学实录

一、谜语导入

师：同学们，你们学习语文，怕不怕文言文？

生：怕。

师：你怕，我怕，很多同学都怕。但是方法总比困难多。今天我们来尝试一种新的文言文学习方法。那是什么方法呢？

在介绍这种新的学习方法之前，请大家做游戏——猜谜语。

【PPT】婚姻法（打数学名词一），谜底：＿＿＿＿＿＿＿＿

生1：乘法结合律。

师：什么？抢答，谁先猜到谁站起来回答。答中的奖励一本笔记本。

生1：结合律。

师：很好！猜谜语大约有二十种方法，其中有一种叫作"正扣法"，即从正面会意谜面，从谜面文义相同的方面以联想寻找谜底，取与谜面文字意义接近的同义词或近义词。如"婚姻法"，猜数学名词一，谜底是"结合律"。猜射时将"婚姻"解为"结合"，"法"解为"律"。

再看——

【PPT】子曰（打文言文篇目一），谜底：＿＿＿＿＿＿＿＿

（生静默）

生2：《劝学》。

生3：《论语》。

师：大家要根据"正扣法"来猜。"语"扣"曰"，没错；但"论"不能扣"子"。

生3：《师说》。

师：对。请解释。

生3："说"文言文就是"曰"，"师"就是孔子。

师：不全对。"子"不是"孔子"，而是"先生"，即"老师"，在《论语》里专指孔子。

大家猜得不错。大家有没有发现一个有趣的现象？刚才两个谜语，谜面可以转化为谜底，谜底可以转化为谜面。如：

1、婚姻法（打数学名词一），谜底：结合律。可以转化为：

结合律（打法律名称一），谜底：婚姻法。

2、子曰（打文言文篇目一），谜底：师说。可以转化为：

师说（打《论语》句一）（谜底：子曰）

这给我们学习文言文带来什么启发呢？

（生思考）

师：学习文言文，通常采用翻译的办法，把文言文翻译为白话文，其实我们也可以把白话文翻译为文言文。这种方法我们称之为"对译"。"对译"的方法，很久以前就有人在实验了，这个人就是我们的珠海市教研中心原语文教研员容理诚老师。容理诚老师是"对译"法的倡导者。我们今天就尝试通过学习韩愈的《师说》这篇文章来学习"对译"法。

二、温故知新。

【PPT】复习课文《师说》，把文言文翻译成白话文，白话文翻译成文言文。

师：1、把文言文翻译成白话文。

如何把文言文翻译为白话文呢？北京大学第一任校长严复先生提出"信、达、雅"的翻译标准。这一标准也可应用在文言文翻译成白话文上。即把文言文翻译为白话文，要求做到准确，通顺，美观。我们来翻译《师说》第一段。

【PPT】原文：古之学者必有师。师者，所以传道受业解惑也。人非生而知之者，孰能无惑？惑而不从师，其为惑也，终不解矣。生乎吾前，其闻道也固先乎吾，吾从而师之；生乎吾后，其闻道也亦先乎吾，吾从而师之。吾师道也，夫庸知其年之先后生于吾乎？是故无贵无贱，无长无少，道之所存，师之所存也。

下面，我出示一句原文（文言文），各大组轮流说出一句译文（白话文）。行不行？

生：好。

师：古之学者必有师。

生（一组）：古代求学的人必定有老师。

师：师者，所以传道受业解惑也。

生（二组）：老师，是用来传授道理，讲授学业，解答疑难问题的人。

师：人非生而知之者，孰能无惑？

生（三组）：人不是一生下来就懂得道理的，谁能没有疑惑？

师：惑而不从师，其为惑也，终不解矣。

生（一组）：（有了）疑惑，如果不跟老师（学习），他所存在的疑惑，（就）始终不能解答了。

师：生乎吾前，其闻道也固先乎吾，吾从而师之。

生（二组）：出生在我前头（的人），他懂得道理本来就比我早，我（应该）跟从（他），把他当作老师。

师：生乎吾后，其闻道也亦先乎吾，吾从而师之。

生（三组）：出生在我后面（的人），（如果）他懂得道理也比我早，我（也应该）跟从（他），把他当作老师。

师：吾师道也，夫庸知其年之先后生于吾乎？

生（一组）：我（是向他）学习道理啊，哪管他的生年比我早还是比我晚呢？

师：是故无贵无贱，无长无少，道之所存，师之所存也。

生（二组）：因此，无论（地位）高低贵贱，无论（年纪）大小，道理存在的（地方），就是老师所在的（地方）。

师：大家对课文的学习非常扎实。我们小结一下，把文言文翻译成白话文时要注意什么？

（生议论）

师：大家说得好。翻译时要注意：①单音节词翻译成双音节词，如："惑""疑惑""疑难"；②重点词语要翻译准确，如："孰""庸""无""是故"；③注意特殊句式的翻译，如："所以……""孰能……"。

师：2、把白话文翻译为文言文。

我们试把《师说》第二段（节选）的内容翻译成文言文。

【PPT】白话文：唉，（古代）从师（学习）的风尚不流传已经很久了，要人没有疑惑就难了！古代的圣人，他们超出一般人很远，尚且（要）跟从老师请教；现在的一般人，他们（的才智）低于圣人很远，却以向老师学习为耻。

因此，圣人（就）更加圣明，愚人（就）更加愚昧。圣人成为圣人的原因，愚人成为愚人的原因，大概都出在这里吧？（人们）爱自己的孩子，（就）选择老师来教他。（但是）对于他自己呢，却以跟从老师（学习）为可耻，（真是）糊涂啊！……小的方面（倒要）学习，大的方面（却反而）放弃（不学），我未能看出那种人（是）明白（事理）的！

师：下面，我出示一句白话文，各组轮流说出一句原文（文言文）。行不行？

生：好。

师：唉，（古代）从师（学习）的风尚不流传已经很久了，要人没有疑惑就难了！

生（三组）：嗟乎，师道之不传也久矣，欲人之无惑也难矣！

师：古代的圣人，他们超出一般人很远，尚且（要）跟从老师请教。

生（一组）：古之圣人，其出人也远矣，犹且从师而问焉。

师：现在的一般人，他们（的才智）低于圣人很远，却以向老师学习为耻。

生（二组）：今之众人，其下圣人也亦远矣，而耻学于师。

师：因此，圣人（就）更加圣明，愚人（就）更加愚昧。

生（三组）：是故圣益圣，愚益愚。

师：圣人成为圣人的原因，愚人成为愚人的原因，大概都出在这里吧？

生（一组）：圣人之所以为圣，愚人之所以为愚，其皆出于此乎？

师：（人们）爱自己的孩子，（就）选择老师来教他。（但是）对于他自己呢，却以跟从老师（学习）为可耻，（真是）糊涂啊……

生（二组）：爱其子，择师而教之；于其身也，则耻师焉，惑矣……

师：小的方面（倒要）学习，大的方面（却反而）放弃（不学），我未能看出那种人（是）明白（事理）的！

生（三组）：小学而大遗，吾未见其明也。

师：大家学得很好，你们的老师教得很扎实。我们小结一下，把白话文翻译成文言文时要注意什么？

（生议论）

师：大家说得好。翻译时要注意：①双音节词翻译成单音节词；②重点词语要翻译准确，如："下""耻""益""所以""其""惑"；③注意特殊句式的翻译，如："……之所以……""其……乎"。

三、学以致用，能力迁移。

师："对译"研究的重点在于"把白话文翻译成文言文"。我们应学习并运用"把白话文翻译成文言文"的高效文言文学习方法，提高文言文学习的能力。试把下面的白话文翻译成文言文。

【PPT】出示白话文《房奴说》。

房奴说

房子，是用来居住或做其他用途的建筑物。现今民众多而土地很少，民众都争相购置房屋。房价越高，购买的人就越多。因此有了房奴这一类人。他们想：结婚在我之前的人，他购买房屋本来就比我早，我跟随他们；结婚在我之后的人，他购买房屋也比我早，我跟随他们。因此，不论北京上海，不论广东四川，婚姻所在的地方，就是房奴所在的地方。

哎！房奴的辛苦已经很久了！想要老百姓都安定地居住很难啊！当今的百姓，才智不及圣人也很远。父母爱自己的孩子，购买房屋送给他；对于孩子的教育，却漠不关心，糊涂啊。那些城市中的白领，有的人勉强用力供房，穷于应付，一点儿没有生活的情趣。他们小的方面很聪明，大的方面就很愚笨了，我没有看到他们的明达。他们居住在简陋的房屋就感到耻辱，居住在豪华的住宅就极其傲慢。哎！百姓的淳朴风尚难以恢复，就可以知道了。

师：1、下面是我对第一段的翻译，请你加以评价。如翻译得不够准确，请指出并修改。

【PPT】出示原文和教师的译文。

原文：房子，是用来居住或做其他用途的建筑物。

译文：房者，所以居住或他用之建筑也。

（生静默）

师：大家是不是看不出问题？这是模仿《师说》那个句子？

生：师者，所以传道受业解惑也。

师：这个句子为什么不翻译成"师者，所以传道受业解惑之人也"？

生："所"字就有"……的人（凭借）"的意思。

师：这个句子怎么修改？

生4：房者，所以居住或他用也。

师：很好，简练、规范。

【PPT】出示原文和教师的译文。

原文：现今民众多而土地很少，民众都争相购置房屋。

译文：今者民多而地少，民皆争置业。

师：这个翻译有没不妥的？

生5：没有。

师：大家思考，"业"是什么意思？"置业"是什么意思？

生6：业，产业。

师：我们经常看到"地产置业""置业新天地"这样的公司招牌，他们大多数是经营地产楼盘的。业，就是产业，包括房屋、地皮。"置业"和"购置房屋"有什么不同？

生6：扩大范围了。这句应译为：今者民多而地少，民皆争购房。

师：不错。

【PPT】出示原文和教师的译文。

原文：房价越高，购买的人就越多。因此有了房奴这一类人。

译文：价益高，人益趋之。是以有房奴之类。

生7：原文没有"趋"这个意思，"之类"改为"之属"。

师：不错，"趋"的意思是"快步走"。"越多"怎么翻译呢？

生7：价益高，购益众。是以有房奴之属。

【PPT】出示原文和教师的译文。

原文：他们想：结婚在我之前的人，他购买房屋本来就比我早，我跟随他们。

译文：常念之，婚乎吾前之人，其置业也固先乎吾，吾从之。

生8："他们"没翻译出来。

师：大家再看看课文注释"生乎吾前"什么意思？

生8："生乎吾前"即"生乎吾前者"，它是一个省略句。这句话应修改为："其思之，婚乎吾前，其购房也固先乎吾，吾从之。"

师：改得不错，改得准确，简练。

【PPT】出示原文和教师的译文。

原文：结婚在我之后的人，他购买房屋也比我早，我跟随他们。

译文：婚乎吾后之人，其置业也亦先乎吾，吾从之。

生9：这句话应修改为："婚乎吾后，其购房也亦先乎吾，吾从之。"

【PPT】出示原文和教师的译文。

原文：因此，不论北京上海，不论广东四川，婚姻所在的地方，就是房奴所在的地方。

译文：是故无论北京上海，无论广东四川，婚姻之所在，房奴之所在也。

生10："无论"应译为"无"。

生11：北京上海，广东四川，都可以用简称。全句修改为："是故无京无沪，无粤无川，婚姻之所在，房奴之所在也。"

师：前面的译文修改大家都做得不错，基本掌握了白话文翻译成文言文的方法。现在我们进入第二阶段的学习。

【PPT】小组合作，翻译出第二段。

说明：以同一排课桌的三位同学为一个学习小组，共同探究讨论，推出一位"发言人"说出本小组的答案。

师：每位发言人要做好记录，把你小组的讨论结果记下来，用简练的语言表达出来。

【PPT】出示原文：哎！房奴的辛苦已经很久了！想要老百姓都安定地居住很难啊！

生（1组）：嗟乎！房奴之辛苦也久矣！欲民之安居也难矣！

师："辛苦"可以译为"艰辛"或"艰"。

【PPT】出示原文：当今的百姓，才智不及圣人也很远。

生（2组）：今之民，其下圣人也亦远矣。

师：文言文哪个字表示"也"？

生12：亦。

【PPT】出示原文：父母爱自己的孩子，购买房屋送给他；对于孩子的教育，却漠不关心，糊涂啊。

生（3组）：父母爱其子，购房而予之；于其子之教，则漠不关心，惑矣。

师："却漠不关心"可以改为"则漠视之"。

【PPT】出示原文：那些城市中的白领，有的人勉强用力供房，穷于应付，一点儿没有生活的情趣。

师："白领"是现代专有名词，可不译。

生（4组）：彼都市之白领，或强力供房，穷以应之，……

师："生活的情趣"概括为两个字是什么？

生（4组）：生趣。

师："一点儿没有生活的情趣"呢？

生（4组）：毫无生趣。

师：不错，还可以译得更文雅些：了无生趣。

【PPT】出示原文：他们小的方面很聪明，大的方面就很愚笨了，我没有看到他们的明达。

生（5组）：其小聪而大愚，吾未见其明也。

师："聪明"文言文只用一个字，是哪个字？

生：智。

师：智，在古代经常借用另一个字来表达，是哪个字？

生：知。

【PPT】出示原文：他们居住在简陋的房屋就感到耻辱，居住在豪华的住宅就极其傲慢。哎！百姓的淳朴风尚难以恢复，就可以知道了。

生（6组）：栖陋室则羞，居豪宅则傲。呜呼！民风之不复，可知矣。

师：翻译得不错。大家对白话文翻译成文言文也掌握了一些方法。

四、谈谈体会

师：如果我们能够用对译法来学习文言文，那么我们的文言文表达能力就会大大提高。我们就不会再怕文言文。

学好文言文也是当今时代的要求。4月1日教育部公布《完善中华优秀传统文化教育指导纲要》，今后我国将把中华优秀传统文化教育系统融入课程和教材体系，增加中华优秀传统文化内容在中考、高考升学考试中的比重。同学们，我们要学好文言文，为更好地学好中华优秀传统文化打下良好基础。

五、猜谜检测

师：下面根据《师说》内容，我出两则谜语检测大家对《师说》掌握的程度。

【PPT】1. 沿途伏兵。（猜《师说》句一）

生13：谜底是"道之所存，师之所存也"。

师：很好。

【PPT】2. 四季皆宜（猜《师说》句一）

生14：师道之不传也久矣。

师："久"虽和"四季"有关，但整句话没有"皆宜"之意呀。我提示一下，谜底不在我们本节课学习的范围内，请大家翻开教材，看看文章的最后部分，谜底就在那里。

生 14：不拘于时。

师：完全正确。

六、作业

【PPT】课后对《房奴说》自己翻译成的文言文做进一步的推敲和修改。

师：请大家课后完成作业。谢谢大家！

《师说》专家评析

在珠海市红旗中学高中语文教师郑文佳执教《师说》之后，课题组举行了评课活动。活动主持人为红旗中学副校长林锐丰，参加者是课题组成员和听课教师。

林锐丰（珠海市红旗中学副校长）：

尊敬的容理诚老师，尊敬的同行。今天我们有幸邀请到容老师来学校指导。容理诚老师是德高望重的语文老师。容老师离位不离岗，继续为教育做贡献。我代表学校表示热烈欢迎！

文言文"对译"是一个创新的课题，别的地方还没听说，我们金湾率先实验，对培养学生对国学的兴趣有很大的帮助。今天会议有三个议程，一是现在我们先请执教老师郑文佳谈谈教学设想，二是大家议一议，三是请容老师指导。

郑文佳（珠海市名师）：

按照课题组的安排，上次是乐晓华主任上初中的课，这次我上高中的课。这个课我跟高中曾小华、赵美欢几个老师进行集体备课，一起确定了这个课的教案。我围绕有效教学、学以致用的理念来设计这节课。

1. 激趣，让学生动起来。兴趣是学习的老师。这个班已经上过《师说》，赵美欢老师教得很扎实，我今天借班上课，上复习课，没有调动起学生学习积极性是不行的。因此我设计了猜谜活动，以猜谜开头，以猜谜结尾，并且加以奖励（模仿正规猜谜活动，猜中的奖给笔记本）。谜语怎么设置，当然是应该和课本挂钩，和我们的教学有关。四个谜语都和《师说》有关，其中一个是我的原创。

2. 课堂流程从已知知识到未知知识，符合学生的认知规律，有利于学生对新知识的掌握。如从课内《师说》到课外短文《房奴说》。《房奴说》是别人编写的，我觉得不错，就拿来用了，但对《房奴说》做了大幅的修改，使它与《师说》从词语到句子更切合，更方便"对译"。

3. 课堂结构上，舍小取大。因为是复习性质的课，《师说》的对译是为《房奴说》做铺垫的，于是我舍弃了从词语到词语的烦琐的对译，直奔句子到句子的对译，节省了一些时间，重点放在了"把白话文翻译成文言文"上，突出了"对译"的研究方向。

4. 处理教材形式追求变化。课内文言文《师说》，第一段是要求把文言文翻译成白话文，第二段是要求把白话文翻译成文言文；课外文章《房奴说》，第一段是我把文言文初步翻译成白话文，让学生指出翻译的不足，第二段是让学生自己直接"把白话文翻译成文言文"，教师加以点拨。力求在课内文章和课外文章学习形式上呈现出一种变化，避免出现教学固定化模式。

5. 学习形式追求变化。高中学生很少有人能自动站起来回答问题的，我处理成集体回答，个人回答，大组回答，小组回答，力求学习形式多样，多方调动学生。

反思学习过程，尽管学生前面对课内《师说》答得非常好，但后面对《房奴说》的译文指出缺点并加以修改这部分就显得有点不适应，说明学生并没完全掌握课文。这节课就变得有点好像是"对译"知识"普及"类的教学，时间又紧，学得不够扎实。如果要真正让学生对译，我这节课就要抛开《师说》，直接教学《房奴说》，让学生有充分时间直接进入"把白话文翻译成文言文"阶段。

余洪金：

容老师花心血创立的"对译"课题，其意义在于探索文言文教与学的新渠道，文言文教学一直是枯燥的教学，这种形式让人耳目一新，能调动学生兴趣。我也上过这样的课，感觉还是蛮舒服。这是一种方法论的探讨，教学法的探讨，因为方法新，更加调动学生的兴趣，培养他们对传统文化、古典文学的热爱，从而在情感价值观也引起变化。这种方法论具体表现在掌握和运用文言知识方法，然后学以致用。本节课教学目标、意图非常明确，教学思路不断变化，学习方式多样，文白对译，课内外迁移，教学构思花尽心思，确实不易。时间稍微紧一点，可以调整一下，不一定要全部整段学习，关键是要掌握什么，运用什么，把重要词语、句式标出来，作为学习的重点，次要的就不敲打它。

赵美欢（珠海市金湾区名师）：

今天郑主任挑我们班来上课，我们科任教师都说郑主任勇气可嘉，因为这个班的学生内向，不爱说话。甚至有老师开玩笑，一块石头扔进水里，水都会"扑通"一声，但这个班的学生却不喜欢吭声。而今天上课效果却比平时好得多，学生都已经动起来了，台下都有学生在小声回应着，由于距离的问题，郑主任可能听不清。从这一点上讲，这节课是很有效果。我就补充这么一个幕后花絮。

容理诚（珠海市教研中心原高中语文教研员）：

今天我们的讨论非常好，大家发言很精彩，大家提了好多问题，都是我们需要改良的问题，需要改进的问题。有两句话，"卓越的事情总是困难的"，"说起来容易，做起来难"。是不是？我们谈别人，是"旁观者清"。不信，我们自己编一个白话文文段看看。我第一次编一个白话文文段要两天时间，需要思考、修改的功夫。我给本科生、研究生讲课，他们会给我不断地提意见，我就不断地修改。

一堂课牵涉到好多问题。一堂课首先方向要正确，方向正确才能做正确的事情。大家参加这个课题，是走对了这条路。再看教学设计。首先看目标。没有正确的目标就没有正确的行动，也没有良好的效果。这堂课的教学目标是什么？这堂课的教学目标很有针对性和实用性，它主要解决的是文言实词、虚词的理解与运用，这就是对译的精髓，叫学以致用，也是能力的迁移，能力的提升。这堂课就是让学生理解这些词，这就是目标。目标基本达到了。学生的参与度很高，积极性热情很高，这点很不简单。第二，过去的"对译"大家看到的教学实录基本上是我的教学实录。我的实录我的过程一般来说，一开始是"听君读书，深浅自知"，我让他们朗读，观察他们的学习情况，帮他们正音，帮助他们理解，然后是白话文与文言文口头翻译，都是口头抢答，让他们有充分的思考时间，让他们独立，然后自己评价得分。我把自己的文言文翻译拿出来让学生讨论，你有自己的答案讲出来，或你觉得老师有不恰当的请指出来。但我怕大家把流程模式化固定了下来，在目标一致情况下，希望大家八仙过海，各显神通。

郑老师的课的流程有创新的地方。猜谜导入，激发学生兴趣；猜谜结尾，构思是花过心思的。有一个小小的意见，就是猜谜如与实词、虚词对接更好。第二，让学生修改，这也很有创意。第三，每段分别都有小结。小结时跟学生谈什么，也很具体。第四，谈体会，这个环节是我设计的，这部分非每次都有，但这次也有，很好。第五，方法灵活多样。

下面我谈谈老师们刚才提出的问题。刚才吴老师提出的双音节词如何变成单音节词，还有古今对应的问题，提得很好，但有一个问题，尽量要找对应的，如找不到对应的要保持现代的说法，如现代人名。材料要针对学生兴趣，这个问题提得好，但高一学生对"房奴"不会太陌生，成年人了，他们也会有兴趣的。（郑文佳老师插话：我当时想写"生说"，就是没有灵感，构思不出。）我们要记住，每个人都是独一无二的，可以根据学生情况，有自己的调整。老师关于模仿的问题，学习是模仿的过程，在模仿基础上才有创造。关于"信，达，雅"的问题，先要解决的是"信"，准确的问题，然后才是流畅、美观的问题。

各位在思考怎么上"对译"课，很好。我们下个月会出版一本教师用书，但不要搞成一个固定模式。"对译"这节课如果是放在第三节来上，应该是能力提升阶段。第一节课在老师指导下自习，借助工具书、教材注释，初步把文言文翻译成白话文；第二节课，在初步读懂情况下，能理解概括文章内容，同时进行人文方面的学习；第三节课，直接做能力迁移，也就是能力提升的"对译"。一共是三堂课。

我想，还是那三句话：一、走对路；二、八仙过海，各显神通；三、坚持研究下去。谢谢大家。

《陈情表》课例

《陈情表》教学设计

一、教学目标

1. 准确理解"行年""见背""更相为命""成立""躬亲""日笃""悯""庶"八个文言词语的含义。

2. 准确理解"既无……终鲜……""无以……"两个文言句式的含义。

3. 感受孝道，发扬中华民族的传统美德。

二、学情分析

高二学生通过阶段性的文言文学习，已有了一定的基础。本节课主要是运用他们已有的知识，在学习中重视学以致用，激发他们更大的学习热情。因此，教师在教学过程中可以利用"学习合作小组"，在学生学习过程中遇到困难时，给予适当引导和点拨。

三、教学重点、难点

准确掌握并正确运用特定的文言词语和句式。

一、展示图片，情趣导入。

看图片，猜故事。

同学们，以上图片让你联想到怎样的传统故事呢？

"乌鸦有反哺之情，羔羊有跪乳之恩。"俗话说"百善孝为先"。今天，我们就一起走近李密，感受他在《陈情表》中的表现的拳拳孝心。

二、读一读，重温经典。

（一）课前热身：读音抢答。

险衅　　闵凶　　　　祚薄　　　　期功　　　　　茕茕孑立

洗马　　猥以微贱　　陨首　　　　逋慢　　　　　拔擢

宠命优渥　盘桓　　　希冀　　　　更相为命　　　矜悯愚诚

（二）配乐朗读课文，教师指导。

1. 学生朗读课文：

《陈情表》是文言文的经典篇目，前人曾经这么评价它："读《陈情表》不坠泪者，其人必不孝。"下面让我们一起随着音乐朗诵课文，读出其中的美感。

2. 教师指导朗读。

三、译一译，把文言文翻译成白话文。

根据屏幕显示的文言句子，同学们用抢答的形式，尝试把它们翻译成白话文。每答对一组得 10 分。

（具体文言句子见课件内容）

四、练一练，把白话文翻译成文言文。

（一）抢答环节，把白话文翻译成文言文。

1. 刚生下来六个月，父亲就弃我而去。

2. 到了四岁，舅父强迫母亲改变了守节不嫁的志向。

3. 祖母刘氏怜悯我孤单病弱，亲自抚养我。

4. 我幼年经常生病，九岁还很柔弱，孤苦伶仃，一直到成人自立

（二）测试小结：把白话文翻译成文言文的技巧。

1. 减字法：即把双音节词进行压缩，使之成为单音节词。

2. 保留法：即某些专有名词可以保留，不必翻译。

3. 套用法：即将白话文中的某些句子，套用文言的固定句式。

4. 省略法：即白代文的某些成分（如主语），翻译时可根据实际适当省略。

5. 调序法：即白话文的某些句子，翻译时要注意倒装句的运用。

6. 改写法：即白话文中的某些词语，翻译时要改成文言的习惯表达。

五、用一用，检测文段，学以致用。

（一）看视频，感受孝道精神。

古有侍母不仕的李密，今有休学救母的程威，他们都以大爱的精神，很好地诠释了中国传统的孝道精神。下面让我们一起来感受一下 2012 年感动中国的杰出人物——程威休学救母的故事吧。

（二）学以致用，把白话文改写成文言文。

程威与母

白话文：曾经有一位男子，名字叫做程威。从小聪明灵慧，却命运不顺。<u>五岁</u>的时候，父亲<u>去世</u>。<u>既没有</u>兄弟，<u>又没有</u>姐妹。（只有）程威和母亲二人，<u>相依为命</u>，一直到（程威）长大成人自立。程威的母亲亲自抚养（程威），长久劳累终成疾病。她的疾病<u>一天比一天沉重</u>，却家庭贫困没有办法得到治疗。邻居<u>怜悯</u>他们孤独困苦，纷纷前来。有的伸出手来帮助，有的出钱来资助。<u>或许可以使程威的母亲侥幸地存活下来。</u>

（三）学生小组讨论探究，师生共同交流，展示学习成果。

1. 曾经有一位男子，名字叫作程威。

2. 从小聪明灵慧，却命途不顺。

3. 五岁的时候，父亲去世。

4. 既没有兄弟，又没有姐妹。

5. （只有）程威和母亲二人，相依为命，一直到（程威）长大成人自立。

6. 程威的母亲亲自抚养（程威），长久劳累终成疾病。——程母躬亲抚养，积劳成疾。

7. 她的疾病一天比一天沉重，却家庭贫困没有办法得到治疗。

8. 邻居怜悯他们孤独困苦，纷纷前来。

9. 有的伸出手来帮助，有的出钱来资助。

10. 或许可以使程威的母亲侥幸地存活下来。

六、课堂总结，反馈学习情况。

（一）根据各小组的表现情况，集体评选出最优秀小组。

（二）根据自测评分标准，给自己的翻译文章打分。准确运用了八个实词两个句式的，每使用准确一个得十分。

《陈情表》导学案

学习目标：

1. 准确理解"行年""见背""更相为命""成立""躬亲""日笃""悯""庶"八个文言词语的含义。

2. 准确理解"既无……终鲜……""无以……"两个文言句式的含义。

3. 感悟孝道美德，传承中华民族的传统文化。

学习重点：

准确掌握并正确运用特定的文言词语和句式。

一、作者介绍

李密（224－287），西晋犍为武阳人，又名虔，字令伯。少时师事著名学者谯周，以学问文章著称于世。曾出仕蜀汉担任尚书郎，屡次出使东吴，很有才辩。晋武帝征为太子洗马，李密以祖母年老多病，辞不应征。

二、背景介绍

魏国后期，魏的实权落在司马氏手里，司马炎代魏即帝位，改国号为晋，年号泰始。在此之前的两年，蜀汉已经灭亡，李密的家乡由晋统治。李密有学问，所以晋武帝想征他做官。李密以祖母年老多病，无人供养而力辞。祖母去世后，方出任太子洗马，迁汉中太守。后免官，卒于家中。

三、检查字音、字词

1. 朗读全文，把读音不准确的字词圈出来，并把它们记录下来：

_____

_____

_____

2. 解释线字词，并结合"信、达、雅"的原则翻译句子。

（1）生孩六月，慈父<u>见背</u>。_____

翻译：_____

（2）<u>行年四岁</u>，舅夺母志。_____

翻译：_____

（3）祖母刘<u>悯</u>臣孤弱，<u>躬亲</u>抚养。_____ _____

翻译：_____

（4）臣少多疾病，九岁不行，零丁孤苦，至于<u>成立</u>。_____

翻译：_____

（5）<u>既</u>无伯叔，<u>终鲜</u>兄弟。_____

翻译：_____

（6）臣欲奉诏奔驰，则刘病<u>日笃</u>。_____

翻译：_____

（7）臣无祖母，<u>无以</u>至今日；祖母无臣，<u>无以</u>终余年。_____

翻译：_____

（8）母、孙二人，<u>更相为命</u>。_____

翻译：_____

（9）<u>庶刘侥幸</u>，保卒余年。_____

翻译：_____

四、请把下面的白话文文段改写成文言文文段，要注意运用本课涉及的文言实词和句式。

程威与母

曾经有一位男子，名字叫作程威。从小聪明灵慧，却命途不顺。<u>五岁的时候，父亲去世</u>。<u>既没有</u>兄弟，<u>又没有</u>姐妹。（只有）程威和母亲二人，<u>相依为命</u>，一直到（程威）长大成人自立。程威的母亲<u>亲自</u>抚养（程威），长久劳累终成疾病。她的疾病<u>一天比一天沉重</u>，却家庭贫困<u>没有</u>办法得到治疗。邻居<u>怜悯</u>他们孤独困苦，纷纷前来。有的伸出手来帮助，有的出钱来资助。<u>或许</u>可以使程威的母亲<u>侥幸</u>地存活下来。

_____

_____

_____

《陈情表》教学实录

一、展示图片，导入新课。

（一）师生问好，介绍学习小组。

师：昨天才临时确定在我们班上这节文言对译课，估计同学们会有点措手不及，但从今天你们分组的豪华阵容来看，应该是有备而来的。先认识一下你们的团队：第一小组是"复联6"，第二小组是"洛水天伊"，第三小组是"派大星"，第四组是"重庆酸辣粉"，第五小组是"小鸡炖蘑菇"，第六小组是"紫薯怪"，同学们给自己小组命名可以说是脑洞大开。（学生笑）看来你们是准备好了，下面我们一起进入课堂学习。

（二）看图片，猜故事。

（学生看图片，猜故事。初步感受"孝"道。）

师：我们一起来观察一下这几幅画，从图画之中你联想到哪些传统的故事？

生（齐）：乌鸦反哺，羔羊跪乳。"

师：俗话说"百善孝为先"。今天，我们就一起走近李密，感受他在《陈情表》中表现的拳拳孝心。

二、读一读，重温经典。

（一）课前热身：读音抢答。

（分组抢答，检测学习效果；朗读课文，感受"孝"道文化，体会文言之美。）

师：这节课的舞台是属于你们的。课堂的每一个环节都以小组抢答比赛的形式进行。下面我们进入第一个环节，读音抢答。根据屏幕亮出的字词，站起来抢答，答对一组得10分。准备，开始！

（屏幕依次亮出三组字词，各小组跃跃欲试，分别抢答，师生共同根据抢答学生的答题情况给每个小组打分。)

（二）配乐朗读课文，教师指导。

师：前人评价这篇文章说，"读陈情表不堕泪者其人必不孝"，下面我们配合音乐一起朗读课文，共同感受一下文章里浓浓的赤子之心。

（配音乐，学生朗读课文）

师：同学们刚才的朗读可以说是委婉深情，也读出了典雅、含蓄的文言之美。如果能进一步配合不同的语速来表现不同的情感，效果会更突出。例如第一段主要是陈家门不幸，以情动人；第二三段主要是谈进退两难，以理服人。

而文中的四字短句，朗朗上口，又杂以三、五、六、七、八、九字等长短不同的句式，整散结合，摇曳多姿。下面让我们一起去感受课文中的典雅含蓄的文言之美，一起重温文章重要的文言词语和句子。

三、译一译，把文言文翻译成白话文。

师：根据屏幕显示的文言句子，同学们用抢答的形式，尝试把它们翻译成白话文。每答对一组得 10 分。

屏幕依次展示：

1. 生孩六月，慈父见背；2. 祖母刘悯臣孤弱，躬亲抚养；

3. 臣无祖母，无以至今日；祖母无臣，无以终余年。

（学生抢答，气氛热烈。师生共同对抢答学生的翻译情况进行打分，并且总结翻译的技巧。）

四、练一练，把白话文翻译成文言文。

（一）抢答环节。

师：下面我们尝试换一个玩法，把翻译出来的白话文改成文言文。

屏幕依次展示：

1. 刚生下来六个月，父亲就弃我而去。

2. 到了四岁，舅父强迫母亲改变了守节不嫁的志向。

3. 祖母刘氏怜悯我孤单病弱，亲自抚养我。

4. 我幼年经常生病，九岁还很柔弱，孤苦伶仃，一直到成人自立……

（学生争先恐后，摩拳擦掌，积极抢答，课堂气氛一度达到白热化。）

（二）测试小结：把白话文翻译成文言文的技巧。

（抢答结束以后，教师总结各小组答题情况，并且总结翻译的技巧。）

①减字法：即把双音节词进行压缩，使之成为单音节词。

（孤单病弱——孤弱；成人自立——成立）

②保留法：即某些专有名词可以保留，不必翻译。

（人名地名年号、古今通用词；抚养）

③套用法：即将白话文中的某些句子，套用文言的固定句式。

（没有办法——无以）

④省略法：即白代文的某些成分（如主语），翻译时可根据实际适当省略。

⑤调序法：即白话文的某些句子，翻译时要注意倒装句的运用。

⑥改写法：即白话文中的某些词语，翻译时要改成文言的习惯表达。

五、用一用，检测文段，学以致用。

（一）看视频，感受孝道精神。

师：古有侍母不仕的李密，今有休学救母的程威，他们都以大爱的精神，很好地诠释了中国传统的孝道精神。下面让我们一起来感受一下 2012 年感动中国的杰出人物——程威休学救母的故事吧。

（二）学以致用，把白话文改写成文言文。

程威与母

白话文：曾经有一位男子，名字叫作程威。从小聪明灵慧，却命运不顺。<u>五岁</u>的时候，父亲<u>去世</u>。<u>既没有</u>兄弟，<u>又没有</u>姐妹。（只有）程威和母亲二人，<u>相依为命</u>，一直到（程威）长大成人自立。程威的母亲亲自抚养（程威），长久劳累终成疾病。她的疾病<u>一天比一天沉重</u>，却家庭贫困<u>没有办法</u>得到治疗。邻居怜悯他们孤独困苦，纷纷前来。有的伸出手来帮助，有的出钱来资助。<u>或许可以使程威的母亲侥幸地存活下来</u>。

（三）学生小组讨论探究，师生共同交流，展示学习成果。

1. 曾经有一位男子，名字叫作程威。

生1：曾有一男，名曰程威。

（提示："曾"还可以置换成"尝"）

2. 从小聪明灵慧，却命途不顺。

生2：自幼聪慧，命途多舛。

3. 五岁的时候，父亲去世。

生3：行年五岁，慈父见背。

4. 既没有兄弟，又没有姐妹。

生4：既无兄弟，终鲜姊妹。

5.（只有）程威和母亲二人，相依为命，一直到（程威）长大成人自立。

生5：母威二人，更相为命，至于成立。

6. 程威的母亲亲自抚养（程威），长久劳累终成疾病。

生6：程母躬亲抚养，积劳成疾。

7. 她的疾病一天比一天沉重，却家庭贫困没有办法得到治疗。

生7：母病日笃，而家贫无以得治。

8. 邻居怜悯他们孤独困苦，纷纷前来。

生8：邻人悯其孤苦，纷纷前来。

9. 有的伸出手来帮助，有的出钱来资助。

生9：或出手以助，或出资以援。

10. 或许可以使程威的母亲侥幸地存活下来。

生10：庶程母侥幸，保卒余年。

（学生抢答，有个别有争议的地方师生共同讨论商量确定）

六、课堂总结，反馈学习情况。

（一）集体评选出最优秀小组。

（根据各小组学生的抢答表现以及合作探究成果评选最优秀成果。抢答得分以表格形式生成，并在黑板上随时汇总反馈）

（二）根据自测评分标准，给自己的翻译文章打分。准确运用了八个实词两个句式的，每使用准确一个得十分。

师：今天这节课，我们借助古代侍母不仕的李密和现代休学救母的程威，联通古今，感受传统的孝道文化；也尝试学以致用，把古代的文言词语和句式运用于现代的白话文段的写作之中，希望借此尝试，能不断地锤炼我们的写作能力，力求在写作表达中发扬含蓄典雅的语言之美。谢谢大家！也感谢各位远道而来的专家和老师们！

《陈情表》专家评析

孟庆坤（珠海市高中语文兼职教研员，珠海市三中副校长）：

赵老师这节课给我的感触很大。总体教学思路清晰，教学模式非常新颖。

首先，这节课最大的特点是由学到用，由课内延伸到课外。常规的文言文教学，关注文言字词句的理解，这节课把重点延伸到文言文的运用。由学到用，由课内延伸到课外，这是一次质的飞跃，也是这节课最大的亮点。

其次，注重学生由易到难的思维规律。这节课先从课内文本的字词句的文言知识作为切入点，由文言文翻译成白话文，再由白话文翻译成文言文，进而拓展到课外白话文文段的翻译，注重了学生思维发展的梯度。

再次，这节课在讲究小组合作学习的基础上，融进了小组与小组间的竞争，这就极大地发挥了学生学习的积极性，从而出现了课堂上整组学生抢着站起来回答的场面。

最后，赵老师这节课还抓住了文本的"形"与"神"来开展教学活动。"形"，是指文言文本中的字词句等知识点；"神"，则体现在课内文本和课外白话文段都体现的"孝道"精神。"形神兼备"，体现了这节课的深度和厚度。

李立国（珠海市高中语文兼职教研员，珠海市实验中学副校长）：

赵老师这节课给我印象最深的是她对学生的学情了解得非常深入，始终站在学生已有知识经验的基础上，开展教学活动。其实我们在教学中经常会有一个误区，就是把学生当作一张白纸，总想给他们讲授得更多。学生的学习应该是建立在已知的基础上，没必要做过多的重复。教的目的不是为了教，而是为了让学生更好地学。我们应该站在学生学的基础上来进行教。这是对我最大的启发。

郑文佳（珠海市名师）：

赵老师的这节课是一节对译教学的示范课，有下面几个特点：

首先，教学思路清晰，环环相扣。把"导—读—译—练—用—结"六字诀浓缩成几个环节，有序展开，环环相扣。

其次，创新发展，学以致用。创新是在传统教学的基础上进行创新，既有文言文字词句的传统学习过程，又有"把白话文翻译成文言文"的创新之举，以达到学以致用的目的。

再次，在小组合作的基础上，完成学生的自主学习。是否需要小组合作，是由学生的学情决定的。基础好的同学，自身的自学能力非常强，能够独立完成学习任务，需要更多的自主学习时间。而大多数同学，更需要将集体智慧和个人智慧结合在一起，来完成学习任务，体现了小组学习的必要性。

然后，引进激励评价机制，激发学生的学习热情。这就出现了学生在以前的学习课堂中积极性不够高，而在这节课中却表现出极大的学习兴趣的情况。小组的集体荣誉感带动了每个组员参与到竞争中，激励评价机制功不可没。

最后，"传统菜"和"特色菜"相辅相成，互为补充。传统的文言文教学好比是"传统菜"，而文言文对译教学好比是"特色菜"。在文言文教学中，并非主张抛弃传统的教学模式，而是两者互为补充，相得益彰。

曾毅教授（肇庆学院教授）：

首先，赵老师的教学目标的设计，体现了语文学习的核心素养。赵老师的"教学重点"主要是围绕文言文本中重点字词句的理解与运用，正是体现了"语言的建构与运用"的核心素养，同时也兼顾了"审美鉴赏与创造""文化传承与理解"等。定位准确又有针对性。

第二，赵老师的教学过程体现了环环相扣，由浅入深的逐步推进的过程。由文言文本重点字词句的学习，逐步推进到文段的学习，进而延伸到课外白话文段的学习。这也是当下提倡的"语文深度学习"的一个很好的范例。

第三，教学方法使用得当。之前的任课老师提到使尽浑身解数也无法调动学生的积极性。一到赵老师手中，却像是握有"魔法棒"一样，学生学习的热情马上就被调动起来。这得益于赵老师灵活的教学方法的使用，"以任务为驱动""以竞赛为形式"，调动学生参与的积极性，他们的热情自然而然地被点燃了。

第四，评价激励手段运用到位。文言文学习的确是枯燥乏味的，学生的学习很难长久持续进行。赵老师及时、到位、统一性的评价贯穿课堂始终。学生对学生的评价，特别是老师对学生的评价，激发了学生无穷无尽的学习动力，使他们以极大的热情参与到课堂互动中。我自己也是不知不觉地被吸引住，完全融进了赵老师的课堂。

最后，如果时间足够，不妨加强一下朗读训练，让学生更能得到情感的熏陶。

黄平（珠海市高中语文教研员，正高级教师）：

赵老师的课体现了课题研究的价值，有以下几个特点：

第一，以学生为教学的主体。赵老师的教学示范课，充分体现了课题研究的价值。

第二，以课堂活动为教学的载体。学生学习的氛围非常浓厚。要注意我们今天这节课选取的是普通高中学校，我们面对的是一般学生，但赵老师却做出了非同一般的表现。赵老师精心设计了大量的活动，激发了学生极大的学习兴趣和热情，使整个班的学生在本节课上的整体参与度非常高，这是难能可贵的现象。

第三，以学生学习为教学的主题。不管是以小组竞赛还是激励评价为教学手段，不管是以白话文还是文言文为教学内容，始终以学生的"获得"作为教学的追求，始终以"把学生引导到学习中"为主体展开教学活动，内容非常充实丰富。

第四，以评价为教学的手段。评价不是为了区别某位学生的高下优劣，而是让学生的学习情况、课堂的学习效果有及时的反馈。

希望课题组能继续坚持推进这些研究的成果，使课题研究能够更有价值地进行下去！

《赤壁赋》课例

《赤壁赋》教学设计

教学目标：

一、准确理解"既""少""如""方""固""侣""友""适""何为……也""此非……乎"等实词及句式，提升运用文言词语和句式的能力。

二、准确掌握并正确运用特定的文言词语和句式。

学习过程：

一、展示自荐信，导入新课：

"程鹏"文言自荐信——2014 年 8 月 13 日，武汉大学官网公布了"自主选拔录取考生"名单。高三学生程鹏，以历史学院总分第一名的成绩获得录取资格。取得这样的结果，除了优秀的笔试和面试成绩之外，一封文言文的自荐信，也功不可没。

下面，我们通过学习苏轼的经典篇目《赤壁赋》，来探寻另一种学习文言文的途径——把白话文翻译成文言文，希望能给大家带来不一样的学习感受。

二、诵读课文，课前预热。

（一）课前热身：抢答题。（字音环节每答对一个得 2 分，一组全对得 10 分，最后总结出各小组得分。）

壬戌	窈窕	冯虚御风	扣舷歌之	桂棹兰桨	溯流光
舞幽壑之潜蛟	泣孤舟之嫠妇		愀然	山川相缪
舳舻千里	旌旗蔽空		酾酒临江	横槊赋诗

吾生须臾　　　举匏樽　　　寄蜉蝣　　　挟飞仙　　　枕藉

（二）配乐朗读课文，教师指导。

1、学生朗读课文：

《赤壁赋》是文言文的经典篇目，巴金曾经这么评价它："《赤壁赋》给人潇洒神奇、出尘绝俗的纯净美感。"

这个评价除了因为本文闪烁着人生智慧的光芒之外，还得力于其中典雅、含蓄的文言之美。下面让我们一起随着音乐朗诵课文，读出其中的美感。

2、教师指导：

同学们的朗读富有情感，基本读出了文句的轻重缓急。

三、"文白对译"，将白话文与文言文互相对译。

口头翻译：老师从课文中选取几句话翻译成白话文，老师念白话，你们口头翻译成文言文。（抢答，每答对一组得10分。）

①壬戌年的秋天，七月十六日，苏轼与友人在赤壁下乘船游玩。

②不一会，月亮从东山上升起。

③听任苇叶般的小船漂流到各处，越过那茫茫的万顷江面。

④为什么会这样呢？

⑤这不是曹孟德的诗句吗？

⑥当他击破荆州，攻下江陵，顺着长江东下的时候。

⑦本来是一代枭雄啊，而今又在哪里呢？

⑧何况我与你在江边捕鱼、在沙洲上砍柴，与鱼虾做伴，与麋鹿为友。

⑨这是造物者（恩赐）的无穷无尽的宝藏，你我可以共同享用。

测试小结：把白话文翻译成文言文的技巧。

①减字法：即把双音节词进行压缩，使之成为单音节词。

②保留法：即某些专有名词可以保留，不必翻译。（人名地名年号、古今通用词）

③套用法：即将白话文中的某些句子，套用文言的固定句式。（判断句）

④省略法：即白代文的某些成分（如主语），翻译时可根据实际适当省略。

⑤调序法：即白话文的某些句子，翻译时要注意倒装句的运用。（介词结构后置）

⑥改写法：即白话文中的某些词语，翻译时要改成文言的习惯表达。（高兴—喜）

四、学以致用，文段检测，师生评价：

（一）检测文段：

通过对比，我们发现，文言文比起白话文来说，显得更加简练、含蓄。学以致用，下面我们进入到第三个比赛环节。运用以上的 10 个文言实词和句式，完成学案上的测试。

游 红 树 林 记

甲午年秋天，农历八月十六日，我与友人到红树林游玩。树木一丛一丛地生长，各种草长势繁茂。忽然看见一只红蟹在泥滩上快速爬行，围观的人高兴地说："抓住它！"过了一会，不知它到哪里去了，（大家）都叹息。我也叹息着说："为什么要这样呢？螃蟹与我们，这不都是造物者的杰作吗？当（我们）在这里相遇，本来是一件快乐的事，哪里至于要抓住它才高兴呢！"

友人说："与鱼儿螃蟹做伴，与海鸥鹭鸶为友，这就是（社会）大同的景象啊，难道可以得到吗？"

我说："海上的清风，以及山间的月亮，这是造物者（恩赐）的无穷无尽的宝藏，愿与螃蟹先生共同享用。"

（二）参考译文：

甲午之秋，八月既望，吾与客游于红树林。树木丛生，百草丰茂。忽见一红蟹疾行于泥滩，观者喜言："捕之！"少焉，不知其所如（之、至），皆叹息。吾亦叹曰："何为其然也？蟹与吾，此非造物者之作乎？方遇于斯（此），固乐事也，何至于捕之而后快耶？"

客曰："侣鱼蟹而友鸥鹭，此大同之景也，岂可得乎？"

曰："海上之清风，与山间之明月，是造物者之无尽藏也，愿与蟹君共适。"

（三）师生评价：

根据自测评分标准，给自己的翻译文章打分。

当然，标准主要是针对《赤壁赋》的重点词语和句式设计的，考查是否能够学以致用。至于文章的整体评分，同学们可以通过互评来进行。

五、课堂小结：

今天这节课主要是学以致用，把学过的文言词语和句式运用于其他的白话文文段之中。"白话文翻译成文言文"其实也讲究翻译的基本要求"信、达、雅"，这就提示我们在翻译中不但要准确、通顺，还要有文采。

六、布置作业：

请结合"翻译的基本要求"和"参考翻译"，重新修改自己的翻译文章。

《赤壁赋》导学案

赤　壁　赋[1]　（节选）
苏轼

　　壬戌[2]之秋，七月既望[3]，苏子与客泛舟游于赤壁之下。清风徐来，水波不兴。举酒属[4]客，诵明月之诗，歌窈窕之章。少焉[5]，月出于东山之上，徘徊于斗牛之间。白露横江，水光接天。纵一苇之所如[6]，凌万顷之茫然。浩浩乎如冯虚御风，而不知其所止；飘飘乎如遗世独立，羽化而登仙。

　　壬戌年秋天，七月十六日，我与友人在赤壁下乘船游玩。清风缓缓吹来，江面水波平静。于是举杯邀友人同饮，吟咏《诗经·陈风·月出》一诗的“窈窕”一章。不一会，月亮从东山上升起，在北斗星和牵牛星之间徘徊。白茫茫的雾气笼罩着江面，波光与星空连成一片。我们听任苇叶般的小船漂流到各处，越过那茫茫的万顷江面。多么辽阔呀，像是凌空乘风飞去，不知将停留在何处；多么飘逸呀，好像变成了神仙，飞离尘世，登上仙境。

　　……

　　苏子愀然[7]，正襟危坐[8]而问客曰：“何为其然也？[9]”客曰：“‘月明星稀，乌鹊南飞’，此非曹孟德之诗乎[10]？西望夏口，东望武昌，山川相缪，郁乎苍苍，此非孟德之困于周郎者乎？方[11]其破荆州，下江陵，顺流而东也，舳舻千里，旌旗蔽空，酾酒临江，横槊赋诗，固一世之雄也，而今安在哉？况吾与子渔樵于江渚之上，侣鱼虾而友麋鹿[12]，驾一叶之扁舟，举匏樽以相属。寄蜉蝣[13]于天地，渺沧海之一粟[14]。哀吾生之须臾[15]，羡长江之无穷。挟飞仙以遨游，抱明月而长终。知不可乎骤得，托遗响于悲风。”

　　我不禁感伤起来，整理了衣裳，端正地坐着，问客人说：“为什么会这样呢？”客人说：“‘月明星稀，乌鹊南飞’，这不是曹孟德的诗句吗？向西望是夏口，向东望是武昌，山川缭绕，郁郁苍苍，这不是曹孟德被周瑜围困的地方吗？当他击破荆州，攻下江陵，顺着长江东下的时候，战船连接千里，旌旗遮蔽天空，在江面上洒酒祭奠，横端着长矛朗诵诗篇，本来是一代枭雄啊，而今又在哪里呢，可如今又在哪里呢？何况我与你在江边捕鱼、在沙洲上砍柴，与鱼虾做伴，与麋鹿为友，驾着一叶孤舟，在这里举杯互相劝酒。只是像蜉蝣一样寄生在天地之间，渺小得像大海中的一颗谷粒。哀叹我生命的短暂，而羡慕长江的流水无穷无尽。希望同仙人一起遨游，与明月一起长存。我知道这是不可能经常得到的，因而只能把箫声的余音寄托给这悲凉的秋风。"

苏子曰："……惟江上之清风，与山间之明月，耳得之而为声，目遇之而成色。取之无禁，用之不竭。是造物者之无尽藏也，而吾与子之所共适[16]。"

我说："……只有这江上的清风和山间的明月，耳朵听到了才成其为声音，眼睛看到了才成其为颜色，占有它们，无人禁止，使用它们，无穷无尽，这是造物者（恩赐）的无穷无尽的宝藏，你我可以共同享用。"

…………

参考注释：

[1] 本文作于宋神宗元丰五年（1082），苏轼于"乌台诗案"获释后，被贬为黄州团练副使时期。苏轼借景抒发自己的怀抱。

[2] 壬戌：宋神宗元丰五年。

[3] 既望：既，过了；望，农历每月十五日为"望日"。十六日为"既望"。

[4] 属：通"嘱"（zhǔ），致意，引申为"劝酒"。

[5] 少焉：不一会儿。

[6] 纵一苇之所如：听任苇叶般的小船在江面上飘动。如，往，到。

[7] 愀（qiǎo）然：忧愁凄怅的样子。

[8] 正襟危坐：整理衣襟，严肃地端坐着。危坐：端坐。

[9] 何为（wèi）其然也？：为什么会这样呢？

[10] 此非曹孟德之诗乎？：这不是曹孟德的诗吗？

[11] 方：当。

[12] 侣鱼虾而友麋（mí）鹿：以鱼虾为伴侣，以麋鹿为友。

[13] 蜉蝣（fú yóu）：一种昆虫，生命仅数小时。喻人生之短暂。

[14] 渺沧海之一粟（sù）：形容人在天地之间渺小得像大海中的一颗谷粒。

［15］须臾（yú）：一会儿，时间极短。

［16］共适（shì）：共享。

课前学习：

一、读准字音，理解语句。

1. 朗读全文，圈出读音不准的字，把它们写下了并注音。它们是：

_____

_____

_____

2. 朗读全文，划出不理解的字、词、句。参考工具书或课文注释，向同学或老师请教，力争理解这些字、词、句。它们是：

_____

_____

_____

二、把文言文翻译成白话文。

1. 壬戌之秋，七月既望，苏子与客泛舟游于赤壁之下。

_____

2. 少焉，月出于东山之上。

_____

3. 纵一苇之所如。

_____

4. 不知其所止。

_____

5. 何为其然也。

_____

6. 此非曹孟德之诗乎？

_____

7. 方其破荆州。

_____

8. 固一世之雄也。

_____

9. 侣鱼虾而友麋鹿。

_____

10. 寄蜉蝣于天地，渺沧海之一粟。

_____

11. 是造物者之无尽藏也。

_____

12. 吾与子之所共适。

_____

三、用一句话概括本文的内容。

_____

四、用一句话概括本文的主题。

_____

学习过程：

一、口头测试：把白话文翻译成文言文。

1、教师口头念白话文语句，学生翻译成文言文的语句。

2、测试小结：

重点的单音节词：

既——_____　　　少——_____　　　如——_____　　　方——_____

固——_____　　　侣——_____　　　友——_____　　　适——_____

重点句式：何为……也——_____　　　此非……乎？——_____

二、书面测试：把白话文翻译成文言文。

游红树林记

甲午年秋天，农历八月十六日，我与友人到红树林游玩。树木一丛一丛地生长，各种草长势繁茂。忽然看见一只红蟹在泥滩上快速爬行，围观的人高兴地说："抓住它！"过了一会，不知它到哪里去了，（大家）都叹息。我也叹息着说："为什么要这样呢？螃蟹与我们，这不都是造物者的杰作吗？当（我们）在这里相遇，本来是一件快乐的事，哪里至于要抓住它才高兴呢！"

友人说："与鱼儿螃蟹作伴，与海鸥鹭鸶为友，这就是（社会）大同的景象啊，难道可以得到吗？"

我说："海上的清风，以及山间的月亮，这是造物者（恩赐）的无穷无尽的宝藏，愿与螃蟹先生共同享用。"

_____

_____

_____

_____

_____

自测评分：_____分。

（评分标准：重点考查强调的 8 个词以及"何为……也""此非……乎" 2 个句式。每个 10 分，满分 100 分。）

《赤壁赋》教学实录

【第一环节，展示自荐信，导入新课】

（师生问好）

师：这节课主要就是以小组为单位展开学习活动的。同学们已经在课前自由组合成七个学习小组了，也已经各自为自己的小组命名了。有的叫"吴彦组"，有的叫"男神组"。（生笑）虽然是文科班，但应该还是有帅哥的吧？

生（笑，异口同声）：没有！

师（笑）：那老师就先给大家介绍一位帅哥。

（打开 PPT，投影显示"千字文言自荐信"的作者"程鹏"）

师：从这封"文言自荐信"可以看出，适当地掌握文言文的表达技巧，有利于提高我们的语文素养。今天我们就以《赤壁赋》这篇典范的文言文，尝试以"白话文翻译成文言文"的新模式来学习，希望带给同学们不一样的感受。

【第二环节，诵读课文，课前热身】

师：下面 PPT 将展示四组《赤壁赋》的重要字音，同学们自由抢答，每答对一个得 2 分，全部答对得 10 分。以小组为单位进行评分。

（学生争先恐后站起抢答，气氛非常热烈。每个同学回答完毕后及时给该同学所在的小组打分。）

（结合古筝音乐《平湖秋月》，学生朗读《赤壁赋》节选文段。）

师：我们班女生较多，读起来声音柔美，这也符合夜游赤壁宁静的意境。

感情已经充分了，但在语速语调上还要稍微注意一下。（举例指导略）

同学们读得还不错，但读懂了没有？下面我们进入下一个环节来测试一下。

【第三环节，译译练练，文白对译】

师：请同学们把从课文里节选的几句翻译后的白话文，口头还原成文言文。老师读白话文，读完以后你们自由抢答。以小组为单位竞赛，每答对一句得10分。

师：壬戌年的秋天，七月十六日，苏轼与友人在赤壁下乘船游玩。

（一生迅速站起）

生1：壬戌之秋，七月既望，苏子与客泛舟游于赤壁之下。

（学生鼓掌，教师给该组评10分，并鼓励还没"破蛋"的第三、五组。强调"既望"一词）

师：不一会，月亮从东山上升起。

（在教师的鼓励下，第五组的同学率先站起，现场气氛热烈。）

生2：少焉，月出于东山之上。

师：听任苇叶般的小船漂流到各处，越过那茫茫的万顷江面。

生3：纵一苇之所如，凌万顷之茫然。

（学生抢答情绪热烈，没有抢到的同学发出惋惜之声。强调"如"字的用法。）

师：为什么会这样呢？

生4：何为其然也？

师：这不是曹孟德的诗吗？

生5：此非曹孟德之诗乎？

师：当他击破荆州，攻下江陵，顺着长江东下的时候。

（学生抢答情绪达到白热化，有近一半的同学站起争抢回答。强调"方"字的用法。）

生6：方其破荆州，下江陵，顺流而东也。

师：本来是一代枭雄啊，而今又在哪里呢？

生7：固一世之雄也，而今安在哉？

师：何况我与你在江边捕鱼、在沙洲上砍柴，与鱼虾做伴，与麋鹿为友。

生 8：况吾与子渔樵于江渚之上，侣鱼虾而友麋鹿。

师：这是造物者（恩赐）的无穷无尽的宝藏，你我可以共同享用。

（学生争抢站起，老师把机会给了一个平常不喜欢发言的同学，同学们报以鼓励的掌声。）

生 9：是造物者之无尽藏也，而吾与子之所共适。

（教师总结学生的发言，并强调重点的文言实词与句式。在此基础上，总结白话文翻译成文言文的技巧：减字法、保留法、套用法等）

【第四环节，学以致用，文段检测】

（学生分小组讨论交流翻译文段，教师分别到各组解疑释难。）

师：同学们的讨论非常热烈。老师在检查的时候发现同学们都带来了工具书，如《古代汉语词典》等，这种学习方式非常好，有利于提高我们的学习效果。

刚才同学们翻译的白话文段《游红树林》，是一些老师根据珠海的本土地理特色写成的一篇白话文段。下面由老师来读白话文句，同学们根据自己翻译的文言文进行抢答。每答对一组得 10 分。

师：甲午年秋天，农历八月十六日，我与友人到红树林游玩。

生 1：甲午之秋，八月既望，吾与客游于红树林下。

（学生抢先评价，删去"下"）

师：树木一丛丛地生长，各种草长势丰茂。

（超过一半的学生争抢站起。）

生 2：树木丛生，百草丰茂。

师：你怎么想到这句话？

生 2：《观沧海》里有。

师：对，能套用就套用，这就是……

生（齐）：套用法。

师：忽然看见一只红蟹在泥滩上快速爬行，围观的人高兴地说："抓住它！"

生 3（抢先站起）：忽见蟹速行于泥滩，围者欣然曰："擒之。"

师："忽见蟹"好不好，怎么改？

生 3：忽见一红蟹。

师："红蟹"是专有名词，应该……

生（齐）：保留。

师：专有名词应保留，这就是"保留法"。另外，"速行"也可以，还有没有其他的表达方法？

生（齐）：疾行。

师："疾行"更形象，画面感更强。有时候我们就需要"咬文嚼字"。另外，"欣然"是双音节词，能不能换成单音节词？

生（七嘴八舌）：喜曰、乐曰……

师：整句可以修改为"忽见一红蟹疾行于泥滩，观者喜言：'捕之!'"这句是全文最长而且是最难的一句。虽然这位同学翻译得有瑕疵，但我们还是可以酌情扣轻一点分，毕竟不是在关键点上。

师：下一句"过了一会，不知它到哪里去了，（大家）都叹息。"

生4（抢先站起回答）：少焉，不知其所如，皆叹息。

师：我也叹息着说："为什么要这样呢？"

生5（抢先站起回答）：吾亦叹曰："何为其然也？"

师：螃蟹与我们，这不都是造物者的杰作吗？

生6：蟹与吾，此非造物者之作乎？

师：当（我们）在这里相遇，本来是一件快乐的事，哪里至于要抓住它才高兴呢！

生7（抢先站起，犹豫着慢慢回答）：方遇于此，固乃一乐事，焉至于捕之乃乐哉？

师："哪里"放句首，我们还可以想到哪个文言虚词，构成"……至于"？

生（齐）：何至于。

师："抓住它才高兴"前后表什么关系？

生（齐）：顺承。

师：我们学过哪个虚词可以表示顺承关系？

生（齐）：而。

师：综上所述，我们可以在这位同学的基础上修改润色一下。

（投影展示"方遇于此（斯），固乐事也，何至于捕之而后快耶？"）

师：下一句"友人说：'与鱼儿螃蟹作伴，与海鸥鹭鸶为友，这就是（社会）大同的景象啊，难道可以得到吗？'"

生8（抢先回答）：客曰："侣鱼虾而友鸥鹭，此大同之景也，岂可得乎？"

师：最后一句："我说：'海上的清风，以及山间的月亮，这是造物者（恩赐）的无穷无尽的宝藏，愿与螃蟹先生共同享用。'"

（学生争抢站起，教师把最后的机会留给得分最低的小组。）

生9：吾曰：海上之清风与山间之明月，此造物者之无尽藏也，愿与蟹生之所共适。

师："先生"是对别人的尊称，如果是在古代，"螃蟹先生"习惯怎样表尊称？

生10：蟹君。

（投影展示：曰："海上之清风，与山间之明月，是造物者之无尽藏也，愿与蟹君共适。"）

【第五环节，总结课堂，布置作业】

总结各组得分，评出优秀小组。

师：通过以上的检测，同学们对重要的文言实词和句式，基本上都能掌握。那么每个同学自己的测试结果又怎样呢？下面请每一位同学进行自评。评分标准：针对所学的8个文言实词和2个文言句式，每运用对一个得10分。请自我评测。

（最后有十多个同学能在此文段检测中获得满分。）

师（总结）：文言文翻译讲究"信、达、雅"，这就要求我们在翻译中除了做到准确、流畅以外，还要注重是否有文采。请同学们课后根据这个要求好好修改自己的文章。

（最后全班朗读《赤壁赋》，朗朗书声中结束课堂教学。）

《赤壁赋》专家评析

郑文佳（珠海市名师）：

首先，从教学理念、教学方法的实施运用而言，赵老师是较为成熟的老师，这节课也是较为成功的案例。体现在以下几个方面：

1. 合理地引进评价、激励机制，调动学生学习的兴趣和积极性。激励机制对学生学习有较大的促进作用。

2. 运用小组合作探究的方法，促进团队的合作精神。本节课在小组讨论、集体翻译、测评打分等方面都是以小组为单位进行的。小组合作的实施对一些学校而言特别有意义，尤其是对中下层学生来说作用更大。

3. 全面均衡地关注每一个学生，尤其是学困生。抢答这种形式本来就是优胜劣汰的，但我注意到其中有个男生虽然抢答得慢，但赵老师还是给予了鼓励的机会。关注每一个学生，尤其是对学困生的关注，这实在是难能可贵。

其次，从课前备课而言，这节课也体现了集体备课的智慧。我也参与到这次的集体备课之中。课前备课时，能根据学生、学校的实际，活学活用。具体在运用《游红树林记》这篇文章时，能句句斟酌，体现因材施教的原则。

总体看来，整节课气氛活跃，效果不错。

金培忠（珠海市名师）：

总体而言，本课是一节高质量的课题实验课。不管是教学设计、教学过程，还是教学效果，都是很好的一节实验课。具体表现在以下几点：

1. 教学目标明确具体。教学目标设定为"准确理解并运用八个文言词语和两个固定句式"，从教学过程看来，也能重点巩固这些实词和句式，文段检测环节也能重点落实教学目标，做到清晰、具体、完整。

2. 教学设计合理，流程清晰，方法恰当，评价贯穿始终。

3. 学生参与度高，课堂气氛活跃，特别是关注到学困生。整节课基本上以课堂活动为核心。小组翻译环节尤其精彩，学生互相探讨，气氛活跃，改变了以往一到翻译环节，课堂就显得沉闷的现象。学生表现积极，极大地发挥了小组合作学习的优势。

4. 教学效果明显。每次一展示要翻译的句子，学生都能争先恐后地回答。学生有底气，才敢争抢回答。我们现在初三的学生在课堂上都不怎么举手回答了，高三的学生能有这样的热情，实在可贵。由此可见，老师平时训练有素。

整节课下来，学生争抢回答，前呼后应，课堂让人回味无穷。

乐晓华（珠海市名师）：

刚才两位专家的点评都比较具体和全面，我也比较赞同。另外再补充一下：

首先，教学理念先进，能很好地指导这节课的教学设计和课堂教学的实施。这节课主要体现以下几个教学理念：

1. 以生为本。整节课都注意到把学生推到教学前列，让学生自主读、练、用，说明教师心中不但有"本本"，而且还有"学生"。

2. 自主合作学习。这方面在这节课得到了实实在在的体现。

3. 文言翻译"信、达、雅"理念的运用非常到位。

其次，这是一节成功的文言"对译"课。主要表现在以下几个方面：

1. 能够把文言"对译"教学的基本流程，灵活运用到课堂教学中。文言"对译"基本流程"导—读—译—练—用—结"，赵老师已经基本落实了这些流程。

2. 教学方式、学习方式有较大的转变。由"教师讲，学生听"的传统方式，转变为"以教师引导组织，学生自主学习"。常言道：有怎样的教就有怎样的学。

3. 教学环节环环相扣，层层推进；教学思路清晰。

4. 注重对学生学习效果的评价。这是这节课的亮点。当堂评价，有标准，有结果，有激励，效果不错。

5. 激发了学生的学习兴趣。具体表现为两点：一是抢答的激励机制，使课堂管理有序，学生的热情被充分地点燃，这是非常了不起的；其次是配乐朗读，乐曲悠扬、悦耳，在音乐的感召下，学生朗读的欲望和积极性被充分地激发。

6. 注重学习方法的总结。赵老师在课堂上，对文言"对译"具体方法做了总结，这就是一种创新。如"套用法""调序法"切实有效，学以致用，让学生学起来更轻松。

当然，也有一些不足之处，主要表现在朗读还不够充分。朗读不仅体现在对课文的朗读上，还可以体现在白话文段以及创作成的文言文的朗读上，让学生朗读一下，不仅熟悉内容，还可以感受古文的魅力。

总之，整节课真正做到了"让学生动起来，课堂活起来，效果好起来"，这节课很成功。

《记承天寺夜游》课例

《记承天寺夜游》教学设计

学科	语文	授课人	刘兵	学校	小林中学	班级	八（4）班
课题	《记承天寺夜游》			课时安排		一课时	
教学目标	1. 理解、学习和运用"欲""户""念""遂""至""寝""步""但""耳"和"盖……也"判断句。 2. 感受作者的特殊心境，领悟作者的人生态度。						
教学重点	准确掌握并正确运用重要的文言词语和句式。						
教学难点	感受作者的特殊心境，领悟作者的人生态度。						
教学过程	教学具体内容				学生活动		
猜读导入	展示林语堂在《苏东坡传》中对苏轼的评价，引导学生猜人物。				看文字，猜人物。初步感受苏轼的人物形象。		
诵读感知	温故知新：读准字音、读好停顿。 配乐朗读：读通文意，读出韵味。 请用一句话概括文章内容。				分组朗读，检测学习效果；配乐朗读，读出文言文的韵味，初步感知作者情感。		
文白对译	把文言文翻译成白话文。 1. 探究苏轼的"乐"与"闲"。 2. 把白话文翻译成文言文。 3. 小结：把白话文翻译成文言文的技巧。				通过口头抢答、讨论交流等方式，准确理解本文重要的文言词语和句式，深入理解苏轼在逆境中的豁达与乐观。		

续表

教学过程	教学具体内容	学生活动
学以致用	1. 请把下面的白话文文段翻译成文言文文段，要注意运用学习目标涉及的文言实词和句式。 我曾经寄居在惠州的嘉祐寺，有一天散步到松风亭下，觉得非常疲劳乏力，于是想要在这片树林里就地休息。抬头看见亭子仍在山顶，想着如何才能到达？很久之后，忽然（对自己）说："这里为什么不能安睡呢？"哪个地方没有门窗？哪个地方没有亭子？只是缺少像我这样的闲思罢了。为什么会徘徊不前？原来是内心自我困扰啊。 2. 根据评价标准自评。 3. 平板拍照上传，全班交流，师生共评。	运用学习目标涉及的文言实词和句式，把白话文翻译成文言文。利用平板电脑拍照上传，全班交流、展示、评价，巩固本课的重要实词和句式。
课堂小结	通过这节课的学习，你有什么收获？	学生谈收获，强化本节课学到的把白话文翻译成文言文的技巧，学习苏轼在逆境中的豁达与乐观。
布置作业	1. 巩固训练：修改自己的文言文翻译《记游松风亭》。 2. 推荐阅读：苏轼《东坡志林》；林语堂《苏东坡传》；余秋雨《苏东坡突围》。	修改翻译，巩固文言知识；拓展阅读，进一步知人论世。

《记承天寺夜游》导学案

姓名＿＿＿＿＿＿＿＿＿　班级＿＿＿＿＿＿＿

学习目标：

1. 理解、学习和运用"欲""户""念""遂""至""盖""但""耳"和"盖……也"判断句。

2. 感受作者的特殊心境，领悟作者的人生态度。

学习重点： 准确掌握并正确运用特定的文言词语和句式。

学习难点： 感受作者的特殊心境，领悟作者的人生态度。

一、作者简介

苏轼（1037－1101），北宋文学家、书画家、美食家。字子瞻，号东坡居士，眉山（今属四川）人。一生仕途坎坷，学识渊博，天资极高，诗文书画皆精。其文汪洋恣肆，明白畅达，与欧阳修并称"欧苏"，为"唐宋八大家"之一；诗清新豪健，善用夸张、比喻，艺术表现独具风格，与黄庭坚并称苏黄；词开豪放一派，对后世有巨大影响，与辛弃疾并称苏辛；书法擅长行书、楷书，能自创新意，用笔丰腴跌宕，有天真烂漫之趣，与黄庭坚、米芾、蔡襄并称"宋四家"；画学文同，论画主张神似，提倡"士人画"。著有《苏东坡全集》和《东坡乐府》等。

二、写作背景

北宋元丰二年（公元1079年），其政敌以"讪谤朝政"的罪名把苏轼投进监狱，这就是历史上有名的"乌台诗案"。审讯历时五个月，在多方营救下，加之神宗皇帝怜惜其才，苏轼幸而死里逃生，被贬往黄州，充黄州团练副使（宋代闲散不管事的官职），但不准擅离该地，并无权签署公文，没有薪俸。他租数十亩荒地经营，筑水坝，建鱼池，移树苗，种植稻麦和蔬菜，并在坡边自筑茅屋，号"东坡居士"。

三、温故而知新

元丰六年十月十二日夜，解衣欲睡，月色入户，欣然起行。念无与为乐者，遂至承天寺寻张怀民。怀民亦未寝，相与步于中庭。庭下如积水空明，水中藻、荇交横，盖竹柏影也。何夜无月？何处无竹柏？但少闲人如吾两人者耳。

1. 朗读全文，把你认为读不准的字词圈出来，并把它们记录下来。

_____

2. 解释加点字词，并结合"信、达、雅"的原则翻译句子。

(1) 解衣欲睡，月色入户。_____ _____

翻译：_____

(2) 念无与为乐者。_____

翻译：_____

(3) 遂至承天寺寻张怀民。_____ _____

翻译：_____

(4) 庭下如积水空明，水中藻荇交横，盖竹柏影也。_____

翻译：_____

(5) 但少闲人如吾两人耳。_____ _____

翻译：_____

3. 请用一句话概括文章内容。

_____

_____

_____

4.《苏东坡传》中说"苏轼最快乐时就是写作之时"，请细读课文，紧扣文本，在文中找出体现作者快乐的句子，并以批注的形式在课文空白处写下自己的理解。（直接在原文中圈点勾画并做批注）

5. 请把下面的白话文文段改写成文言文文段，要注意运用学习目标涉及的文言实词和句式。

我曾经寄居在惠州的嘉祐寺，有一天散步到松风亭下，觉得非常疲劳乏力，于是想要在这片树林里就地休息。抬头看见亭子仍在山顶，想着如何才能到达？很久之后，忽然（对自己）说："这里为什么不能安睡呢？"哪个地方没有门？

哪个地方没有亭子？只是缺少像我这样的闲思罢了。为什么会徘徊不前？原来是内心自我困扰啊。

_____

_____

_____

_____

《记承天寺夜游》教学实录

师：有这样一个人，他是一个不可救药的乐天派，一个伟大的人道主义者，一个百姓的朋友，一个大文豪、大书法家、画家……一个月夜的漫步者，一个诗人，一个生性诙谐爱开玩笑的人……你们知道他是谁吗？

生（齐答）：苏轼。

师：让我们一起学习《记承天寺夜游》，走进苏轼的内心世界。首先请大家自由诵读课文，要求读准字音、读好停顿。

一、诵读感知

生自由诵读课文。

师：有一个字音需要纠正，"水中藻、荇交横"的"横"读音到底是什么呢？

生（齐答）：héng。

师：对，我们在辨析多音字的读音时要联系上下文，在理解的基础上明确读音。那么我们能否在理解课文的基础上用一句话来概括文章内容呢？先回顾下概括内容的格式，需要找出哪几个要素？

生1：时间。

生2：地点。

生3：人物。

生4：还有事件。

师：同学们的方法都掌握得非常到位，那么哪位同学能在文章中找到这些要素？

生："元丰六年十月十二日夜"交代了时间，人物是苏轼和张怀民。地点是承天寺。事件是赏月和散步。

师：紧扣文本，找得相当准确。谁能把这些要素连接成一个完整的句子呢？

生：元丰六年十月十二日夜，苏轼和张怀民在承天寺漫步赏月。

师：感谢同学们的精准概括，让我们对文本有了最基本的把握，既然是漫步散步，要带着一种什么样的心情去散步？

生：我觉得应该是悠闲的，高兴的、惬意的。

师：好，我们试着读出作者的悠闲、高兴、惬意。让我们一起把文章再读一遍。

生有感情地朗读课文。

2、文白对译

师：大家的朗读进步明显，读出了感情，读出了韵味。上学期我们已经学过这篇文章，那么同学们对文章的字、词、句是否已经掌握了呢？接下来请接受老师发出的挑战。第一关，请把下列文言文句子翻译成白话文，并注意落实标红字词的解释。请一个同学来宣读计分规则并出题。

生（出题员）：本关为必答题，每题 2 分，句子翻译 1 分，词语解释 1 分。第一题：解衣欲睡，月色入户。请第一组的代表答题。

第一组：我脱下衣服准备睡觉，看见月光照进屋内。

师：请第二组给分并做好答题准备。

第二组：给 2 分，翻译得很准确，尤其是"欲"和"户"。

师：对于"户"的解释，我们课本上是解释成"门"，但是在翻译整句时就采取了意译的方法，把它解释成了"屋内"。直译和意译都是翻译的两种重要方法，一般是直译为主，意译为辅。

生（出题员）：第二题：念无与为乐者。

第二组：想到没有可以与自己交谈取乐的人。

生（出题员）：回答准确。请第三组同学做好答题准备。第三题：遂至承天寺寻张怀民。

第三组：于是到承天寺寻找张怀民。

生（出题员）：回答准确。请第四组同学做好答题准备。第四题：怀民亦未寝，相与步于中庭。

第四组：张怀民也没有睡觉，（我们）一起在庭院中散步。

生（出题员）：回答准确。请第五组同学做好答题准备。第五题：庭下如积水空明，水中藻、荇交横，盖竹柏影也。

第五组：月光照在院中，如水一般清明澄澈，水中水藻、荇菜交错纵横，原来是竹子和松柏的影子。

生（出题员）：回答准确。请第六组同学做好答题准备。第六题：但少闲人如吾两人耳。

第六组：只是缺少像我们两个这样清闲的人罢了。

师：大家对句子的翻译都掌握得很好，尤其是对重点字词的解释，都很到位。那么我们在这个过程当中尤其要注意这些红色字体的积累，才能真正做到文言知识的迁移与拓展。接下来，挑战第二关。细读课文，在文中找出体现作者快乐的句子，并说说作者为什么而快乐。本组题为选答题，句子1分，理解1分。

生细读本文，并做好圈点勾画及批注，师随堂巡视并做好相机指导。

生1：月色入户，欣然起行。我读出了苏轼看到美好月色的欣然之喜。

生2：念无与为乐者，遂至承天寺寻张怀民。我读到了苏轼有知己同乐的欣喜。

生3：怀民亦未寝，相与步于中庭。我从"亦"读出了苏轼与知己心有灵犀，从"步"读出了悠闲漫步的欣喜。

生4：庭下（月色）如积水空明，水中藻、荇交横，盖竹柏影也。我从"盖"读出了苏轼不经意间发现美景的惊喜。

师：刚刚有同学提到，张怀民是苏轼的知己好友，那么张怀民是何许人也？请看PPT的补充资料。

张怀民，北宋元丰六年（1083）被贬黄州，初寓居承天寺，虽屈居主簿之类小官，但心胸坦然，决不挂怀迁谪之事，公务之余，以山水怡情悦性，处逆境而无悲戚之容，为品格清高超逸之人。

师：原来，苏轼与张怀民是同病相怜且志趣相投，果然是知己。那么，除了叙述和写景，作者在文中也抒发了自己内心的感慨。他抒发了怎样的感慨呢？

生齐答：何夜无月？何处无竹柏？但少闲人如吾两人者耳。

师：一个"闲"字，道出了苏轼在逆境中的复杂心境。苏轼就是如此，他的人生几经贬谪，却始终心怀阳光。贬官杭州时，他写下"我本无家更安住，故乡无此好湖山"；贬官黄州时，他写下"长江绕郭知鱼美，好竹连山觉笋香"；贬官惠州时，他写下"日啖荔枝三百颗，不辞长作岭南人"。苏轼在逆境中始终坚守着一份乐观与豁达。两关挑战完毕，请计分员展示每组的积分情况。

计分员在平板上展示各组积分情况。

师：挑战继续。第三关的要求是把下列白话文句子翻译成文言文，并注意落实标红字词的解释。再次请一位出题员来主持本项活动。

生（出题员）：本组题为抢答题，每题 2 分，句子翻译 1 分，词语解释 1 分。题目播报完毕方可抢答，请听题。第 1 题，（我）脱下衣服想要睡觉时，这时月光照进屋里。

生 1：解衣欲睡，月色入户。

生（出题员）：回答准确。第 2 题，想到没有可以与自己交谈取乐的人。

生 2：念无与为乐者。

生（出题员）：回答准确。第 3 题，于是到承天寺寻找张怀民。

生 3：遂至承天寺寻张怀民。

生（出题员）：回答准确。第 4 题，张怀民也没有睡觉，（我们）一起在庭院中散步。

生 4：怀民亦未寝，相与步于中庭。

生（出题员）：回答准确。第 5 题，月光照在院中，如水一般清明澄澈，水中水藻、荇菜交错纵横，原来是竹子和松柏的影子。

生 5：庭下如积水空明，水中藻、荇交横，盖竹柏影也。

生（出题员）：回答准确。第 6 题，只是缺少像我们两个这样清闲的人罢了。

生 6：但少闲人如吾两人耳。

生（出题员）：回答准确。

师：经过两轮挑战，同学们能否总结出把白话文翻译成文言文的方法呢？

学生各抒己见，PPT 总结展示

翻译标准：信、达、雅

翻译原则：直译为主，意译为辅

基本技巧：减字法、保留法、套用法、省略法、调序法、改写法

三、学以致用

师：同学们已经基本了解了把白话文翻译成文言文的方法与技巧，但是实践方能出真知。接下来，将开始我们本节课的第四关，运用学习目标中涉及的重点词语及句式，把一篇白话文翻译成文言文。（PPT 出示白话文文段及评价标准）

记游松风亭

我曾经寄居在惠州的嘉祐寺，有一天散步到松风亭下，觉得非常疲劳乏力，于是想要在这片树林里就地休息。抬头看见亭子仍在山顶，想着如何才能到达？

很久之后，忽然（对自己）说："这里为什么不能安睡呢？"哪个地方没有门窗？哪个地方没有亭子？只是缺少像我这样的闲思罢了。为什么会徘徊不前？原来是内心自我困扰啊。

评价标准：学习和运用"欲""户""念""遂""至""寝""步""但""耳"和"盖……也"判断句，用对每个词语或句式加10分，满分100分。

学生们开始翻译，老师随堂巡视并相机指导。翻译完毕，学生用平板拍照上传。

师：首先请同学们对照参考译文及评分标准自评打分。（PPT出示参考译文）

余尝居惠州嘉祐寺，一日步至松风亭下，甚觉疲乏，遂欲就林止息。望亭宇尚在山顶，念如何得到？良久忽曰："此间何不能安寝？"何处无户，何处无亭宇，但少闲思如吾者耳。何以徘徊？盖内心自困也。

生自评打分。教师统计各个分数段人数，并予以表扬和鼓励。

师：第一次尝试着把白话文翻译成文言文，同学们的表现给了老师一个大大的惊喜。接下来，我们来调取几份典型译文，开始互评。首先请海林同学展示自己的译文。

生读译文。

师：请大家按照评价标准，畅所欲言，帮海林同学完善自己的译文。

生1："安睡"要翻译成"安寝"，因为这篇文言文中"寝"的意思就是"睡觉"。

生2："只是"应翻译成"但"，这是一个很重要的词语，我们要识记好。

师：谢谢两位同学的补充，点评得非常到位，也请海林同学做好补充记录。接下来我们再看看俞同学的译文。

生读译文。

师：请大家按照评价标准，畅所欲言，帮俞同学完善自己的译文。

生："但少如吾般闲思耳"语序不恰当，应改为"但少闲思如吾者耳"。

师：同学们的修改意见非常全面，既涉及重点字词的解释，又注意到了句式的正确使用。通过一节课的学习，大家有什么收获呢？

生1：我学会了把白话文翻译成文言文，对我而言这是全新的一种学习文言文的方式，非常新奇且好玩。

生2：我感受到了苏轼的豁达与乐观，我要向他学习，遇到困难不能退缩，要调整心态，积极面对。

师：方法也好，心态也罢，我们从语文课上习得许多。诚然，苏轼的人生观值得我们好好学习，面对赤壁的滔滔江水，他豪迈奔放地说："大江东去，浪淘尽，千古风流人物"；面对青春的一去不复返，他积极乐观地说："谁道人生无再少，门前流水尚能西，休将白发唱黄鸡"；面对大自然的风吹雨打，他从容洒脱地说：

"谁怕？一蓑风雨任平生"。希望我们在以后的人生道路上也能如此淡然乐观地面对风风雨雨。最后，请齐读《假如生活欺骗了你》，结束本节课的学习。

生：齐读《假如生活欺骗了你》

师布置作业：修改自己的文言文翻译《记游松风亭》；推荐阅读苏轼《东坡志林》；林语堂《苏东坡传》；余秋雨《苏东坡突围》。

《记承天寺夜游》专家评析

郑文佳（珠海市名师）：如今弘扬大语文，主张"生本教育"，注重老师的引导作用，改变过去"老师讲，学生听"的单一模式，我们现在这个课题就是在解决这个问题。这个课题从字面上来讲是双向的，文言翻译成白话文，白话文再翻译成文言文。但是注意一下，在我们这个课题中，我们主要还是着力于白话文翻译成文言文。刘兵老师第一次执教课题实验课，我们也是边听课边学习。虽然是刚刚起步，但刘兵老师的课基本贯彻了对译课的"六字诀"，算得上一节规范的课题实验课，而且由于平板信息化教学的引入，课堂容量之大是传统课堂无法比拟的。但是，这节课我认为还有以下几点可改进。课堂引进了激励机制，最后有没有一个结果？学生分小组就座时应面对教师，有一半学生背对教师而坐，影响课堂的师生互动。还有一个问题，假如我们把传统文言文教学方式比作大众菜的话，那么我们的对译教学就是特色菜。这两种教学方式相辅相成，互相调剂，相得益彰。

赵美欢（珠海市金湾区名师）：本节课我认为是非常典型的一节文言对译课题实验课，刘兵老师第一次执教，从备课到磨课再到今天的上课，确实令我感叹后生可畏。结合本节课的学生表现，我认为课堂评价部分还可以再深入挖掘，自评、互评、师评、小组评，评价的目的就是为了激发学生的学习积极性。

黄定全（骨干教师）：今天是我第一次来到小林中学，这里给我的感觉是做得很大气，也做得很先进。录播、收音器、平板、智慧课堂，这些东西都做得非常齐全。今天听了刘老师的课，我看刘老师全程都在使用平板进行，而且操作也非常熟练了，基本上把学生的课堂表现都通过平板进行记录，这点我觉得是非常好的。我觉得有几点地方可以稍微改进。第一是是导入，既然我们有这么先进的设备，我们导入的时候是不是也可以播放关于苏轼的视频，更直观，会一下子抓住学生的兴趣点。第二个是口头抢答。由于学生是陌生的班，你想一下子调动大家的兴趣，可能有些难度。但是因为我们有那么方便的手段，有平板，甚至可以在平板上直接评价，那么老师在平板上面随机抽查，学生的兴奋点一下子就被点燃了。第三个环节就是评论环节，我看我们刘老师是设计了一个叫师生共评。那么利用平板能不能加进去学生点赞？你看人家的翻译怎么样，通过点赞和留言，实现生生互动。第四个点，我觉得我们的评分应及时公布，学生就会形成一个激励机制、竞争机制，提升学生的学习积极性。第五，我觉得有一个配乐朗读，教师可以随时拍摄小视频，通过网络上传到家长群，实现课堂上的家校互动。

汪福义（珠海市名师）：文白对译的课我也曾经执教过，感谢乐主任的指导，我还曾经在珠海市的现场赛课中有所斩获。今天听刘兵老师这节课，又给了我新的思考。互联网技术的支持扩大了课堂容量，课堂互动也更加活跃。但是，这节课给我的感觉还是老师讲得过多，如果能把课堂更多地交给学生，敢于放手，课堂将更精彩。

贺梅军（珠海市青年骨干教师）：语文的核心素养包括语言的建构与运用、思维的拓展与创新、审美的鉴赏与创造、文化的理解与传承。互联网技术支撑下的文白对译课堂更多是从语言与文化这两个角度来提升学生的核心素养，通过把白话文翻译成文言文落实文言字词与句式，改变了过去老师讲、学生记的传统模式，让学生在运用中理解与掌握文言知识。

乐晓华（珠海市名师）：大家都谈得很好，今天我就讲三个问题。第一个问题是文白对译教学的来源，在全国范围内有些地方虽然也做过，但是没有形成教学成果。

2010年，珠海市高中语文教研员容理诚老师倡导并提出文白对译，我跟他从2010年1月开始实践，到2013年12月，我们就基本上确立对译教学的侧重点，即通过练习来提高学生学习文言文的能力，来巩固实词、虚词与特殊句式，从而达到能够阅读古典文章的目标。

现在我们的语文老师在进行文言文教学时是讲一篇文言文，翻译成一篇白话文，学生就只懂这一篇文言文，老师没有讲的古文，他读不明白，反应不过来，所以这种教学是应试教育。我们就想通过这样一种训练，形成能力之后，学生就可以阅读其他的文言文。他虽然翻译不出来，但是看了文章之后，他能明白是什么意思，懂得作者的感情，这就是我们想达到的目的。

2013年，我主项的课题为：作新课程背景下的中学语文对译教学研究。从2013年开始，一直做到2016年，并作为区级的重点课题立项。当时有十七个老师参加，各个中学都有，课题实验老师成长很快，收获颇丰。如今，互联网信息技术与学科教学融合成为教改趋势，在这个背景下我又开始"基于互联网环境下文言文对译教学的实践与研究"课题研究。传统的文言文课堂教学，老师一句话一句话地翻译，一个字一个字地解释，学生就一句句话记下来。这种被动学习文言文的方式，只能把本篇文章搞懂，很难形成文言文的学习能力。所以我们的课题研究把白话文翻译成文言文，通过练习提升学生学习文言文的能力，这是有深厚的理论依据及实践证明的。这是我讲的第二点。

第三点对刘兵老师这堂课做个点评。我觉得这是一堂非常典型的基于互联网环境的文言文对译教学课，她的课堂教学是在互联网环境中开展的，同时对译教学的"六字诀"模式贯穿到了的课堂教学中。第一，贯彻了生本教育理念。生本教育理念，是华南师范大学的郭思乐教授提出来的，它体现在四个方面，以生命为本，就课堂教学而言，要关注学生，以学生的生命为本。学生来听你的课，参加你的课堂学习的，他们不是木头，而是有血有肉、有感情的人。学生的血液能不能沸腾起来，也就体现学习积极性是否调动起来，血液沸腾起来，学生就会专注于学习，积极性就高。去激发学生的生命力，是生本教育理念的一个核心。第二是课堂教学体现，以学生为中心。过去我们的课堂是以教师为中心，课堂到以教师讲为主，学生被动听。现在生本理念就提倡以学生为学习主体，要学生自主学习。第三就是高度尊重学生，一切为了学生。因为学生是课堂学习的主人，教师必须尊重学生。第四是师生关系和谐完美。现在我们课堂教学，有些教师跟学生有矛盾，是由于他没有理解生本教育的理念，跟学生和谐共处存，一起成长。刘兵老师整堂课从猜读导入到后面的朗读，以及到把文言文翻译成白话文，还有又把白话文翻成文言文，她的教学行为都是以学生为中心。这堂课刘兵老师完全能够贯彻对译教学"六字诀"模式导、读、译、练、用、结。各个环节衔接自然，由浅入深，学习目标逐步落实。这堂课的知识与能力达到了巩固与迁移。教学目标要求掌握九个实词和一个句式，这九个实词和句式在之前的文言文学习中已经学过了，接着要把白话文翻译成文言文，学生又学了一次。最后在用的环节，把一段白话文翻译成文言文，又进行实践运用，所以通过一而再再而三的反复训练，知识就巩固了。他在课堂上应用了互联网和信息教育技术。一个是使用平板进行教学。通过平板电脑来执教组织教学、来评价教学，课堂教学效率提高了。

另外这节课还有值得改进的地方。第一，朗读的方式方法可以更加灵活一点。我觉得在语文课堂上，没有朗读就没有语文教学。学生在读的过程中，通过文字理解、感悟文章内容。这是语文学科与其他学科教学不同的地方。这堂课的朗读我觉得还是少了一点，因为朗读是为学生理解文言词语、理解这篇文章所表达作者的人生观和人生态度打基础的。所以朗读还要灵活一点，除了配乐朗读之外，提倡个性化朗读。个性化阅读，他的思维就进入了文本。一进入文本学生就理解了，形象就呈现出来了。第二、老师还是要少讲，把课堂放心地交给学生。老师该讲的精讲，不该讲的，一句话都不讲。有人说，学生的好成绩不是老师教出来的，而是他自己学出来的，这个是有道理的，老师只是起一个组织学习、引导学习、纠错点拨的作用。老师最主要讲什么呢？最好评价多讲。评价。每个学习环节，学生的成功，你就大胆讲，要用最美的语言来赞美学生，进行激励评价。第三，训练的环节不够充分。文言文对译教学模式中，练是最重要的一个环节，包括以下七个流程：展示文段、朗读文段、出示练习要求与评价标准、学生练习、出示参考译文、自评打分、修改文段。自评打分一定要有所呈现，学生自评完，老师马上调查了解学生得分情况，调查完之后，老师要立即进行评价。老师最后组织学生修改译文，自我评价翻译的古文有没有文言文的韵味，有没有运用到重点字词和句式。第四，这节课学生的学习积极性还没有充分调动起来。说明在激励方面教师还没有完全运用好。

《陈太丘与友期行》课例

《陈太丘与友期行》教学设计

设计意图： 文言文教学一直是初中语文教学难点之所在，对于刚刚迈入系统学习文言文之路的初一的学生而言更是难上加难。传统的文言文教学一般是教师串讲，学生边听边记，师生缺乏互动，难以调动学生的学习积极性。本节课采取对译教学法，逆向思维，另辟蹊径，引导学生在文白对译中准确掌握并正确运用重点文言字词，并初步了解把文言文翻译成白话文的原则与方法，进而培养学生学习文言文的兴趣，提升学生阅读浅显文言文的能力。

教学目标： 1. 理解、学习和运用"期""舍""去""乃""至""尊君""君""家君""委""顾"等十个重点文言字词。

2. 结合课文内容学习古人的为人处世之道。

教学重难点： 准确掌握并正确运用特定的重点文言字词。

学习过程：

一、故事导入

播放视频《梁上君子》，学生听完故事畅谈感受。

二、诵读感知

（一）自读课文，读准字音：注意"不""哉""惭"的读音。

（二）齐读课文，读出停顿。

陈太丘 | 与友期行，期 | 日中，过中 | 不至，太丘 | 舍去，去后 | 乃至。元方 | 时年七岁，门外 | 戏。客问 | 元方："尊君 | 在不？"答曰："待君 | 久不至，已去。"友人 | 便怒曰："非人哉！与人 | 期行，相委 | 而去。"元方曰："君与家君 | 期日中。日中 | 不至，则是 | 无信；对子 | 骂父，则是 | 无礼。"

友人 | 惭，下车 | 引之，元方 | 入门不顾。

（三）演读课文，读出情感。

三、翻译课文

（一）学生自主翻译课文，并落实重点字词"期""舍""去""乃""至""尊君""君""家君""委""顾"的解释。

（二）学生成果展示与评价：课堂抢答。

（三）再次朗读课文，感悟文章中蕴含的为人处世之道。

四、对译训练

（一）学生自主翻译，把下列课内白话文还原成文言文。

陈太丘和朋友相约同行，约定在正午。过了正午朋友还没有到，陈太丘不再等候他而离开了，陈太丘离开后朋友才到。元方当时年龄七岁，在门外玩耍。陈太丘的朋友问元方："你的父亲在吗？"元方回答道："我父亲等了您很久您却还没有到，已经离开了。"友人便生气地说道："真不是人啊！和别人相约同行，却丢下别人先离开了。"元方说："您与我父亲约在正午，过了正午您还没到，就是不讲信用；对着孩子骂父亲，就是没有礼貌。"朋友感到很惭愧，下了车去拉元方的手，元方头也不回地走进家门。

（二）学生成果展示与评价：拍照上传，师生共评。

（三）总结文言文翻译成白话文的原则和方法。

五、学以致用

训练文本：

有一个郑国人去探望生病的朋友，相约在正午时分。正好遇到胡人攻打城池，友人说："我如今快死了，您可以离开。"郑国人不忍心丢下朋友，说："您父亲与我父亲就是朋友，我实在不忍心丢下你。"胡人到了，十分惊讶地说："整个城池都空了，唯独您为了朋友而留守，是真正男子汉呀！"郑国人才头也不回地进入朋友家门。

（一）请把以上课外白话文翻译成文言文，要注意运用学习目标中涉及到的文言实词"期""舍""去""乃""至""尊君""君""家君""委""顾"。

（二）教师出示训练要求与评价标准，学生当堂自主翻译。

（三）教师出示参考译文

（四）学生对照参考译文及评价标准自我评价。

（五）教师了解全班学生学习成果的自评结果

（六）拍照上传，全班交流，师生共评。

六、课堂小结

通过这节课的学习，你有什么收获？

七、布置作业

1. 巩固训练：修改自己的文言文翻译。

2. 推荐阅读：《世说新语》之《方正》篇。

《陈太丘与友期行》导学案

姓名＿＿＿＿＿＿＿＿＿＿　班级＿＿＿＿＿＿＿＿

学习目标：

1. 理解、学习和运用"期""舍""去""乃""至""尊君""君""家君""委""顾"等十个重点文言字词。

2. 结合课文内容，学习为人处世之道。

学习重难点：准确掌握并正确运用特定的文言词语。

学习过程：

陈太丘与友期行，期日中。过中不至，太丘舍去，去后乃至。元方时年七岁，门外戏。客问元方："尊君在不？"答曰："待君久不至，已去。"友人便怒："非人哉！与人期行，相委而去。"元方曰："君与家君期日中。日中不至，则是无信；对子骂父，则是无礼。"友人惭，下车引之。元方入门不顾。

1. 自读全文，把你认为读不准的字词圈出来，并把它们记录下来。

＿＿＿＿＿＿＿＿＿＿＿＿＿＿＿＿＿＿＿＿＿＿＿＿＿＿＿＿＿＿＿＿

2. 朗读课文，读出停顿，读出情感。

3. 解释以下加点词语。

（1）陈太丘与友期行，期日中。＿＿＿＿＿＿＿＿＿＿　＿＿＿＿＿＿＿＿＿＿

（2）过中不至，太丘舍去，去后乃至。

＿＿＿＿＿＿＿＿＿＿　＿＿＿＿＿＿＿＿＿＿　＿＿＿＿＿＿＿＿＿＿

（3）尊君在不？＿＿＿＿＿＿＿＿＿＿

（4）与人期行，相委而去。＿＿＿＿＿＿＿＿＿＿

（5）君与家君期日中。＿＿＿＿＿＿＿＿＿＿　＿＿＿＿＿＿＿＿＿＿

（6）元方入门不顾＿＿＿＿＿＿＿＿＿＿

4. 试着把《陈太丘与友期行》翻译成白话文。

课堂练习答题区域

一、

二、

《陈太丘与友期》教学实录

一、故事导入：

师：今天，我们要认识一个聪明机智的小朋友，比在座的同学还要小好几岁。在认识他之前，我们先一起听一个故事．

师生一起看视频故事。

师：看完视频，你有什么感受呢？

生：这个故事就是成语梁上君子的出处。

生：陈寔是一个宽容大度的人，他不但原谅了小偷，还赠送二匹绢给小偷。

师：那你们知道陈寔跟我们今天即将认识的小朋友是什么关系吗？

生：陈寔就是文中的陈太丘，他是元方的父亲。

师：你怎么知道的？

生：课下注释有说明。

师：说得很好，重视课下注释，是学习文言文的重要方法。这位同学已经掌握了，大家要向他学习。我们一起来读读课文的题目。

生齐读。

师：要注意停顿，"陈太丘/与友期"，再读一遍。

二、诵读感知

师：好，《陈太丘与友期》中讲了一个怎样的故事呢？请自读课文，要求"读准字音，读顺句子，读出停顿"。

学生自由朗读。

师：现在请一位同学来读读，其他同学做好点评的准备。

一生朗读。

生：这位同学翘舌音读得不太准，总体还可以。

生：有些地方停顿太长。

生：这位同学声音响亮，口齿清楚，读得很好。

师：我也觉得这位同学读得不错，特别是"不"字，他怎么读？

生齐声说：fǒu

师：为什么读"fǒu"？

生：它是个通假字，通"否"。

师：同学们在初一刚学文言文就知道了通假字，通哪个字，就读哪个字，很了不起！字音没有困难的了。我觉得，节奏方面要注意。你们觉得哪个句子的节奏难处理？

生："陈太丘与友期行"。

师：该怎么读，谁说说看？

生："陈太丘"后面停顿一下，"与友"后面停顿一下，"期行"一拍。

生：我认为"陈太丘与友"一拍，"期行"一拍。

师：很好，两位同学都对，只是一位分得细些，一位粗些。生："待君久不至"。

师：谁来读读。

一生读，师：噢，他是在"待君"后面停顿，同学们说对不对？生齐声答：对。

师：好，我们一起把这两句难读的读一读。

学生齐读。

师：现在请两位同学分角色演读课文，谁来试试？

两生上台分角色演读

师：感谢两位同学的精彩表演，请大家也评价一下。

生：元方的语气把握得很准确，读出了元方的不卑不亢。

生：友人的心理变化也能从表演读中感受到。

师：大家听得很认真，这就是演读的魅力，通过人物的表情、动作、语气，我们感知人物的内心。这就表明两位同学的分角色演读十分成功，掌声祝贺！

生鼓掌。

三、翻译课文

师：接下来，请大家利用注解或工具书，疏通文意，若有不懂的，在小组里讨论，讨论不了的，提到班级里集体讨论。要求养成圈点勾画的习惯。给重点词语加点，疑难句子画横线，并写上评注，疑难问题在旁边打个问号。请注意落实重点字词"期""舍""去""乃""至""尊君""君""家君""委""顾"的解释。

学生自主学习，小组讨论，气氛活跃。

师：好，请把你们遇到的疑难的字词句，提出来，大家一起探讨。

生："非人哉，与人期，相委而去"。

生：不是人啊，与人约好一起走的，却不再等待就走了。

师：你觉得这个句子中哪个地方难翻译？

生：本来是"相委而去"，因为注解中有了，所以是"非人哉"。

师：注解中有的，不一定就不难了。"委"是什么意思？"去"又是什么意思？

生："委"是丢下的意思，"去"是走了的意思。

生："去"是离开的意思。

师：还有疑难问题吗？

生："日中不至，则是无信；对子骂父，则是无礼"。

生：中午不到，就是没有信用；对孩子骂他的父亲，就是没有礼貌。

师：我认为你翻译时，还没有把省略的补充上去。你认为什么地方有省略？

生点点头。

师：请你再翻译一遍。

生：你中午没到，就是没有信用；你对着孩子骂他的父亲，就是没有礼貌。

师：很好。谁还有问题？

生："待君久不至，已去。"

生：我父亲等你，等了很久，你还没到，他已经离开了。

师：这位同学现学现用，把省略的都补充完整了。太了不起了！班级讨论很热烈，相信同学们都掌握得不错了，那么我们来玩一个抢答游戏，把下列文言文句子翻译成白话文，并注意落实加点字的解释，每句10分，以小组为单位抢答并记分。

第一句：陈太丘与友期行，期日中，加点字是"期"。

生："期"解释成"约定"。整句话翻译成，陈太丘与朋友相约同行，约定在正午时分。

师：十分准确，看来你的预习做得很到位。第二句：过中不至，太丘舍去，去后乃至。加点字是至、舍、去 、乃。

生：（友人）过了中午还没到，陈太丘便丢下（友人）离开了，（陈太丘）离开后（友人）才到达。

师：省略句补充得很完整。第三句：尊君在不？加点字是尊君。

生："尊君"解释成"您父亲"，对对方父亲的尊称。这句话翻译成：您父亲在家吗？

师：通过抢答，可以看出大家对重点字词和文章内容的把握都比较到位了，接下来我们再次朗读课文，感悟文章中蕴含的为人处世之道。

生朗读课文

师：你们感悟到了哪些为人处世之道呢？

生：做人要诚信。

生：与人约定要守时。

生：与人沟通要有礼貌。

师：为人处世之道，文本中显而易见。同学们是否想参与新的挑战呢？

四、对译训练

师：请同学们合上课本，把下列白话文篇章翻译成文言文。

PPT 出示白话文文本：

陈太丘和朋友相约同行，约定在正午。过了正午朋友还没有到，陈太丘不再等候他而离开了，陈太丘离开后朋友才到。元方当时年龄七岁，在门外玩耍。陈太丘的朋友问元方："你的父亲在吗？"元方回答道："我父亲等了您很久您却还没有到，已经离开了。"友人便生气地说道："真不是人啊！和别人相约同行，却丢下别人先离开了。"元方说："您与我父亲约在正午，过了正午您还没到，就是不讲信用；对着孩子骂父亲，就是没有礼貌。"朋友感到很惭愧，下了车去拉元方的手，元方头也不回地走进家门。

学生自主翻译完毕，拍照上传，师生共评。

师：我们一起看一篇问题比较多的译文，大家打开课本，对照课文，看看这段译文有什么问题？

生：有些句子不够通顺。

生：用词不太文雅。

师：问题，大家很快就发现了。记得之前跟大家分享过文言文翻译的原则，还记得吗？

生：信、达、雅。

师：白话文翻译成文言文，同样要遵循这样的原则。同时，我们可以采用减字法、保留法、省略法等方法，把白话文翻译成文言文。大家还想再把任务的难度升级吗？

生跃跃欲试。

五、学以致用

师：尝试着把下列课外白话文文段翻译成文言文，注意落实学习目标中涉及的重点字词。

PPT 出示白话文文本：

郑国人探病

有一个郑国人去探望生病的朋友，相约在正午时分。遇到胡人攻打城池，友人说："我如今快死了，您可以离开。"郑国人不忍心丢下朋友，说："您父亲与我父亲就是朋友，我实在不忍心丢下你。"胡人到了，十分惊讶地说："整个城池都空了，唯独您为了朋友而留守，真正男子汉呀！"郑国人才头也不回地走入朋友家门。

评价标准：学习和运用"期""君""去""舍""尊君""家君""委""至""乃"和"顾"，用对一个即加 10 分，满分 100 分。

生自主翻译，翻译完毕后小组讨论，推选小组内的最佳译文拍照上传。

师：已经有好几个小组上传完毕，大家的译文都很精彩啊，出乎我的意料。我们一起来看看这段译文，请小作者认领，并把自己的翻译成果大声读出来。

生：郑人探友人疾，期日中。值遇胡人攻城，友曰："吾今将逝矣。君请去。"郑人不忍舍其友，曰：尊君与家君乃友之，吾何忍委汝。胡至，大惊之，曰："空城之，唯君守之为友，大丈夫也。"郑人入门不顾。

师：大家对照评价标准，给这段译文评评分。

生：90 分。

师：为什么要扣 10 分呢？

生："值遇"语音重复；"大惊之，曰"可以改为"大惊曰"，更简洁。

师：为你的细致点赞。还有不同的意见吗？

生：我认为可以给 80 分。因为"尊君与家君乃友之"这句中，"之"的用法不正确，可删去。

师：大家都是火眼金睛，看出了很多问题。那么我们都回过头来看看自己的译文，对照老师的参考译文及评价标准，给自己打个分。

PPT 出示参考译文：

参考译文：郑人探疾

郑人探友人疾，期日中。值胡人攻城，友人曰："吾今将死矣，君请去。"郑人不忍舍之，曰："尊君与家君即为友，吾实不忍相委。"胡人至，大惊曰："一城尽空，独君为友而留，大丈夫也！"郑人乃入友人门而不顾。

师：我来统计一下，有信心拿满分的同学，请举个手？

生举手示意，老师统计。

师：能拿 90 分的呢？

生举手示意，老师统计。

师：能拿 80 分的呢？

生举手示意，老师统计。

师：能拿 70 分的呢？

生举手示意，老师统计。

师：能拿 60 分的呢？

生举手示意，老师统计。

师：大家完成的情况令我感到莫大的惊喜，其实文言文的学习并非那么枯燥，我们可要采取游戏升级的形式给文言文学习加点趣味，文白对译就是不错的游戏。

那通过本节课的学习，大家有什么收获呢？

生：我觉得文言文学习不再可怕，反而有点好玩。

生：我明白了文白对译是相互的，也克服了对文言文学习的恐惧感。

师：谢谢你们的分享，这就是这节课的目的所在。最后，让我们最书声琅琅中下课，大家一起朗读全文，会背的同学，试着背。

《陈太丘与友期行》专家评析

乐晓华（珠海市名师）：纵观刘老师这节课，深感授课者做了精心的准备，教学思路清晰，重点突出，对文白对译的课堂教学环节把握得较准确，并开动脑筋，有所创新。下面就简单谈谈令我印象深刻的两点。

一、以读促理解，诵读贯穿始终

初一的学生学习文言文，还是在积累打基础上，诵读教学不可忽视，整个课堂教学以诵读贯穿始终，每一次的朗读都有其不同的目的，朗读设计很有层次感。如：初读课文，教师让学生自由朗读，要求读准字音，读通课文，培养语感，并对文章有了初步印象；第二次再朗读。要求读出语气，重音，节奏。可以在小组内分角色朗读，也可以按组来读。第三次，译读课文，要求读懂文义，教师在引导学生了解故事情节后又提示学生可齐读或背诵，帮助学生更好地体会文章的主要内容与主旨。

二、教给学生学习的方法

"授人以鱼，不如授人以渔"，课堂上不仅要传授文化知识，更重要的是教给学生科学的学习方法。文白对译，对于学生克服学习文言文的恐惧，增强文言文学习的乐趣，大有裨益。老师热情鼓励学生大胆翻译，训练有梯度，把文言词句理解落到实处。

汪福义（珠海市名师）：刘老师这节课，是很成熟的文白对译课题示范课。学生的兴趣已经完全调动起来了，他们开始运用已有的知识储备，对课文有深入的思考，学生已经成为课堂的主体，课堂的气氛也是非常热烈的。

金培忠（珠海市名师）：这节课各教学环节紧凑，衔接自然，循序渐进，文白对译的六字诀贯穿始终。教师的评价也及时到位，对学生有很强的指导作用。如若能让学生之间的互评更充分，那就更好了。

郑文佳（珠海市名师）：现在的教师不能仅仅是个教书匠了，更应该成为一位教育家，对"人"的引导要比那些油墨铅字重要和有意义得多。无疑，刘老师这节课成功地做到了这一点。既教会学生对译的方法，又能在文本的反复朗读中引导学生做人，这就是一堂成功的语文课。

《得道多助，失道寡助》课例

《得道多助，失道寡助》教学设计

一、学习目标：

1. 朗读课文，疏通文义，积累文言词汇（道、城、郭、环、池、兵革、委、域、固、威、畔、君子）。

2. 反复诵读，理清文章思路，把握主旨。

3. 品味语言，正确理解"人和"的意义，学习做人的道理。

4. 学习文言对译方法，把文话文对译成文言文。

学习重点：理清文章思路，正确认识"人和"的意义。

学习难点：运用对译法则进行文白对译。

学习过程：

二、帘卷西风

1. 互动话题：唐僧为什么能成为西天取经小组里的领队？

2. 孟子及《孟子》介绍。

三、扶槛入门

1. 初读，正音，把握停顿。

2. 译读。

（1）请在原文中找出合适的文言词语替代下列白话文词语。

内城　　外城　　围　　护城河　　泛指武器装备　　放弃

离开　　所以　　使…安定下来　　巩固国防　　震慑　　施行仁政

173

极点　　父系亲属，内亲　　母系亲属，外亲　　　　背叛

（2）请把下列白话文句子对译成原文的文言文句子。

有利的天气、时令比不上地理上的有利条件，地理上的有利形势比不上人心所向、内部团结。

可是不能取胜，这是因为有利的天气、时令比不上地理上的有利形势啊。

（守城者）弃城而逃，这是因为有利的地理形势比不上人心所向、内部团结啊。

施行仁政的君主，帮助他的人就多，不行仁政的君主，帮助他的人就少。

凭借天下人都归顺他的条件，去攻打连兄弟骨肉都背叛的寡助之君，所以能行仁政的君主不战则已，战就一定能胜利。

四、冥然深味

1. 思考：文章讲了什么内容？

中心论点：天时不如地利，地利不如人和。

主旨：得道者多助，失道者寡助。

2. 齐读课文，体会本文的论证过程。

五、风起云涌

1. 生活中，你有没有遇到过"得道多助"或是"失道寡助"的事，说说你的故事。

2. 运用我们学过的文言词汇及文言语句，把你的小短文变成文言文。

附：文言对译法则。

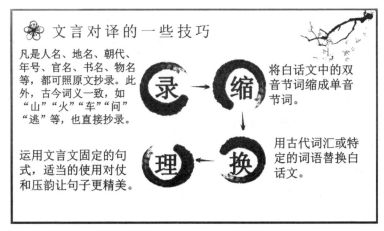

174

六、余间绕梁

1. 如果你的唐僧，你会如何组队去西天取经？

2. 看翻译，尝试背诵原文。

七、回眸之间

1. 背诵全文。

2. 查阅史料，整理历史上"得道多助，失道寡助"的战例，运用你所学知识进行分析归纳，并写下你的点滴感受。

《得道多助，失道寡助》导学案

第一部分 预习检测（60分）

一、关于孟子。（13分）

孟子，名_____。_____（时期）_____家、_____家、_____家、_____家，_____学派代表人物之一，被称为_____。治国主张是_____。其弟子共同编写出他的言论汇编《_____》，与《_____》《_____》《_____》合称为"四书"。

二、请在原文中找出合适的文言词语替代下列白话文词语。（32分）

1. 内城
2. 外城
3. 围

4. 护城河
5. 泛指武器装备

6. 放弃
7. 离开
8. 所以

9. 使…安定下来
10. 巩固国防

11. 震慑
12. 施行仁政
13. 极点

14. 父系亲属，内亲
15. 母系亲属，外亲
16. 背叛

三、请把下列白话文句子对译成原文的文言文句子。(15 分)

1. 有利的天气、时令比不上地理上的有利条件，地理上的有利形势比不上人心所向、内部团结。

_____

2. 可是不能取胜，这是因为有利的天气、时令比不上地理上的有利形势啊。

_____

3. （守城者）弃城而逃，这是因为有利的地理形势比不上人心所向、内部团结啊。

_____

4. 施行仁政的君主，帮助他的人就多，不行仁政的君主，帮助他的人就少。

_____

5. 凭借天下人都归顺他的条件，云攻打连兄弟骨肉都背叛的寡之君，所以能行仁政的君主不战则已，战就一定能胜利。

_____

_____

第二部分　堂上练习（40 分）

四、现实生活中，你有没有遇到过"得道多助"或是"失道寡助"的事？尝试把你的故事写成一篇小短文。(20 分)

														100					

200

300

附参考作文：

白话文：

孟子有一句话说：得道多助，失道寡助。我深有体会。

校运会报名的时候，班主任让我做负责人。李辉来报名，担心他拿不到名次不给他报名。班上其他同学对我的做法感到很奇怪，都认为应该给李辉机会。但我坚持我的意见，同学们都议论纷纷。我有点孤立无援的感觉，便向父亲求教，父亲告诉我，要给予别人重新表现的机会。于是我让李辉参加比赛。到比赛那天，全班的人都鼓励他。李辉也不负大家的期望，我们班终于取得了校运会的第一名。

这难道不就是"得道多助"吗？

文言文:

孟子有云:得道多助失道寡助。吾深谙之。

校运会报名时,班主任使吾为执事。辉欲报,恐其无名而拒。余人甚异之,皆以为应允之。吾之见,固也。众议纷纷。遂觉孤立无援,问于父。父曰:予人机会。于是使辉参赛。及赛日,众勉之。辉不负众望,终获冠军。

是不为"得道多助"乎?

《得道多助，失道寡助》教学实录

师：上课！

生1：起立！

生齐：老师好！

师：同学们好！请坐！

师：问大家一个问题：唐僧既不会打妖，人际关系处理得也不太好，手无缚鸡之力，为什么观音会选他做取经四人小组的领队？

‘生无人问答。’

师：如果我没有记错的话，唐僧一出场的时候都会做自我介绍："贫僧唐三藏，从东土大唐而来，去往西天拜佛取经。"从这句话可以发现什么问题？

生2：介绍自己。

师：他的自我介绍有几个方面的内容？

生3：从哪里来，到哪里去？

生4：姓名。

师：很好！说了三个内容：谁？从哪里来？到哪里去？从这里可以看来，唐僧是一个不会迷失自己，不忘初心，有明确方向的人，你们觉得观音选择唐僧有没有选择错误？

生齐：没有。

师：这样的人因为有明确的方向，所以能成为领队。在我们中国古代也有一个杰出的人物，他也有一套很不错的治国的方法，深得古代君主们热捧，他就是儒家学派代表人之一的孟子，也被称为叫"亚圣"。

谁给大家介绍一下孟子。（出示填空题）

生5：孟子，名轲，战国人，哲学家，思想家，政治家，教育家，儒家学派代表人物之一，他的治国主张是施行仁政。他的弟子把他的言论汇编成《孟子》，与《论语》《大学》《中庸》统称为"四书"。

师：答得真好！孟子的治国思想是施行仁政，其主要的核心是"人和"。今天我们就一起来学习孟子的"人和"思想。

（板书课题：得道多助　失道寡助　　　《孟子》）

师：请问，这个孟子的书名号能不能去掉？

生6：不可以，因为这篇文章并不是孟子写的，是他的弟子们整理他的言论而成的。

师：觉得很扎实，点赞！朱熹有句话，请大家齐读一遍。

（生齐读朱熹的话）

师：这句话是什么意思？

生7：书要多读，才能明白。

师：对，这是读书的第一层次。第二层次是什么？

生8：读熟之后再细细品味，然后才有收获。

师：很好！那我们先来熟读之。请哪位同学先来试读一下？

（生9朗读课文）

师：有没有读音问题？

生10：有，"夫环而攻之"的"夫"应该读第二声，这是一个句首发语词。

师：听得很仔细。我们一起来再读一遍。这是一篇讲治国方法的文章，所以我们在读的时候应该读得铿锵有力。准备好了吗？

生齐：准备好了！

（生齐读全文）

师：果然气势恢宏。读能读了，能读懂吗？

生齐：能！

师：很有信心，那我得考考大家。请从文中找出合适的文言词语代替下列白话文词语。谁先来？

（生11、12、13起来回答三组词语。）

师：果然都是有备而来的。那我加大点难度吧：请把下列白话文句子对译成原文的文言文句子。谁来挑战？

（生14、15、16、17、18对译五个句子）

师：好像都难不倒大家，看来大家在家的预习工作做得很扎实。（学生自信地笑了）那我们再来齐读课文，看还有哪些词句还有疑问的一会可以提出来。

（生齐读课文）

师：还有没有词句翻译方面问题？

生齐：没有！

师：好吧！如果还有问题欢迎私下提问。那现在我们来看下，这篇文章讲什么？

生19：得道多助，失道寡助。

师：你实在是太聪明了！（板书得道、失道）题目即是文章的主要内容或是主旨，所以你的答案是正确的。那我还想问下：得道与失道的主要原因是什么？

生20：人和。

师：回答太迅速了（板书：人和），"人和"是从什么经验中得出来的？

生21：天时不如地利，地利不如人和。

师：嗯，通过对比出来的。那么这个天时、地利、人和的关系是从哪个角度对比出来的？

（生思考）

生22：从战争的角度。

师：没错，从战争的角度而言，要打胜仗，我们要考虑天时、地利、人和的关系，这三者的关系来说什么是最重要的？

生齐：人和。

师：对的，人和。那"得道多助，失道寡助"又是从哪个角度来说的？

（生思考）

生23：从治理国家的角度。

师：很好。无论战争还是治理国家，都要人和。人和即多助，多助即得道。这样看来这篇文章是以什么表达方式为主的文章。

生24：议论。

师：对的，所以这是一篇……

生齐：议论文。

师：那么中心论点是什么？

生25：天时不如地利，地利不如人和。

（屏幕显示中心论点：天时不如地利，地利不如人和。）

师：那题目是属于什么内容？

生26：主要内容？

师：应该还有一个更恰当的词。

生27：主旨。

师：正确。

（屏幕显示主旨：得道多助，失道寡助。）

师：那么这篇文章我们已经理清楚了，现在我们再来把这篇文章齐读一遍，体会一下文章的论证思路。

生齐读课文。

师：论证思路清晰，可以帮助我们更好地背诵，所以我们记住先从战争的天时地利人和的关系说起，进而引入治国中人和意义，得出主旨：得道多助，失道寡助。最后再回到战争，得道的君主不战则已，战必能胜。这个得道与失道的故事是不是只适用于君主呢？对我们有没有什么指导意义？

生思考后答：有。

师：那我们小组讨论一下，举个你现实生活中"得道多助"或是"失道寡助"的事例。

（四人小组讨论）

生28：在打篮球的时候，即使我个人水平再高也好，如果没有同伴的互助互攻还是很难取胜的。

师：有道理，其实篮球就是一个合作的竞技，不单指篮球，还有足球，排球等等。

生29：一个班集体，如果每个人都自己顾自己，不团结协作的话，这个班级就不是一个优秀的班集体。

师：请问你是班干部吗？

生齐：他是班长！

师：哦，你是一个有想法的班长。那我想问下，你一般是通过怎样的方式让同学们团结起来的呢？

生29：就是什么活动都让尽量多的人一起参与。

师：嗯，这倒也是一个不错的方法，看来你还是一个智慧型的班长。让全体参与，从获得的成就感中去增强班级的凝集力。这也是"人和"的副作用。

生30：我们现在中国那么强大，其实也就是因为人和。如果每个省份都在闹独立的话，那中国的经济就不能发展，经济不能发展，国家就不能有强大的经济实力去发展军事，军事薄弱，就受别人欺负，那我们的国民就没有好日子过。

师：你都上升到国家去了！确实，无论是国家还是我们的小集体、小家庭，只有紧紧地团结在一个中心奋力向前行，才是最好的出路。这也就是人和。所以，不管战争还是治国更或是老百姓居家过日子，我们都要讲求"和"，比如说"和气生财"，还比如说"和谐社会"，所以孟子的这个"得道"的思想在现今来说还是意义深远的。其实我也写了一个"得道多助"的小故事，（教师出示小作文）但今天我们还有一个挑战要大家发挥"人和"的作用去完成的：你能不能用掌握的文言词句及简单的文言句式，把这篇白话小短文变成文言文呢？

（学生小骚动）

师：是不是觉得有难度？

生31：老师，太难了吧？

师：是有点难度，但不是说人和力量大吗？（笑）我告诉你们一些小方法，然后你们分组来完成，如何？要对自己有信心！

生齐：好！

（师展示文言对译小技巧）

师：文言对译有四个小法则：一是录。就是文中出现的人名、地名、时间、职位名称等，这个词语直接抄录。二是缩。把白话文中的双音节词语或是多音节词语变成单音节词。如"回忆"可直接说成……

生齐：忆。

师：对。三是替。用我们尝过的一些文言词汇来代替白话文中的词语。如，我们可以把"曾经"用什么词替换？

生齐：尝。

师：很好，这里就要考大家对文言词汇的积累了。最后一个方法就是理。这是最高级的运用。怎么个理法，主要从句式的角度而言，文言文有几个常用句式。

生31：判断句式，反问句式，倒装句式，省略句式。

师：对，他们有没有一些标志性的词？

生32：……者……也，是判断句式的标志。

师：正确。

生33：反问句式有语气词在后面。

师：比如说？

生33：乎，哉等。

师：其实反问句式在前面还会有一些表示反问的词。

生34：岂。

师：对，很好！省略句就好办了，省去前文有的主语或是介词等。还有一

个就是倒装句。倒装句一般会把强调的对象放在前面。比如"甚矣，汝之
不惠！"

师：调的方法还有一个方法就是在句子中加入一些文言虚词"之乎者也"，
让文言文读起来更有文言味道。

（生思考沉默）

师：因为我们是第一次做这事，所以大家也不需要有太多的压力，主要运
用前三个完成，第四种方式不需要细究。现在给大家十分钟时间，分组讨论
完成。

（学生分组完成文白对译，教师巡视解疑）

师：时间差不多了，我看大部分同学已经完成，我们分句子请同学来完成
如何？

生35：孟子曰：得道多助，失道寡助。吾深体之。

师：体会，就是理解之后有感悟的意思，我们有没有学过有词语可以代
替它？

生36：感，吾深感之。

师：这个"感"可以。其实我还想到一个词："江南好，风景旧曾谙"的
"谙"字，也是表达熟悉的意识。下一句？

生37：班主任令吾为运动会负责人。

师：班主任、运动会是职位及活动名称，我们可以直接抄录，但这个负责
人，我们在《孙权劝学》里倒是有一个合适的词语可以替换。

生38：掌事。

师：反应真快，这个词语选得好！班主任令吾为运动会掌事。下一句。

生39：辉欲报名，吾忧其不得奖，拒之。

师：欲，忧，拒这三个词用得很准确，用之替代人名，有文言味儿。

生40：同学异，皆以为不可，而吾仍坚持，众议纷纷。

师：异字，用的意动用法，对吧？

生40：是的，对这件事感觉奇怪。

师：不错。

生41：孤立无援，又问于父，父曰：与人机会。

师："与"用得好，用了倒装句。下一句？

生42：遂应辉。至赛时，全班鼓之。

师：应字前面用了，能不能换一个词？

生 43：答应，可以用允许的允吗？

师：可以，允也有应允的意思。

生 43：那可以改为"遂允辉"。

师：这句我也喜欢，用之字替代人名。下一句？

生 44：辉不负众望，而吾终得获第一。

师：可以。下一句？

生 45：岂不为"得道多助"乎？

师：反问句式用得不错！好像也不太能难倒大家是吧？

生齐：因为"得道多助"呀！（学生笑）

师：还会学以致用了！（笑）其实更重要的是大家的词汇积累丰富，这跟大家平时的努力是分不开的。继续加油，待明年夏至，汝等皆可文言作文应考矣！

生笑：好！

师：既然大家的词汇都很熟了，要不再来考考大家，如何？

生 46：随便考！（生大笑）

师：我给出《得道多助，失道寡助》的翻译作为提示，你们可以看着翻译把原文背下来吗？

部分学生回答：应该可以。

师：没关系，会的同学大声点，不会的同学小声点。

生大笑。

（教师分段出示课文翻译，学生尝试背诵。）

师：还不错，是不是已经有人已经在课前已经背过这篇文章了？

生笑不语。

师：走到老师前面学习的就是学霸，看来我们班学霸不少。好了这节课学到这里就结束了。最后还想问大家一个问题：如果你的唐僧，让你选择队员，你会选择三个都是孙悟空，还是会选择孙悟空、猪八戒、沙僧这个组合？

生 47：选原有的组合。

师：为什么？

生 47：每个人都有优点与缺点，我们不能只看到别人的缺点也忽视别人的优点。

师：那用三个孙悟空，优点更突出，团队不是更强吗？

生 48：不对，一个团队里不能都是强者，团队成员需要互补。

师：例子举得不错。团队里更讲求的是协作，但这种协作还是有分层次的，每个团队每个人各司其职，这样的团队才能和谐，才能"人和"。今天的课相信大家应该有不少收获。今晚的作业：背诵全文，再上网搜集中国古代战场中靠"人和"以少胜多的战役，试分析他们的异同之处。下课！

　　生49：起立！

　　生齐：老师辛苦了！

　　师：同学们辛苦了！再见！

《得道多助，失道寡助》专家评析

乐晓华（珠海市名师）：

叶梅老师是一位有教育思想的老师，教学基本功扎实，课堂把控能力强，目标明确，过程紧紧围绕目标进行施教，过程扎实可控，每个环节起承转合，层次分明，环环紧扣，层层深入。教学内容的选择符合教学目标的要求，对于"文言对译教学"这一内容有自己清晰的认识，还有自己的思考与变革，方法灵活，效果良好，一堂课下来，学生的文言能力有所提升。

一、对于"文言对译"的"六字诀"教学模式运用熟练

叶老师不仅对教学模式运用熟练，还进行了一定创新，把六字诀转变成"帘卷西风、扶槛入门、冥然深味、风起云涌、余音绕梁、回眸之间"六个板块，富有文言气息，创设了文言氛围。使得教学模式更加灵活起来，达到了"循法而入，破法而出"的效果。

二、重视文言词汇的学习积累与运用

从词汇的积累到文言词汇的运用，在这节课中，叶老师采用了逆向思维的方式，让学生直接把白话文词汇与白话文句子对译成文中的文言词汇或是句子。在课堂练习环节中符合学生学习实际，先让学生用白话文写作，再利用已有的文言词汇及文言句式把所写白话文对译成文言文。这样的训练是扎实有效的。

三、重视思想政治教育

本文从治国的道理引导学生做人的道理，让学生充分认识了解"人和"的意义的基础上思考其现实意义。再通过写作短文的方式让学生加以深入理解，

活学活用，对学生有具体的人生指导意义。

郑文佳（珠海市名师）：叶老师的课符合文言对译课题的"六字诀模式"，并在对译练习的环节设计学生自编文章来对译，这种发展方向对课题的发展有启发作用，可作为参考；在对译过程中总结对译四字法则：录、缩、换、理，对学生有很大引导作用，能确实帮助学生进行文白对译；人文思想突出，文言文的学习除了字词句的积累学习外，更要关注于文学思想，还有人文因素。惟这节课课堂容量稍大，不适于一般学生的学习。

《陋室铭》课例

《陋室铭》教学设计

教学目标：

1. 知识与能力：掌握文言词汇：名，斯，馨，鸿儒，白丁，乱，劳，并能熟练运用。掌握文言倒装句式：何陋之有？背诵全文。

2. 过程与方法：采用自主学习与合作探究的方式进行文言对译学习，利用已掌握文言词汇进行简单的文言文的创作。

3. 情感态度与价值观：感知文言文简洁准确语言魅力，感受古代文人不惟物质，精神至上的生活态度。

教学重点：

1. 掌握文言词汇：名，斯，馨，鸿儒，白丁，乱，劳，并能熟练运用。掌握文言倒装句式：何陋之有？背诵全文。

2. 感知文言文简洁准确语言魅力，感受古代文人不惟物质，精神至上的生活态度。

教学难点：

1. 利用已掌握文言词汇进行简单的文言文的创作。

2. 感知文言文简洁准确语言魅力，感受古代文人不惟物质，精神至上的生活态度。

学习过程：

一、简单导入

今天我们用一种新的方式来学习文言文，希望这种方式能让大家更喜欢这类文章。

二、自主学习

（一）朗读，注意字音与节奏。

（二）自读课文，利用注释自行疏通文义。

（三）分组交流，解决疑难。

（四）关键词句翻译。

（五）翻译全文。

（六）将白话文，翻译成文言文。

山不一定要高，有仙人（居住）就有名；水不一定要深，有龙（居住）就有灵气了。这是一间简陋的房子，只是"我"品德高尚（所以就不觉得简陋了）。苔藓碧绿，长到台阶上，草色青葱，映入帘子里。说说笑笑的是学问渊博者，来来往往的没有粗鄙的人。可以弹奏素朴的古琴，浏览珍贵的佛经。没有（嘈杂的）音乐扰乱耳朵，没有（成堆的）公文劳累身心。（它好比）南阳诸葛亮的草庐，西蜀扬雄的玄亭。孔子说：有什么简陋的呢？

三、学以致用

文言文记载了中华古国几千年的灿烂文明，是我们中华民族文化遗产的一棵璀璨明珠，中华文化得以传承，文言文功不可没，是我们民族语言的根基。她以文质兼美而内涵丰富受到现代人的青睐。我们现在惯用的一句话："我也小伙伴都惊呆了！"如果翻译成文言文是"吾与友皆愕然！"这样一来，流行语瞬间高大上起来了。今天我们也来尝试一下创造这种典雅、简洁而又内涵丰富的文章。

出示文字完成文白对译：

荒园铭（白话文）

道路不一定要深远，只要清幽就可取胜，桥梁不一定要很长，只要有景色必然出名。这是一座荒园，只是我的品德高尚（就不觉得荒凉了）。嫩绿的蒿草给瓦铺上了绿毯，野草将帘子映得碧绿。闲聊时有知识渊博的人，来往的没有粗鄙的人。可以描画竹子的影子，诵读古今经典。没有繁琐的事务（繁文）扰乱精神，没有多余的礼节（缛节）劳累身心。纵然有千千万万的花朵，仍然敌不过这满园的荒草。心里感到很愉悦：怎么会觉得荒呢！

荒园铭（文言文）

路不在深，以幽取胜，桥不在长，有景则名。斯是荒园，惟吾德馨，嫩蒿上瓦绿，野草入帘青，闲聊有鸿儒，往来无白丁。可以描竹影，诵古今。无繁文之伤神，无缛节之劳心。纵然花千束，不敌荒园情。心悦之：何荒之有！

四、拓展训练

看了这些"铭"，你能否借鉴他们的写法写一篇仿作？

要求：1. 为自己要仿写的内容选定标题，如"电脑铭""考试铭""课室铭"等等；

2. 仿写练笔的句式要基本相同，并尝试用韵；

3. 尝试使用本课关键词汇：名，斯，馨，鸿儒，白丁，乱，劳等。以及本课倒装句式。

4. 主题明确，表达自己的某种追求。

五、本课小结

文言如陈酒，越品越香，文言的魅力势不可挡，这是我们应该努力去传承的瑰宝。希望今天在这里点起这股"最炫文言风"能吹过汝等心田，且看大家如何成就文艺新青年。

《陋室铭》导学案

课前预习：

学生观看微课视频，按微课视频中教师的辅导内容进行课前预习。完成以下题目。

一、作家作品（填空）。

本文作者是_____，_____（朝代）著名_____家，_____。铭是一种 _____ 的文字，后来成为文体，这种文体一般都 _____ 。

二、积累词汇：再读课文，圈点勾画出难词难句，并解释以下加点字词。

（一）古今异义。

1. 惟吾德馨 _____

2. 无案牍之劳形 _____

（二）一词多义

无案牍之劳形 _____

何陋之有 _____

（三）词类活用。

1. 有仙则名 _____

2. 有龙则灵 _____

3. 无丝竹之乱耳 _____

4. 无案牍之劳形 _____

三、口头翻译：结合课文下面的注释，并借助字典等工具书，口头试译课文。

课中学习：

四、结合课下注释，借助工具书，把《陋室铭》翻译成白话文。

_____

_____

_____

_____

五、问题研讨：结合课文思考并回答下列问题（小组合作学习，研讨问题）。

1. 本文通篇押韵，请找出押韵的字及韵脚是什么？

答：_____

_____

2. 文章分别从哪几个方面来写陋室？请从文中找出相关语句并用四字词语概括陋室的特点。

答：_____

_____

3. "南阳诸葛庐，西蜀子云亭"与作者的陋室有什么关系？文末引用孔子的话有什么作用？

答：_____

_____

六、主旨理解

1. 本文通过赞扬_____，表达了作者_____、_____的愿望和_____的生活情趣。文章这种写法叫_____。

《陋室铭》教学实录

师：上课，同学们好！

生：老师好！

师：请坐。今天我们来学习一篇文章《陋室铭》（示题），尝试用一种与往常不同的方式来学习，希望大家有所收获。

师：请大家翻开课堂 169 页。《陋室铭》作者刘禹锡。字梦得，唐代著名文学家，洛阳（现在属河南省）人，诗人。关心社会实，忧国忧民。大家可把课本下面的注释划出来，并记住他。像这样的忧国忧民的人物，我们还接触过哪些人呢？

生：习近平。

生：胡锦涛。

生：温家宝。

师：大家列举的都是我们国家当代的领导人物，他们确实是我们中华民族的楷模。那古代这样的人物你还认识哪些人呢？

生：杜甫。

生：白居易。

生：陆游。

师：太好了，请问你们是从哪里了解到他们的忧国忧民的情怀的呢？

生：从他们的文章、诗歌里面看到的。

师：你能举例吗？

生："死去元知万事空，但悲不见九州同。"是陆游临终前写给儿子的一首诗《示儿》中的句子。由这个句子可以看来出，作者直至生命终止都依然牵挂着国家的命运。

师：你的积累很丰富。陆游是这样的人，我们今天所学这篇文章的作者刘禹锡也是这样的人，综观中国发展史，有无数像陆游这样的人物，他们撑起了中华民族的灿烂的五千年的文化。

师：今天我们学习刘禹锡的一篇文章（出示文章）请大家对照老师给出的节奏将文章自读一遍，要求是读准字音与节奏。

学生自由朗读课文。

师：有没有字词障碍？

生：没有。

师：那我们一齐来把这篇文章朗读一遍，注意读准字音与节奏。《陋室铭》，刘禹锡，起。

生齐读课文。

师：读得很整齐，声音不大，但吐字清晰。那么这篇文章讲得是什么内容呢？下面请同学们拿出笔，参照注释，将这篇文章再细读一遍，要求在读的过程中把这篇文章的字词句翻译解决。先花五分钟独立完成，把有困难的地方标示出来，一会儿分组进行讨论。现在开始。

学生按要求独立完成课文疏通，教师巡视。

师：完成的同学请举手。

学生举手。

师：完成的差不多。现在前后四个人为一个小组，将刚才自学过程中的疑难问题拿出来来分组讨论，时间是五分钟。现在开始。如果小组内仍然不能统一意见可以举手示意。

学生分组开展讨论，教师巡视帮助解决疑难。

师：讨论结束。都完成任务了吗？

生：完成。

师：很好，那我要检测一下你们的学习成果。（出示重点词语）解释下列词语，知道的同学举手回答。

学生抢答词语的翻译。

师：好，非常棒。接下来，难度要增加了哦。请大家根据屏幕所显示的这些关键词语的解释将文章翻译一遍。给大家1分钟时间准备一下。

学生准备翻译全文。

师：哪位同学想来尝试一下？

生：山不在于有多高，有仙人就出名了。水不在于有多深，有了龙就显得很灵异了。这是一间简陋的屋子啊，屋子的主人品德高尚就不觉得简陋了。苔藓碧绿，长到台阶上，草色青葱，映入帘子。谈笑的都是博学的人，来往的没有平民。可以调调琴，看看佛书。没有嘈杂的音乐声扰乱耳朵，没有公文劳累身体。南阳诸葛亮的草庐，西蜀扬子云的亭子，孔子说，这有什么简陋的呢？

师：对于这位同学的勇气，以及他翻译的流畅程度，这个地方应该有点掌声。

学生鼓掌。

师：有没有问题呢？

生沉默。

师：斯是陋室，惟吾德馨。这个"惟吾"什么意思？

生：只是我。

师：刚才这位同学有没有翻译出来呢？

生：没有。

师：那这句话应该怎样翻译呢？

生：只是我的品德高尚就不觉得简陋了。

师：正确。这也是需要大家在翻译的时候特别注意的问题，一定要确保没有遗漏。老师也做了一个翻译，大家一起来读读。（展示译文）

生齐读译文。

师：这篇文章看起来有点简单哦，大家好像有点轻松，要不再来点难度？请大家把书本合上，看着屏幕上显示的译文，看能否将这个译文还原成文言文，看谁做得最快？

学生将译文翻译成文言文。

师：谁先来尝试一下呢？

生：山不在高，有仙则名，水不在深，有龙则灵。斯是陋室，惟吾德馨。苔痕上阶绿，草色入帘青。谈笑有鸿儒，往来无白丁。可以弹素琴，阅金经。无丝竹之乱耳，无案牍之劳形。南阳诸葛庐，西蜀子云亭。孔子云：何陋之有？

师：很快！有一个问题：可以弹奏素朴的古琴，翻译成文言文的时候，你是这样翻译的：可以谈素琴。请你打开书本，书上是怎么说的？

生：可以调素琴。

师：好，请坐。大家来看看这两个词，应该用弹好些，还是用调好些呢？

生：调。

师：为什么？

生：调是调弄的意思。

师：非常好，调，除了弹奏的意思外，还有拨弄的意思，更符合作者的意思，所以用调。

大家做得非常好。屏幕上所显示的其实是我们平时说话的方式而写出来的文章，而原文叫作文言文。那么这两种文章有怎样的区别呢？（屏显）请大家一起来把这段话朗读一遍。

学生齐读。

师：我与小伙伴们都惊呆了！你们经常说这么一句话吗？

生：（笑）说。

师：那如果我把这句话改变一种方式，请用文言文的方式把这句话再说一遍。

生：吾与友……

师：惊呆了，可以用一个词来代替：愕然。学过吗？

生：学过。

师：那整句连起来怎么说？

生：吾与友皆愕然！

师：非常棒！对比刚才那句：我与小伙伴们都惊呆了！你有怎样的感觉？

生：高大上。

师：这个词用得好！高大上，本来很通俗的语言立马高大上起来了。既然作为中国人，文言文是我们中华民族文化的瑰宝，那么高大上的表达，我们是不是应该学起来，把这颗耀眼的明珠传承下去呢？

今天老师仿照《陋室铭》也写了一篇文章（屏显《荒园铭》），大家读读这篇文章，能否用上今天我们所学的文言词汇，仿照《陋室铭》的句式特征把这篇《荒园铭》翻译成文言文。可能会有点难度，但大家可以尝试一下，有能力的可以独立完成，觉得难度较大的可以四个人组成一个小组，共同讨论完成。

学生分组完成《荒园铭》对译。教师巡视帮助。

师生分句点名回答完成《荒园铭》对译（略）

师：其实你们觉得很困难的一件事，是不是在大家的努力下共同完成了？

生：是。

师：好，看下屏幕的对译。

教师朗读《荒园铭》文言文版。

师：对比一下白话文版，文言文是不是显得格调高雅了许多？

生：是。

师：我们现在说的是白话文，写的也是白话文，既然我们学习了文言文，我们是不是也来玩点高大上，玩点小文艺，也尝试一下用文言文搞点新意思呢？有没有兴趣试试？

生：有意思。

生：很难吧。

师：不试怎么知道呢？千里之行，始于足下，不走怎么知道风景如何呢？给点信心给自己，行不行？

生：行！

师：（屏显）我们也来写一篇这样的文章。要求是：1. 为自己要仿写的内容选定标题，如"电脑铭""考试铭""课室铭"等等；2. 仿写练笔的句式要基本相同，并尝试用韵；3. 尝试使用本课关键词汇：名，斯，馨，鸿儒，白丁，乱，劳等。以及本课倒装句式。4. 主题明确，表达自己的某种追求。

如果你觉得能独立完成鼓励独立完成，如果你信心不足可以跟你的伙伴们一起来完成。现在开始，时间是 10 分钟。

学生开始写作，教师巡视，提供帮助。

师：我们来欣赏一下同学们的大作。（略）

师：文言如陈酒，越品越香，文言的魅力势不可挡，这是我们应该努力去传承的瑰宝。希望今天在这里点燃的这股"最炫文言风"能吹过汝等心田，且看大家如何成就文艺新青年。

我们今天的课就上到这里，下课！

生：谢谢老师！老师再见！

师：同学们再见！

《陋室铭》专家评析

乐晓华（珠海市名师）：

1. 精心设计课堂教学。

科学合理设计是教学成功的重要保障。本课教学的设计符合学生的认知规律，教学过程设计、有导入，能激发学生兴趣；有自主学习，让学生充分自主学习；有学以致用；提升能力。整个教学过程层次清楚，环环相扣，自然深入。

2. 重视朗读教学。

语文教学有名名言：没有朗读就没有语文教学。本堂课通过《陋室铭》这篇课文的朗读，使学生熟悉课文的内容，进而理解每一句话的含义，为下一步的翻译打下基础。朗读教学比较到位。

3. 自主学习活动组织得比较好。

目前新课程改革的目标任务是要转变教学方式和学习方式，其实就是要培养学生的自主学习能力。新课程改革已经十年，但学生的自主学习没有办法落实，学生的学习还停留在听课、记录老师的讲课内容层面。因此，这节课在转变教学方式方面做了一个很好的示范。

自主学习注重层次，整个自主学习的过程让学生动脑、动手，不但提高教学效率，培养了学生自学能力，而且发展于学生的思维能力和创造能力。

4. 巧妙地运用文言对译教学法，把理论与实践有机结合起来。

首先，将现代文翻译成文言文，这在学生没有通过很好训练的前提下，老师通过这样的方式起到一定的示范作用，没有增加学生难度。其次，在学生完成的基础上再将老师仿写的白话文翻译成文言文，难度有所提升，进一步锻炼了学生的创造能力。最后，再来一个原文的仿写训练。教师在这三个环节中巧妙运用了对译教学法，将学生文言阅读的能力提升。

5. 教学风格沉稳，善于激发调动学生兴趣。

课堂组织有序，教学环节层层推进；课堂掌控能力较强，课堂气氛良好；学生的学习兴趣及积极性被调动起来；在课堂上一直在激发学生学习文言文的兴趣，尤其提出的"最炫文言风"的概念，让学生多体会多感受文言文的魅力，顺应时代的要求，与实际相结合，让课堂更贴近学生生活。

郑文佳（珠海市名师）：

1. 本课采用"自主合作探究"的学习方式，突出学生的自主学习和发挥小组合作学习功能，让学生动起来，符合学生性格和认知特点，学生的学习积极主动性得到了有效的发挥。

2. 教师的课堂驾驭能力非常强，既能放手让学生自主学习，又能及时抓住问题关键点，如"惟吾"如何解释，关键字词的使用："调素琴"为何用"调"而不用"弹"等，有的放矢地进行有效教学，做到收放自如。

3. 课堂的"学以致用"环节能紧扣学生的学习生活。文言文本属古代文章，本无现代生活气息。该师巧妙地在课堂中插入现代网络流行语如"我与小伙伴们都惊呆了！"进行文言对译，让枯燥的文言教学注入现代元素，贴近学生现实生活，提高了学生学习的兴趣，同时对课堂教学层层深入开展的起到过渡作用。

金培忠（珠海市名师）：

1. 本课能抓住学习文言文的特点来组织教学。首先，利用识记诵读等方式来积累文言词汇和文言句式的理解，这是文言文的基础。其次，利用文言文学习的普遍规律来组织教学，先导激趣，然后有序安排学—用—仿三个环节，层层深入。再次，本课实施过程中非常注重衔接过渡。特别是"自主学习"这个环节，为本课亮点所在，既突出学生的主体地位，符合课改要求，同时在培养学生的文言学习能力方面起了很好的导向作用。

2. 本课非常注重学生文言文的探究性和创造性能力的培养，这跟我们课题的主导性是一致的。特别体现在"学以致用"环节方面，有效地培养了的学生文言的探究能力与创新能力。首先将原文（文言文）翻译成白话文，这是对学生文言文学习的一般方法；其次将仿文（白话文）翻译成文言，便是培养创新能力的具体体现，也是对语言运用的回归。将《荒园铭》对译成文言文不仅是学生在老师引导下的对文言文的一种探究性学习，同时教师在创作本文的过程也是一种探究性的学习过程；最后，教师还要求学生仿照原文（文言文）创造文言文，这便是本课题的研究前景目标了。

3. 注重培养学生的审美体验。本课的仿文分别为《荒园铭》，从文章本身而言是对原文《陋室铭》文本的回归，用"荒园"呼应"陋室"更是对学生传输古代文人不过分追求物质享受，而追求精神愉悦的心灵体会的信息，这本身就是学生审美体验的过程。再有"铭"这种文体，教师并未过多地解释其枯燥的形式与意义，而是通过《荒园铭》的创造与对译，让学生慢慢地从文字中去感受体会所谓的"铭"这种文体所表达的意味，让学生在对文本的回归过程中慢慢地体会，这也是对学生进行潜移默化的美的熏陶，这也是本课设计的精妙之处。

《马说》课例

《马说》教学设计

教学目标：

1. 了解和积累作家作品文学常识性知识：韩愈、"说"的体裁等；

2. 学习积累文言实词和虚词

3. 梳理课文中的文言知识现象：如一词多义、古今异义词、通假字、词类活用、重点句式等。

4. 理解文章内容与主旨，学习托物寓意的写法。

教学重点：目标1、2、3。

教学难点：目标4。

课时安排：1课时（基础知识前置学习——"翻转课堂"）

学习过程：

一、导入

从"马"字的"象形"文字变化过程导入（着眼于汉字的"文化"价值）：

二、翻转课堂（前置基础学习内容）：

（录小视频课前推送到学生终端；或印刷学案发放给学生提前做题）

三、课堂检测——归纳梳理文言知识现象

（一）学好文言文，首先要在学习文言文过程中加强文言实词及虚词的积累。

世有伯乐，然后有千里马。千里马常有，而伯乐不常有。故虽有名马，祇

（　　　）辱（　　　　）于奴隶人之手，骈（　　　　　）死于槽枥之间，不以千里称
（　　　）也。

马之千里者，一食或（　　　）尽粟（　　　　）一石。食马者不知其能千里
而食也。是马也，虽有千里之能，食不饱，力不足，才美不外见（　　　），且欲
（　　　）与常马等（　　　　）不可得，安（　　　）求其能千里也？

策之不以其道（　　　　），食之不能尽其材，鸣之而不能通其意，执策而临
（　　　）之，曰："天下无马！"呜呼！其（　　　）真无马邪？其（　　　）真
不知马也！

（二）学好文言文，要梳理文言文中特殊的"文言知识"。

1. 一词多义

（1）常：而伯乐不常有（　　　　　　）；且欲与常马等不可得（　　　　　　）

（2）虽：故虽有名马（　　　　　）；虽有千里之能（　　　　）

（3）以：不易千里称也（　　　　）；策之不以其道（　　　　　）

（4）尽：一食或尽粟一石（　　　　）；食之不能尽其材（　　　　）

（5）策：策之不以其道（　　　　）；执策而临之（　　　　）

2. 古今异义词：

策：执策而临之；——古义（　　　　），今义（　　　　　　）

3. 通假字：

食：食马者不知其能千里而食也（"食"通＿＿＿＿意思是＿＿＿＿）

见：才美不外见（"见"通＿＿＿＿意思是＿＿＿＿）

材：食之不能尽其材（"材"通＿＿＿＿意思是＿＿＿）

邪：其真无马邪（"邪"通＿＿＿＿意思是＿＿＿＿＿）

4. 词类活用：

称：不以千里称也（＿＿＿词作＿＿＿词，意思是＿＿＿＿）

策：策之不以其道（＿＿＿词作＿＿＿词，意思是＿＿＿＿）

千里：食马者不知其能千里而食也（＿＿词作＿＿词，意思是＿＿＿＿＿）

5. 重点句式：

倒装句：A. 定语后置：马之千里者 = 千里之马者；

B. 副词前置：且欲与常马等不可得 = 欲与常马等且不可得

反问句：A. 安求其能千里也？

B. 其真无马邪？

四、说文解字——追根溯源（要学好文言文，要懂得"追根溯源"）

师：同学们知道我们汉字的造字方法吗？

生（预设）：不知道。

师：我们汉字有六种造字法：象形、指事、形声、会意、假借、转注，其中主要以前四种造字法为主。现代 7000 个通用汉字中，形声字占 80% 以上。形声字由两部份组成：形旁（又称"义符"）和声旁（又称"音符"），因此要理解词义我们可从汉字的"音""形"造字构成来帮助我们理解词义。

1. 骈

（1）构成：骈，篆文 𩤳 = 𢒉（馬）+ 𢎝（并，相连）。

造字本义：动词，两匹马同时拉一辆马车。

（2）字体演变：

（3）《说文解字》：骈，驾二马也。从馬，并聲。

白话版《说文解字》：骈，二马并驾。马为形旁，并作声旁。

（4）引申义：一起。

骈死于槽枥之间（骈：一起）

2. 粟

（1）构成：粟，甲骨文 𣎴 是象形字：像一株庄稼 𣎴 长满籽实 ∵。古字形 𥝲 = 𠧪（西，布袋）+ 朱（禾），表示用布袋采摘和装盛庄稼籽实。造字本义：名词，从西亚传入的一种粗粮，去壳后呈米状。

（2）字体演变：

（3）《说文解字》：粟，嘉穀实也。从 𠧪，从米。

白话版《说文解字》：粟，嘉谷的籽实。字形采用"米"会义。

白话版《说文解字》：粟，嘉谷的籽实。字形采用"𠧪、米"会义。

（4）引申义：粮食

马之千里者，一食或尽粟一石（粟：粮食）

3. 策

（1）构成：朿，既是声旁也是形旁，是"刺"的本字，表示棘刺。

策，金文 𩵋 = 𠂤（"竹"的变形）+ 朿（朿，棘刺），表示竹鞭。

造字本义：名词，用来刺激、驱赶马匹的竹鞭。

篆文 𥬔 将金文字形中的 𠂤 写成 ⺮，将金文字形中的 朿 写成 𣐽。

（2）字体演变

（3）《说文解字》：策，马箠（chuí）也。从竹，朿（cì）聲。

白话版《说文解字》：策，赶马的竹鞭。字形采用"竹"作偏旁，采用"朿"作声旁。

（4）引申义：鞭打（名词用作动词）

策之不以其道（策：鞭打）

五、齐读课文，然后尝试翻译下列句子

1. 祇辱于奴隶人之手，骈死于槽枥之间

_____

2. 食马者不知其能千里而食也

_____

3. 且欲与常马等不可得，安求其能千里也？

_____

4. 策之不以其道，食之不能尽其材，鸣之而不能通其意。

_____

5. 其真无马邪？其真不知马也。

_____

六、问题探讨

1. 课文哪一句点明"千里马"和"伯乐"的关系？

_____

2. 没有伯乐，千里马的命运会如何？

_____

3. 千里马被埋没的直接原因是什么？根本原因是什么？

_____

4. 文中哪些语句能体现"食马者"的无知和浅薄？

_____

5. 难道本文仅仅是在谈千里马的命运吗？你觉得作者有何深意？

_____

七、逆向思维：将白话文翻译成文言文

（一）基础训练：请把下列白话文句子翻译成课文中对应的文言文句子。

1. 世上有了伯乐，然后才有千里马。千里马是经常有的，可伯乐却不经常有。

_____

2. 因此，即使是很名贵的马，也只能在仆役的手下受到屈辱，（和普通的马）一起死在马厩里，不凭借千里马著称。

_____

3. 日行千里的马，一顿有时能吃完一石粮食。

_____

4. 喂马的人不懂得要根据它日行千里的本领来喂养它。

_____

5. （所以）这样的马，虽有日行千里的能耐，却吃不饱，力气不足，它的才能和美好的素质也就表现不出来，想要跟普通的马相等尚且办不到。

_____

6. 鞭策它，不按正确的方法，喂养它又不足以使它充分发挥自己的才能，听它嘶叫却不懂得它的意思。

_____

《马说》导学案

一、搜索有关韩愈的介绍，了解古代"说"这种文体的特点。

二、课前学习——归纳梳理文言知识现象

（一）要学好文言文，首先要在学习文言文过程中加强文言实词及虚词的积累。

世有伯乐，然后有千里马。千里马常有，而伯乐不常有。故虽有名马，祇（　　）辱（　　）于奴隶人之手，骈（　　　）死于槽枥之间，不以千里称（　　）也。

马之千里者，一食或（　　）尽粟（　　　）一石。食马者不知其能千里而食也。是马也，虽有千里之能，食不饱，力不足，才美不外见（　　），且欲（　　）与常马等（　　）不可得，安（　　）求其能千里也？

策之不以其道（　　　），食之不能尽其材，鸣之而不能通其意，执策而临（　　）之，曰："天下无马！"呜呼！其（　　）真无马邪？其（　　）真不知马也！

（二）要学好文言文，要梳理文言文中特殊的"文言知识"。

1. 一词多义

（1）常：而伯乐不常有（　　　）；且欲与常马等不可得（　　　）

（2）虽：故虽有名马（　　　）；虽有千里之能（　　　）

（3）以：不易千里称也（　　　）；策之不以其道（　　　）

（4）尽：一食或尽粟一石（　　　）；食之不能尽其材（　　　）

（5）策：策之不以其道（　　　）；执策而临之（　　　）

2. 古今异义词：

策：执策而临之；——古义（　　　），今义（　　　）

3. 通假字：

食：食马者不知其能千里而食也（"食"通_____意思是_____）

见：才美不外见（"见"通_____意思是_____）

材：食之不能尽其材（"材"通_____意思是_____）

邪：其真无马邪（"邪"通_____意思是_____）

4. 词类活用：

称：不以千里称也（_____词作_____词，意思是_____）

策：策之不以其道（_____词作___词，意思是_____）

千里：食马者不知其能千里而食也（___词作___词，意思是_____）

5. 重点句式：

倒装句：A. 定语后置：马之千里者 = 千里之马者；

B. 副词前置：且欲与常马等不可得 = 欲与常马等且不可得

反问句：A. 安求其能千里也？

B. 其真无马邪？

三、逆向思维训练：将白话文翻译成文言文

注：

古文言文字词多为"单音节词"（单个汉字就是一个词），如本文中的"常""故""虽"等；

而现代文多为"多音节词"（即由多个汉字组合成一个词），如本文中的"常""故""虽"分别对应翻译成："经常""所以""即使"。

所以当我们将"白话文"翻译成文言文时，可用"缩词"和"换词"法，将现代文中的"多音节词"翻译成"单音节词"。

通过这种"文白对译"训练，有助于我们加强对文言文的学习与掌握。

（一）基础训练：请把下列白话文句子翻译成课文中对应的文言文句子。

1. 世上有了伯乐，然后才有千里马。千里马是经常有的，可伯乐却不经常有。

_____

2. 因此，即使是很名贵的马，也只能在仆役的手下受到屈辱，（和普通的马）一起死在马厩里，不凭借千里马著称。

_____

3. 日行千里的马，一顿有时能吃完一石粮食。

_____

4. 喂马的人不懂得要根据它日行千里的本领来喂养它。

_____

5. （所以）这样的马，虽有日行千里的能耐，却吃不饱，力气不足，它的才能和美好的素质也就表现不出来，想要跟普通的马相等尚且办不到。

_____

6. 鞭策它，不按正确的方法，喂养它又不足以使它充分发挥自己的才能，听它嘶叫却不懂得它的意思。

_____

《马说》教学实录

教学活动一：创设情境，导入课文

师：上课！

生：老师好！

师：同学们好！请坐！

师：同学们，请将目光聚焦到屏幕上面，我们看到的这一个字，同学们能辨识它

是什么字吗？（屏幕显示"马"字的甲骨文象形文字）

生（齐）：马。

师：为什么你们能知道他是马？

生：因为它有点像（马）。

师：对。这是我们甲骨文中的象形文字"马"字。再看下一个字是什么字？（屏幕显示"马"字的篆书体字）

生：还是马。

师：这是什么体知道吗？

生：隶书。

师：是篆书。再看下一个是什么字？（屏幕显示"马"字的楷书繁体字）

生：马：

师：这是"马"的楷体繁体字。汉字在我们悠久的历史长河中经过一系列的演变，但不管怎么演变，其中有一些字，我们可以通过他的"形象"来辨认它，这种字就是"象形字"。我们文言文中就有很多这种象形字保存下来了，"马"字就是其中之一！因此，当我们读文言文的时候，有的时候我们可以通过汉字的形象去联想到它的意义，这就是象形文字。我们汉字造字法有 6 种：象形、指事、形声、会意、假借、转注。在我们现代文所用的 7000 多个汉字之

中，其中有 80% 以上是形声字。象形字是独体字，单独一个字形成；形声字是合体字，就是不同的两部分。好了，既然如此，我们知道了汉字的发展源头、汉字的造字法，那么在我们平时学习文言文时候，对难字、易混的字，我们就可以通过这种方法去追根溯源，了解汉字它的本来的含义。这是学习文言文的其中的一个重要的方法。今天我们就跟随韩愈先生一起来学习这篇课文《马说》。

教学活动二：熟悉作家作品相关知识

师：哪位同学帮我介绍一下韩愈？

生：（介绍韩愈）

师：很好。老师也整理了一下，我们跟着大屏幕一起齐读一下韩愈的相关介绍。

生：（齐读大屏幕韩愈简介）

师：很好。同学们，当我们学习一篇文言文的时候，作者是我们重点了解的对象之一，了解了作者，尤其是我们追溯一下作者写作某篇文章的背景，对我们理解文章是非常有帮助的。

师："说"是一种文体，有没有同学课前搜索过有关"说"的文章体裁知识？

生（举手）："说"是古代的一种议论文体，用来表达作者对社会上的某些问题的观点。

师：掌声鼓励。老师也搜索了一下，我们一起来学习一下"说"这种文章体裁相关知识。

生（齐读）：（齐读"说"的体裁知识）

教学活动三：学法指导 1——读准文言文停顿与节奏，培养文言语感

师：好，刚才我们对作家作品进行了解。那么学习文言文其中一个方法就是要跟着老师或者录音一起朗读，读准文言文的节奏，读准节奏有助于我们对文言文意思的理解。

师：接下来同学们听老师来朗读一遍，听老师读的时候两个目标，第一用笔在课文里面划分句子的节奏；第二，听清楚某些字词的读音。

生：（听老师范读）

师：同学们请看黑板，看看这些字词的读音怎么读？

生：（看大屏幕读生字）。

师：同学们，刚才大家模仿老师读了下这边的生词和读音，巩固了字词的读音。那么文言文第二个学习的要点是什么呢？我们学习每一篇文言文的时候，都要不断积累这篇文言文的实词和虚词。为什么要积累？因为文言文通常是单音节词，而现代文多是双音节或者多音节词。我们在平时学习文言文的时候要多多积累，这是见功夫的。

教学活动四：学法指导 2——积累文言文实词与虚词

师：接下来我们要一起来积累一下文言文实词和虚词。请同学们看屏幕，我们接下来以开火车的方式解释括号里的这些字词。

师：我们在课前发放有学案预习材料要大家提前自学。给大家 30 秒时间准备。

生：（逐个起立翻译括号中的重点文言实词和虚词）

师：文言实词和虚词要在日积月累的过程中才能真正地见功夫，这是不能投机取巧的。希望同学们今后学习的新的文言文时，都要注意积累一下文言文里面常见的实词和虚词。

师：同学们，我们现代人之所以畏惧文言文，是因为文言文里面有些很多的文言知识现象跟现在的白话文有区别。老师整理了一下，如"通假字""一词多义""古今异义词""词类活用""特殊句式"等。

师：请面向黑板。现在我们也是用开火车的方式来巩固学习本文中的这些文言知识现象。

生：（看着屏幕，跟老师一起巩固整理好的常见文言知识现象）

师：同学们，这些特殊的文言句式、特殊的一些文言知识，现在老师帮大家梳理出来了，那么后续同学们学习文言文的时候，也应该自己归纳整理。初一、初二整理好了，那么到了初三甚至是高中，你就学得很轻松了。这样的话对掌握文言文，传承我们祖国优秀的文化是非常有帮助的。

师：接下来请同学们一起来朗读课文。

生：（齐读课文）

教学活动五：学法指导 3——汉字寻根溯源（解决文言难点字词）

师：同学们，接下来我们将从汉字的起源、汉字的造字法角度来学习本文中出现的难认、难辨、易混字。本文中的有几个词，一个是"骈"，一个是

"粟"，还有一个字是"策"。

师：我们请几位课前做好了搜索准备的同学来展示好不好？

生1：（上黑板展示）

师：现在老师我来做你的助手，你是小老师的现在。好，开始。

生1（展示）：骈，其实是一个马字加上并字，并这个表是相连的造字本意，它是一个动词，两匹马通同时拉着——辆马车，因为他后来演变就是这样子，"骈"字是两马并驾，马就是它的形旁，然后"并"就作声旁。《马说》这篇文章里面"骈死于槽枥之间"，"骈"就是并列的意思。

师：掌声鼓励。好，第二个字是什么字呢？好，哪位同学来展示？

生2（展示）："粟"它的构成是上面一个西下面一个米。表示用布袋采摘和装盛庄稼籽实。甲骨文是这样子，金文上面变成了一个西部的西，然后加上下面一个米，一直演变到现在。我们《马说》这里面"粟"的引申义是粮食，"马之千里者一食，或尽粟一石"，"粟"就是粮食的意思。

师：好，我们掌声感谢！下一个"策"字，哪位同学上来分享？

生：（举手）

师：好，有请，掌声鼓励。

生3（上台展示）："策"，它是由上下两部分组成，束，既是声旁也是形旁，是"刺"的本字，表示棘刺。《说文解字》：策，马箠（chuí）也。从竹，束（cì）声。那造字本意就是名词，指用来刺激驱赶马匹的竹鞭。（图中）这是甲骨文的篆文、隶书、楷书、行书、草书，然后最终形成了标准的汉字。《马说》中"策之不以其道"，"策"也就是鞭打的意思。

师：好，我们掌声感谢。

师：好，刚才我们通过追溯汉字的起源以及了解汉字的形声结构，对文言文里面这些难辨难认、易混的字加深了理解，今后就能够更好的积累这些文言知识。其实汉字是一种文化，汉字从古到今经过了数千年的发展历程，我们全世界有四大文明古国，古代埃及、古代巴比伦、古代印度和古代中国，其他三个古代文明都已经中途断灭了，为我们中华文化凭什么传承下来？依靠文字。所以同学们，我们今天也感受到文字的伟大之处，是吧？因此我们就更应该好好学好文言文，对传承中国文化、传承文明是非常有价值、有帮助的。

教学活动六：学法指导4——将文言文翻译成白话文（当堂巩固）

师：好了，同学们，那么学习文言文，学了这些知识之后，我们接下来一个重要的内容，是要翻译文章的重点句子。我们挑选几个重点句子来检验一下大家的课前学习成果。

师：第一句，一起读一遍。举手，我请这一组第 4 位女生，你来，你来看看怎么翻译？

生：（有点紧张）

师：我们帮助她一下！还是有点紧张！这样吧，你先坐下。

师：好，这位女同学，你来。

生：只能辱没在仆役人的手里，两马一起死在马槽里面。

师：请坐。同学们，我们一起看着屏幕读一遍翻译。

生：（齐读翻译）

师：同学们，马槽是一种盛食物的器具，是一种容器；马棚是马住的地方，"槽枥"翻译成马棚或者是马厩。文言文里面省略的部分应该添加起来，比如这句话中添加了"和普通的马"，这是一个翻译的原则。

师：好，第二句。举手看一下。十秒、四秒、有没有？

师：好，那位女生起立，尝试一下。

生：喂马的人不懂得要根据它日行千里的本领来喂养它。

师：掌声响起来。句中这个"千里"本来是数量词，在这里做什么词？

生：日行千里。

师：非常准确，这里做动词用。

师：那个女生，第三联单个做挑战，我们课堂中每一次发言学习都是一个挑战。

生：（有点紧张）

师：好，有点紧张，这位女生不要紧，你暂时先坐下，别紧张，听听另外一位女生帮我们翻译的。好，这位女生，就你来，对。

生：想要跟普通的马相等尚且办不到，又怎么能要求它日行千里呢？

师：非常准确，掌声响起来。

师：下一句。

生：用马鞭赶他，不按照驱使千里马的方法，喂它，却不能让它竭尽才能，听它鸣叫却不能通晓它的意思。

师：很好，请坐。掌声响起来。

师：那么我们平时翻译文言文时一个重要的方法，就是按照文言文句子中汉字者的顺序来进行翻译，叫作"顺译法"。

师：同学们，还有最后一句了，我们一起来翻译好吗？

生（齐）：难道真的没有千里马了吗？其实是他们不懂得千里马啊。

师：好。那么通过刚才的检测，我发现绝大多数同学对这篇文章的这些文言知识现象还是巩固得不错。正因为前面的知识抓的牢，所以我们翻译的时候就比较水到渠成了。

师：当然，（学好文言文）更重要的还是课后加强对文言文的背诵。

教学活动七：学法指导5——将白话文翻译成文言文

师：另外，今天老师我还要教给同学们另一种方法，（这是一种）逆向思维，反其道而行之。我们平时学文言文，要将文言文翻译成白话文。接下来我们将白话文翻译成文言文试一试。请同学们拿出我的给大家下发的课堂练习题。不要看书，给大家三分钟时间迅速随便找几句你熟悉的用文言文，将它翻译出来。

生：（开始做课堂练习——将白话文翻译成文言文）

师：（巡视课堂学生做题情况）

师：好，有同学已经完成了两句了，非常不错。有的同学已经基本完成。

师：这样吧，同学们，先来谈一谈你刚才翻译的感受如何。

师：好，这位女生，你站起来，你说说刚才叫法号和翻译成文言文的有什么感觉？

生：（有点紧张）这一句翻译不出来。

师：这一点翻译不出来，是吧？第一次尝试不要紧，请坐。

师：你来，这位女生，你说说看。有什么感受？

生：我翻译成奴隶的时候意思不能写。

师：好，请坐。

师：（另一位同学）你来。你翻译的过程有什么感受？

师：（拿着女生的练习卷向大家展示）哇，我看我们这位同学已经翻译了五句了，我念一句，第一句：世上有了伯乐，然后有千里马，千里马常有而伯乐不常有。跟原文非常什么接近，只是第一句多了两个字。

师：同学们，我为什么要大家将白话文翻译成文言文？是希望大家不断的积累文言文中有价值的词汇，平时运用到现实生活里面去，让我们的语言变得简洁典雅。我们现在白话文中很多的四字词语就是来自文言文。万事开头难，所以，通过这个方法坚持练习下去，有助于我们加强对文言文的积累，我也希望同学们今后来多尝试一下这种方法。

课堂小结：

师：同学们，今天这节课我们围绕学习文言文的方法，从方法的角度带领大家去学习文言文。通过这节课，我们知道了一些第一种方法是要读准文言字音和节奏；第二，要不断地在学习过程中积累文言实词和虚词；第三，要整理文言文常见的知识现象等。其实最关键的是：何一门语言只有多积累多背诵，并且在运用的过程中才能真正学好这门语言，文言文同样不例外。今天感谢同学们跟老师一起来学习，这堂课就到这里。

师：下课。

生（齐）：老师再见！

师：同学们再见！

《马说》专家评析

邱明琴（骨干教师）：

很感谢贺老师今天的课带给我们的启发和思考。作为一名老教师，我是很少尝试其他的上文言文的思路，基本就是带领学生逐字句的翻译串讲，学生学习的效果也不是很理想。今天我感触最深的是，贺老师竟然让学生"将白话文翻译成文言文"，反其道而行之。我一贯的想法是：学生本来文言文学习的兴趣不是很高，积累也不是很足，让学生将文言文翻译成白话文已经是个难点了，现在让学生将白话文翻译成文言文岂不是更难？事实上，我们从课堂上看到了，学生其实翻译得挺不错，我想也许就是"换了一种口味"，学生觉得"新鲜"，或者说富有挑战性，因而，课堂的效果也就不一样了。所以，我们不能被自己一贯的思路惯性所拘泥，我们要尝试多种教法，来启发学生学习的积极性。其中，"将白话文翻译成文言文"，就是一种很好的教学新方法。

黄小珍（骨干教师）：

贺老师的课一贯有激情，学生都很喜欢上贺老师的课。今天的学生虽然是借班上课，但感觉学生跟贺老师就像很熟的一样，我想，这就是教师的驾驭学生、驾驭课堂的能力的良好体现吧。"汉字追根溯源"这种教法，我和丽辉都在尝试，但"将白话文翻译成文言文"我还没尝试过，从这堂课学生的表现来看，其实也不是那么难，每一种教法，都有它的可取之处，我们真的应该多尝试一些新的教法，探索一些新的教学思路，来启发引导学生，让学生对我们的课堂感兴趣。

《劝学》课例

《劝学》教学设计

教学目标

●语言构建与运用：准确理解"尝""跂""疾""彰""假""绝""生""于""而"九个文言词语的含义和"无以……"一个文言句式的含义。

●思维发展与提升：初步掌握文言文对译的方法并培养文白对译的思维，提升文言文阅读能力。

●文化传承与理解：感受文言之美，传承中华传统文化，培养民族自豪感。

重点：准确掌握并正确运用特定的文言词语和文言句式。

一、点燃热情，新课导入

歌曲导入，将流行歌词翻译成文言文。

歌曲一：《同桌的你》谁娶了多愁善感的你，谁安慰爱哭的你，谁把你的长发盘起，谁给你做了嫁衣。——卿何多愁，谁人娶之？卿何多泪，谁人慰之？卿之长发，谁人盘之？卿之嫁衣，谁人备之？

歌曲二：《小苹果》你是我的小呀小苹果！怎么爱你都不嫌多。红红的小脸儿温暖我的心窝，点亮我生命的火。——汝为珍柰兮，深藏吾心；容似离火兮，深暖吾身。

二、读准字词、朗读课文

复习难读字词的字音，小组抢答。

1. 木直中绳　輮以为轮　槁暴　金就砺则利　舟楫
2. 锲而不舍　金石可镂　蛇鳝　跬步　君子生非异也
3. 跂而望　蛟龙　骐骥　爪牙　蟹六跪而二螯
4. 则知明而行无过矣　须臾　假舆马者　驽马　参省

朗读课文。(请同学朗读第一、二、三段,师生共读第四段。)

三、文白对译、技巧总结

1. 把文言文翻译成白话文。(课前、学案上完成)

解释加点字词,并结合"信、达、雅"的原则翻译句子。

(1)青,取之于蓝,而青于蓝。

(2)吾尝终日而思矣,不如须臾之所学也。

(3)吾尝跂而望矣,不如登高之博见也。

(4)顺风而呼,声非加疾也,而闻者彰。

(5)假舆马者,非利足也,而致千里。

(6)假舟楫者,非能水也,而绝江河。

(7)君子生非异也,善假于物也。

(8)故不积跬步,无以至千里;不积小流,无以成江海。

2. 把白话文翻译成文言文,注意重点字词。(课堂上完成)

(1)靛青,从蓝草中取得,却比蓝草更蓝。

(2)我曾经整天思索,不如片刻学到的知识(多)。

(3)我曾经提起脚后跟远望,不如登到高处看得广阔。

(4)顺着风呼叫,声音没有比原来加大,可是听的人很清楚。

(5)借助车马的人,并不是脚走得快,却可以行千里。

(6)借助舟船的人,并不是能游水,却可以横渡江河。

(7)君子的本性同一般人没有差别,(只是)君子善于借助外物罢了。

(8)所以不积累一步半步的行程,就没有办法达到千里之远;不积累细小的流水,就没有办法汇成江河大海。

3. 师生共同总结重点字词、句式:

(1)于:介词,引进比较对象,作"比"讲

(2)尝:曾经

(3)跂:提起脚后跟

(4)而:连词,表转折关系

(5)疾:声音宏大

(6)彰:清楚

(7)假:借助、利用

(8)生:通"性",资质、禀赋

（9）绝：横渡

（10）无以：没有用来……的办法

师生共同总结把白话文翻译成文言文的技巧：留、减、换、调、省……

四、学以致用、拓展学习

创作语段，与先贤对话。借助本节课所学的知识，尝试与荀子对话。告诉荀子在他以后的朝代，乃至当代社会，仍然需要"善假于物"。（将白话文翻译成文言文书面测试。）

善假于物

古时，刘邦<u>曾</u>经说，论运筹帷幄之中，决胜在千里之外，我比不上张良；平定国家，安抚百姓，供给军饷，不断绝运粮食的道路，我比不上萧何；领兵百万，决战沙场，百战百胜，我比不韩信。这三个人都是豪杰，如果我不能够<u>借助</u>他们才能，<u>我没有办法</u>取得天下。项羽有一位范增<u>却</u>不借助他的才能，这就是被我捉拿的原因。刘邦<u>本性</u>跟一般人并没有什么差别，却<u>比</u>项羽厉害，只是善于利用人才罢了。

<u>踮起脚来</u>摘树上的果实，（却）不如使用梯子容易，<u>大声</u>呼叫远处的人，（却）不如使用手机听得<u>清楚</u>。借助显微镜的人，并不是有锐利眼神，却可以看到微小的事物。借助飞船的人，并不是有翅膀，却可以<u>穿越</u>太空。这就是善于借助外力的缘故啊！

荀子说："善假于物。"这句话说得太好了！

小组合作，展示交流学习成果，师生共评。自测评分，汇报得分情况。

参考译文：

昔刘邦<u>尝</u>曰：夫运筹帷幄之中，决胜于千里之外，吾不如张良；平天下，抚百姓，给饷馈，不绝粮道，吾不如萧何；率百万之兵，鏖战沙场，百战百胜，吾不如韩信。此三者，皆人杰也，若吾不能假其才，<u>无以</u>得天下也。羽有一范增<u>而</u>不假其才，此所以为我所禽也。刘邦<u>生</u>非异也，而强于项羽，善假于才而已。

<u>跂</u>而摘果，不如登梯之易也；<u>疾</u>呼远者，不如手机之<u>彰</u>也。假显微镜者，非目利也，而视微物；假飞船者，非有翼也，而<u>绝</u>太空。此皆善假于物之故也！

荀子曰："善假于物。"善哉，此言！

五、课堂小结、课外延伸

布置作业：翻译文言文要注意讲究"信、达、雅"的原则，要做到准确、流畅、有文采。请大家根据这个要求，今晚继续修改自己的文章。

课外阅读：12岁女孩用文言文"说二孩"，瞬间刷爆朋友圈！（《顾稚子，勿忽长》）。找出你觉得写得好的句子，朗读几次，或者结合你所学的知识，将文章进行修改。

《劝学》导学案

活动一：朗读课文，把你认为容易读错的字词圈出来，并把它们记录下来。

_____

_____

活动二：把文言文翻译成白话文。解释加点字词，并结合"信、达、雅"的原则翻译加点字词和句子。

（1）青，取之于蓝，而青于蓝。　于：_____

_____

（2）吾尝终日而思矣，不如须臾之所学也。　尝：_____

_____

（3）吾尝跂而望矣，不如登高之博见也。　跂：_____

_____

（4）顺风而呼，声非加疾也，而闻者彰。　疾：_____

彰：_____

_____

（5）假舆马者，非利足也，而致千里。假：_____

而：_____

_____

（6）假舟楫者，非能水也，而绝江河。　绝：_____

_____

（7）君子生非异也，善假于物也。　生：_____

_____

（8）故不积跬步，无以至千里；不积小流，无以成江海。无以：_____

_____

活动三：把白话文翻译成文言文，注意重点字词。

（1）靛青，从蓝草中取得，却比蓝草更蓝。

_____

（2）我曾经整天思索，（却）不如片刻学到的知识（多）。

_____

（3）我曾经提起脚后跟远望，（却）不如登到高处看得广阔。

_____

（4）顺着风呼叫，声音没有比原来加大，可是听的人很清楚。

_____

（5）借助车马的人，并不是脚走得快，却可以行千里。

_____

（6）借助舟船的人，并不是能游水，却可以横渡江河。

_____

（7）君子的本性同一般人没有差别，（只是）君子善于借助外物罢了。

_____

（8）所以不积累一步半步的行程，就没有办法达到千里之远；不积累细小的流水，就没有办法汇成江河大海。

_____

如果我们把白话文翻译成文言文可能会用到以下的方法（可以用一个字概括）：如：某些专有名词可以保留（留）

_____

_____

活动四：创作语段，与先贤对话。借助本节课所学的知识，尝试与荀子对话。告诉荀子在他以后的朝代，乃至当代社会，仍然需要"善假于物"。

（将白话文翻译成文言文）

善假于物

①古时，刘邦曾经说，论运筹帷幄之中，决胜在千里之外，我比不上张良；②平定国家，安抚百姓，供给军饷，不断绝运粮食的道路，我比不上萧何；③领兵百万，决战沙场，百战百胜，我比不韩信。④这三个人都是豪杰，如果我不能够借助他们才能，我没有办法取得天下。⑤项羽有一位范增却不借助他的才能，这就是被我捉拿的原因。⑥刘邦本性跟一般人并没有什么差别，却比项羽厉害，只是善于利用人才罢了。

⑦踮起脚来摘树上的果实，不如使用梯子容易，大声呼叫远处的人，却不如使用手机听得清楚。⑧借助显微镜的人，并不是眼神锐利，却可以看到微小的事物。⑨借助飞船的人，并不是有翅膀，却可以穿越太空。⑩这就是善于借助外力的缘故啊！

⑪荀子说："善假于物。"这句话说得太好了！

① _____

② _____

③ _____

④ _____

⑤ _____

⑥ _____

⑦ _____

⑧ _____

⑨ _____

⑩ _____

⑪ _____

自测评分： _____分。

（评分标准：本节课学习的 9 个重点字词和 1 个重点句式。每个 10 分，满分 100 分。）

拓展阅读：

《顾稚子，勿忽长》

丁酉冬月，吾妹降生，时至今日，不盈百日。吾由小至初，课业陡重，心怀忧虑，尤需关照。然妹占父母之时力，父母无暇伴我。母须哺乳，无暇出，寒假盈月，日待于家，不知外界之变。吾每坐于窗前，顾蓝天，惟叹息。母须顾妹，少与吾语。忆往昔，无妹之时，吾常与母语，其乐融融；叹如今，难相顾，无相知，常相争，母女之心相去愈远，悲乎！妹之来，家愈忙，父母亦无暇顾吾课业，吾需自学，无人查吾作业，无人为吾解惑，吾于学业，孑孑独行，常觉前路渺茫。形势使然，吾渐独立，此桑榆之得也。吾有一言，告天下父母：顾稚子，勿忽长，多与长语，多同长娱。若此，则二孩时代长子之大幸也！

欲成一拼图，必棱角相和。吾为成家和之图，锉己锐，更己缺，合于妹。

吾喜静，须学于清净之地。然妹常哭，声甚大。吾忍之，于心告己：闹中取静，方为大静，心静则境静。徐之适妹哭，其声虽大，亦不扰吾。昔者，吾性莽撞，常致物坠地，无以为然。今者，坠物之响，常致妹惊，常致妹哭，吾遂甚谨，无有类事，吾妹安然，父母亦赞吾成大人矣！

　　吾好稚子，吾妹白白胖胖，脸挂笑容，憨态可掬，若自年画出。吾甚爱之，常与之戏。见其一笑，烦恼皆亡矣。吾常思，待其呼吾一声姊，吾必喜极而泣。吾每坐妹旁观之，心中必忖：其将来必美，必聪慧好学，必为吾之骄。今者，吾为姊，谨护吾妹。来者，姊妹必相携，相顾，相援，相伴。父母终会去吾，然吾有妹，妹亦有我。

《劝学》教学实录

一、点燃激情，新课导入

（由《同桌的你》《小苹果》两首流行歌曲导入新课，师生各唱歌曲的高潮部分，场面热烈。）

师：同学们的歌声非常动听，老师为你们鼓掌！大家有没有想过，这些歌词能够把它翻译成文言文呢？

（投影展示：流行歌词翻译成文言文。学生惊叹。）

师：文言文承载着中国人独有品质和精神情感。它言简意赅，字眼传神。今天，我们用荀子《劝学》这篇文章，尝试以一种新的学习模式——将白话文翻译成文言文来学习文言文，希望我们能有新的收获！

二、读准字音，诵读课文

师：下面我们以"小组竞赛"的方式来检测大家对知识的掌握程度。班级已经分成了若干小组，请课代表记录各组的抢答得分。第一个环节，我们就先来检测大家对本篇课文字词的掌握情况。老师将出示四组《劝学》中的重要字词，大家自由抢答，每答对一个得 2 分，全对得 10 分。

（老师展示字词，学生积极投入，大胆抢答，气氛活跃。每位同学回答后，科代表及时计分。）

师：看来大家对字词掌握得不错！叶圣陶先生曾说："多读作品，多训练语感，必将能驾驭文字。"那么我们也来读一读文段。

（请同学分别朗读第一、二、三段，师生共读第四段。）

师：大家在朗读的过程中，字音读准了，但是要注意节奏，情感方面也有待加强。（朗读举例指导略）

大家在朗读方面进步很快，但是对读的内容、对重要的字词是否已经有深入的认识呢？下面我们来测试一下。

三、文白对译、技巧总结

师：课前，大家已经把老师布置下去的八个重要的文言文句子翻译成了白话文。那么现在我们尝试把从课文中挑选出来的几句翻译后的白话文翻译成文言文。老师读完白话文后，小组抢答，每答对一题得 10 分。

师：靛青，从蓝草中取得，却比蓝草更蓝。

生 1：青，取之于蓝，而青于蓝。

师：我曾经整天思索，不如片刻学到的知识（多）。

生 2：吾尝终日而思矣，不如须臾之所学也。

（在同学的鼓励下，学生越来越踊跃，纷纷举手抢答。）

师：我曾经提起脚后跟远望，不如登到高处看得广阔。

生 3：吾尝跂而望矣，不如登高之博见也。

师：顺着风呼叫，声音没有比原来加大，可是听的人很清楚。

生 4：顺风而呼，声非加疾也，而闻者彰。

师：借助车马的人，并不是脚走得快，却可以行千里。

生 5：假舆马者，非利足也，而致千里。

师：借助舟船的人，并不是能游水，却可以横渡江河。

生 6：假舟楫者，非能水也，而绝江河。

师：君子的本性同一般人没有差别，（只是）君子善于借助外物罢了。

生 7：君子生非异也，善假于物也。

师：所以不积累一步半步的行程，就没有办法达到千里之远；不积累细小的流水，就没有办法汇成江河大海。

生 8：故不积跬步，无以至千里；不积小流，无以成江海。

（师生共同总结句子中出现的九个重点文言实词、一个特殊句式。在此基础上，总结白话文翻译成文言文的技巧。学生做笔记，科代表汇总此环节得分情况。）

四、学以致用、拓展延伸

师：借助本节课所学的知识，我们尝试与荀子对话。告诉荀子在他以后的朝代，乃至当代社会，仍然需要"善假于物"。

（学生分组交流翻译语段，教师巡堂与学生共同讨论。）

师：同学们讨论得很热烈，现在我们一起来展示学习的成果。老师展示白话文句，同学们展示自己的翻译成果，同样是抢答环节。每答对一组得 10 分。

师：古时，刘邦曾经说，论运筹帷幄之中，决胜在千里之外，我比不上张良。

生 1：刘邦尝曰：运筹帷幄之中，决胜于千里之外，吾比不上张良。

（小组同学急忙补充，"古时"翻译为"昔"，"比不上"可以改为"不如"。老师补充，可以在"运筹帷幄"前添加"夫"，发语词。）

师：平定国家，安抚百姓，供给军饷，不断绝运粮食的道路，我比不上萧何。

（此时更多同学举手。）

生 2：平天下，抚百姓，给军饷，不绝粮道，吾不如萧何。

师：你很聪明，在这里你运用了我们刚才总结的翻译技巧"减"。下一个句子，领兵百万，决战沙场，百战百胜，我比不韩信。

生 3：领百万之兵，决战沙场，百战百胜，吾不如韩信。

生 4（抢答）：老师我认为"领"还可以用"率"。

师：是的，很好！好，下一句，这三个人都是豪杰的人，如果我不能够借助他们才能，我没有办法取得天下。

生 5：此三者，皆人杰也，若吾不能假其才，无以得天下也。

师：项羽有一位范增却不借助他的才能，这就是被我捉拿的原因。

生 6（抢先站起）：老师，我只翻译了前半句，但是我想说。

师：为你的勇气点赞！没关系，大胆地说。

生 6：羽有一范增而不假其才。

师：非常棒，有没有同学来补充下一句。

生七嘴八舌：被我捉拿怎么翻译啊？

师：对啊，这怎么翻译呢？是个什么句子呢？

有几个学生小声说：是个被动句。

生 7（站起，响亮回答）：被动句。用"为……所"表被动，可以翻译为"此所以为我所禽也。"

（生鼓掌。）

师：回答正确。这里正是用"为……所"表被动。来，看看下一句，刘邦本性跟一般人并没有什么差别，却比项羽厉害，只是善于利用人才罢了。

生 9：刘邦生非异也，而强于项羽，善假于才而已。

师：下面这个句子比较长，不用害怕，我们大胆翻译。踮起脚来摘树上的果实，不如使用梯子容易；大声呼叫远处的人，不如使用手机听得清楚。

生10：跂而摘果，不如登梯之易也；疾呼远者，不如手机之彰也。

师：非常好，你是怎么想到用这个句式的？

生10：我参考了课文的内容。

师：很聪明。这就是学以致用啊！来，下一句，借助显微镜的人，并不是眼神锐利，却可以看到微小的事物。

生11：假显微镜者，非目锐利，而视微物。

师：有没有同学有不同意见。

生12："非目锐利"可以稍微变一下，改成"非目利也"。

师：我赞同！借助飞船的人，并不是有翅膀，却可以穿越太空。

生12：假飞船者，非有翅膀也，而绝太空。

（学生抢着评论，将"翅膀"改为"翼"。）

师：这些都是善于借助外物的缘故啊。

生13：此皆善假于物之故也。

师：荀子说："善假于物。"这句话说得太好了！

生14：荀子曰："善假于物。"此言善矣！

师：这里我们可以尝试用一个倒装"善哉，此言！"

（总结各组得分，评出获胜小组。）

师：通过上面的检测，大家对于重要的文言实词、句式有了更深入的认识和掌握。现在我们来参照投影中给出的翻译语段，自评得分，看看自己的得分情况如何。评分标准：本节课学习的九个重点字词和一个重点句式。每个十分，满分一百分。

（学生自报得分，大部分同学获得七分，不少同学能获得八分以上，其中有三个同学获得满分。）

师：同学们，今晚请继续修改自己的语段，力求做到"信、达、雅"。最后，老师想与大家共同欣赏一篇课外阅读：12岁女孩用文言文"说二孩"，瞬间刷爆朋友圈！（《顾稚子，勿忽长》）。（学生阅读，发出感叹。）今晚找出你觉得写得好的句子，朗读几次，或者结合你所学的知识，将文章进行修改。

师：文言文犹如智慧源头，思想星空，将古代圣贤的智慧、思想等原汁原味地传递给我们。希望以后同学们能利用"文白对译"的新方法学习文言文，爱上文言文，传承中华优秀文化，增强民族自豪感！

《劝学》专家评析

郑文佳老师：

欧老师第一次尝试上文白"对译"课，可以说还是很不错的，体现了"对译"教学的基本要求，在"对译"教学的探索道路上做了有益的探索。本节课有几个特点：

1. 围绕提高语文核心素养设计教学环节。语文的核心素养包括语言的建构与运用、思维的拓展与创新、审美的鉴赏与创造、文化的理解与传承。本课设计了"与先贤对话"的环节，体现了从语言、思维与文化这三个角度来提升学生的核心素养的构想，这比单纯的语言学习，视野更开阔，学生收获更大。

2. 运用小组合作探究的方法，学生合作翻译，互相补充，学生学习的主动积极性能够得到有效发挥，整节课的气氛活跃。

3. 注重朗读教学，有学生自己读，也有师生共读，形式多样，学生在朗读中熟悉课文内容，为下一步对重点字词、句式的理解做好准备。

建议：在学以致用环节的《善假于物》这个语段中，有些句子稍长，学生在翻译的时候有点吃力，建议把语段再进行修改，把句子变得短一些，降低难度，这样更符合学生的学习水平。

李舒明老师：

欧老师《劝学》文白对译课有以下优点：

1. 教学目标明确及教学重点突出。

2. 由流行歌曲翻译成文言文导入新课，选用《同桌的你》《小苹果》切入既点燃了学生的学习激情，又紧扣"文白对译"这一课题。

3. 活动环节的设计紧扣教学目标，落实重点字词及文言句式。

4. 小组活动组织开展好。组内成员合作交流；小组抢答力争上游，气氛活跃。

5. "学以致用"书面测试环节和课后作业设计好。选材学生感兴趣，且紧扣教学内容和教学目标。

6. 教师教学语言精练，善于调动学生的学习积极性，师生互动、生生互动。

一句话总结：这节课上得挺好。

吴爱国老师：

《劝学》是我国历史上著名的思想家、教育家、儒家学派的代表人物——荀子的一篇议论性散文。自流传以来广泛的受到大家的喜爱和推崇，是人们了解先秦文化、儒家思想重要材料，是人们激励自己、不断提高的力量源泉。在中学课本中，它是激励学生奋发努力、勤奋学习的一篇力作。因此选择这篇课文来上公开课，要做到新颖不落谷套而又要出彩的话是相当有难度的。

但欧宝欣老师作为一位年轻的"老"教师，对于本课的处理显得十分的老到，把教学的各个环节都处理得十分合理精准。

首先，在授课前做了认真的准备，根据课文的特点，制定了合理的教学目标，教案设计详尽周到。

其次，在知识方面疏通文句，整理积累教学大纲中要求掌握的重要实词和特殊句式；在能力方面，注重培养学生声情并茂地诵读文言名篇的能力；培养学生能据已学、据课注、据语境准确解读文句的能力；培养学生发现问题、自主与合作相结合探究问题能力，有效地提高了学生的文言文素养等等；在情感方面，在合作探究中让学生体会和谐合作、双赢进步的成就感，激发主动、自觉学习的主体意识；让学生明白感受文言之美，传承中华传统文化，培养民族自豪感。

还有就是教学形式别开生面，以流行歌曲引入，充分调动学生的学习兴趣和学习积极性，以文白对译的学习方法使文言文教学变得饶有生趣，也在文白对译中强化了本课知识点，使学生牢牢地理解和掌握了本课的教学内容。

在这一堂中，我看到了欧宝欣老师敬业的工作态度和过硬的专业水平。我相信，由此以往，他日必定取得更好的成绩！

刘彩霞老师：

整堂课的思路是很清晰的，环节也非常紧凑，教学设计合理，通过活动"文言文翻译成白话文，再把白话文翻译成文言文，最后用课外白话文译为文言文"等等，从而使学生能够掌握并准确运用特定的文言词语和句式，较好地突破了重难点，达成学习目标。我注意到欧老师在每个活动环节之后，都会及时进行方法小结，使学生思维得到发展与提升。另一方面，学生情绪高涨，兴致勃勃，通过小组积分制，每个学生都能积极地参与到课堂中，对学生的回答，教师能及时给予点评与鼓励，课堂效果好。

周丽莎老师：

我认为欧老师的这堂语文课是上得很好的，我也深受启发，受益匪浅。有三点让我印象特别深刻：

1. 教学理念上，目中有"人"

开场欧老师亲自演唱流行歌曲《同桌的你》，这种大胆的尝试，这么放得开，能在课堂上与学生打成一片，融入学生当中，利用自身的魅力吸引学生的注意力、调动了课堂气氛，一上课就拉进了老师与学生间的距离。

2. 教学过程中，心中有"术"

欧老师在教学环节中注重循循善诱、逐步深入。有个别同学比较害羞，她会积极地引导、鼓励他们，就算学生的答案不完整、不完美，欧老师也给予肯定和支持，学生慢慢变得更加大胆，更加愿意发言。从欧老师的课堂，我能感受到她深厚的专业知识积淀，并能融合于课堂之中。

3. 教学效益上，课堂有"效"

本节课主要是以小组的形式进行讨论、回答、评价打分，课堂气氛非常活跃。我印象中的文言文教学课是知识性很强，或者比较枯燥的，但是在这节课上，学生参与率特别高，真正做到了以学生为主体，是一堂有效率有灵魂的课。

《张衡传》课例

《张衡传》教学设计

一、教学目标

1. 语言建构与运用：掌握《张衡传》中重要文言实词、虚词的含义以及特殊句式的用法。

2. 思维发展与提升：掌握文言文对译方法并培养文白对译的思维，学以致用，提升文言文阅读能力。

3. 文化传承与理解：体会张衡、林鸣等人诠释出的探索钻研、担当奉献的工匠精神。

二、教学重点

1. 准确把握"属文""致思""际""再""乃"等文言实词、虚词的含义，以及"未之有也"这一特殊句式的用法。

2. 体会张衡、林鸣等人所诠释出的探索钻研、担当奉献的工匠精神。

三、教学难点

初步掌握文言文对译的方法并学以致用。

四、课时安排

一课时

五、教学过程

（一）导：趣味导入，提升兴趣。

以网络流行语的文言翻译作为导入，激发学生文白对译的兴趣。

汝曹神通不可测，胡不升天穷碧落。——瞧给你能的，你咋不上天呢？

太仆风尘前路熟，能否并驾携我游。——老司机带带我。

玉树立风前，驴骡正酣眠。——丑的人都睡了，帅的人还醒着。

（二）读：朗读课文，整体感知。

课前朗读，帮助学生快速进入上课状态。

再次朗读，读准字音、断句，整体感知文章风格。

（三）译：翻转课堂，预习检测。

通过学案上的预习作业，学生自主掌握"属文""致思""际""再""乃""未之有也"等文言实词、虚词、特殊句式的含义，将文言文翻译成白话文。

课堂上利用"翻转课堂"的形式，学生自主展示预习成果。

（四）练：反弹琵琶，巩固要点。

通过学案上的预习作业，学生将文言文翻译为白话文之后，反弹琵琶，再将白话文翻译成对应的文言文。

课堂上利用"翻转课堂"的形式，学生自主展示预习成果，加深对重点实词、虚词、特殊句式的理解、记忆与把握。

（五）用：文白对译，学以致用。

通过小组讨论的方式，将白话文段《大国工匠——林鸣传》翻译成文言文，要求用到《张衡传》中所学到的文言实词、虚词、特殊句式。

大国工匠——林鸣传

《卫报》写文章赞叹说："港珠澳大桥是世界新七大奇迹之一。"大桥如一条卧在水上的巨龙，历时十年才完成，横跨伶仃洋，连接港珠澳三地。它的施工难度从书籍的记载来看，还未曾有过这种情况。因为要在海底把三十三节沉管如符契一样成功对接，严密得没有一丝缝隙。带领大家完成这一壮举的，正是已年近六十岁的工程师——林鸣。

林鸣是江苏兴化人，在桥梁制造方面颇用心思。十年来，林鸣每天都晨跑十公里以上，他说："我用身体的疲劳来驱赶精神上的疲劳，也在奔跑中思考。"十年来，林鸣从不曾考虑自己的私事，他两度住院，手术做完才几天，就马上回到施工一线。

"桥的价值在于承载，而人的价值在于担当"，林鸣以大桥来表达和寄托情意与志向，是大国工匠的代表。

（参考译文）

大国工匠——林鸣传

《卫报》属文叹曰："港珠澳大桥实乃世之新七大奇观也。"桥如长龙卧波，十年乃成，跨伶仃，衔三地。其难自书典所记，未之有也。盖欲以三十有三沉管若合一契于渊，覆盖周密无际。率众就此举者，年且花甲之工匠林鸣也。

鸣，江苏兴化人也，尤致思于造桥。十载，鸣日咸走数十里，曰："吾以筋骨之劳而驱心神之疲，亦于走中思。"十稔，鸣未尝图身之事，再入院，术毕数日，乃反。

"桥之价于载，且人之价于担"，鸣以桥宣寄情志，乃大国工匠之范。

1. 小组合作，讨论译文。
2. 小组展示，思维碰撞。
3. 老师范文，评讲鼓励。
4. 学生对照，自主评分。

（六）结：对译小结，思想升华。

对现状的思索，对创新的追求，对尝试的包容，对超越的欣喜，是对包括张衡、林鸣在内的大国工匠精神的概括。由古至今，正是有了这种工匠精神，我们的国家才能够永葆发展的活力。同学们，你们生逢其时，生逢其地，努力吧，祖国的未来，粤港澳大湾区的发展，将由你们续写浓墨重彩的新篇章！

六、作业布置

学以致用，宣寄情志。请同学们运用今天所学到的文白对译的方法，为你的父母创作一篇二百字左右的传记，表达你对他们的爱。

《张衡传》导学案

一、课前预习

学生借助教辅及字典，进行预习，完成以下题目。

（一）译：翻译下列句子，解释加点字的意思。

1. 衡少善属文，游于三辅。

_____

属文：

2. 衡善机巧，尤致思于天文阴阳历算。

_____

致思：

3. 皆隐在尊中，覆盖周密无际。

_____

际：

4. 京师学者咸怪其无征。

_____

咸：

5. 乃作《思玄赋》以宣寄情志。

_____

宣寄情志：

6. 再迁为太史令。

_____

再：

7. （1）十年乃成。

_____

乃：
（2）衡乃诡对而出。

___

乃：
8.（1）虽才高于世，而无骄尚之情。

___

（2）虽一龙发机，而七首不动。

___

虽……而……：
9. 张衡字平子，南阳西鄂人也。

___

也：
10. 自书典所记，未之有也。

___

未之有也：
（二）练：把下列白话文翻译成文言文，注意划线词语。

1. 张衡从小就擅长写文章，曾到三辅一带游学。

___

2. 张衡擅长器械方面制造的巧妙，尤其在天文、气象和历法方面用心思。

___

3. 都隐藏在酒樽形的仪器中，覆盖严密得没有一点缝隙。

___

4. 京城的学者都责怪它没有应验。

___

5. 就写作《思玄赋》来表达和寄托自己的情意、志向。

___

6. 两次升迁为太史令。

___

7.（1）十年才写成。

___

（2）张衡就没有用实话对答，然后出来了。

___

8. <u>虽然</u>比世人才华高，<u>但是</u>没有骄傲自大的情绪。

（地震发生时）<u>虽然</u>有一条龙的机关发动，<u>但是</u>其他七个龙头不移动。

9. 张衡，字平子，<u>是</u>南阳郡西鄂县人。

10. 古籍的记载中，<u>还没有这件事</u>。

二、对译练习

用：请把下列白话文翻译成文言文，注意运用本课涉及的文言实词、虚词和句式。

大国工匠——林鸣传

《卫报》写文章赞叹说："港珠澳大桥是世界新七大奇迹之一。"大桥如一条卧在水上的巨龙，历时十年才完成，横跨伶仃洋，连接港珠澳三地。它的施工难度从书籍的记载来看，还未曾有过这种情况。因为要在海底把三十三节沉管如符契一样成功对接，严密得没有一丝缝隙。带领大家完成这一壮举的，正是已年近六十岁的工程师——林鸣。

林鸣是江苏兴化人，在桥梁制造方面颇用心思。十年来，林鸣每天都晨跑十公里以上"，他说："我用身体的疲劳来驱赶精神上的疲劳，也在奔跑中思考。"十年来，林鸣从不曾考虑自己的私事，他两度住院，手术做完才几天，就马上回到施工一线。

"桥的价值在于承载，而人的价值在于担当"，林鸣以大桥来表达和寄托情意与志向，是大国工匠的代表。

三、作业布置：学以致用，宣寄情志。

请同学们运用今天所学到的文白对译的方法，为你的父母创作一篇二百字左右的传记，以表达你对他们的爱。

《张衡传》教学实录

师：同学们，你们作为年轻人，一定知道不少网络流行语吧。大家看看这几句，有你们熟悉的吗？

"汝曹神通不可测，胡不升天穷碧落。"

生：瞧给你能的，你咋不上天呢？（一生小声回答）

师：天哪，你怎么这么聪明！那"太仆风尘前路熟，能否并驾携我游"呢？

生：老司机带带我。

师：太棒了，老司机带带我，我要去——

生（合）：去省城。（笑）

师：那这一句呢？"玉树立风前，驴骡正酣眠。"

生（合）：帅的人还醒着，丑的人都睡了。

师：帅的人还醒着，丑的人都睡了。所以你是醒着还是睡了呢？

生（合）：醒着。（大笑）

师（笑）：嗯，醒着。同学们，不只这些搞笑的网络流行语被翻译成文言文之后，格调上升了 N 倍，还有一些稀松平常的告白，比如我爱你，被翻译成文言文之后，瞬间变得文采飞扬又感人肺腑呢！请大家一起来看这段小视频。

师播放视频。生认真观看，不时发出感叹。

师：大家看完之后有没有感觉到文言文的魔力呢？你们想不想出口成章，说一口或写一手流利的古文呀！

生：想，但是觉得自己做不到。

师：没关系，我们今天就一起来学习文白对译的方法，相信大家这节课结束就会有文白对译的勇气了。我们一起做一番尝试吧！

生（点头）

师：请同学们朗读《张衡传》，在读准字音、断句的基础上，整体感知文章风格。

生齐读课文。

师：通过大家的朗读，老师可以感受到大家下课应该是做了认真的预习。那下面我们就来进行预习检测。因为是预习检测，老师就找两个同学来主持吧。张启明，李燕东，来，交给你们。

生（张启明）：老师把这个任务交给了我们，希望大家积极配合哈（笑）。下面我讲一下比赛规则。我负责提问，当我念完句子说开始之后，哪个小组先站起来，或者哪个小组站起来的人最多，就请哪个组回答。回答的时候不允许看自己的学案，否则答题无效，其他组的同学竖着耳朵听，可以挑他们的毛病，要是大家都挑不出毛病来，李燕东就给那个小组贴一颗星星。最后我们看看哪个小组得到的星星最多，我们就有奖励！明白了吗？

生（合）：明白了！（跃跃欲试状）

生（张启明）：第一道题——衡少善属文，游于三辅。开始。

生（纷纷起立）

生（张启明）：来，蔡雨均这一组。

生（蔡雨均）：张衡从小就擅长写文章，曾到三辅一带游学。

生（张启明）：很好。

生（张启明）：第二道题——衡善机巧，尤致思于天文阴阳历算。开始。

生（纷纷起立）

生（张启明）：来，黄逸坤这一组。

生（吕英丽）：张衡擅长器械方面制造的巧妙，尤其在天文、气象和历法方面用心思。致思是用心思的意思。

生（张启明）：很好，特别棒。

生（张启明）：第三道题——皆隐在尊中，覆盖周密无际。开始。

生（纷纷起立）

生（张启明）：来，钟丽雯这一组。

生（钟丽雯）：都隐藏在酒樽形的仪器中，覆盖严密得没有一点缝隙。际是缝隙的意思。

生（张启明）：很好，特别棒。

生（张启明）：第四道题——京师学者咸怪其无征。开始。

生（纷纷起立）

生（张启明）：来，苏佳乐这一组。

生（苏佳乐）：京城的学者都责怪它没有应验。咸是都的意思。

生（张启明）：很好，特别棒。

生（张启明）：第五道题——乃作《思玄赋》以宣寄情志。开始。

生（纷纷起立）

生（张启明）：来，黄逸坤这一组。

生（黄逸坤）：就写作《思玄赋》来表达和寄托自己的情意和志向。宣寄情志是表达和寄托自己的情意和志向的意思。

生（张启明）：很好，特别棒。

生（张启明）：第六道题——再迁为太史令。开始。

生（纷纷起立）

生（张启明）：来，张识君这一组。

生（张识君）：两次升迁为太史令。再是两次的意思。

生（张启明）：很好，特别棒。

生（张启明）：第七道题——十年乃成。开始。

生（纷纷起立）

生（张启明）：来，郑帅这一组。

生（郑帅）：十年才写成。乃是才的意思。

生（张启明）：还有一题。衡乃诡对而出。

生（郑帅）：张衡就没有用实话对答然后出来了。乃是于是、就的意思。

生（张启明）：第八道题，有两道。虽才高于世，而无骄尚之情。开始。

生（纷纷起立）

生（张启明）：来，曾馨莹这一组。

生（苏佳乐）：虽然比世人才华高，但是没有骄傲自大的情绪。另一句是的意思是虽一龙发机，而七首不动。虽……而……是虽然……但是……的意思。

生（张启明）：很好，特别棒。

生（张启明）：第九道题——张衡字平子，南阳西鄂人也。开始。

生（纷纷起立）

生（张启明）：来，杨天一这一组。

生（杨天一）：张衡，字平子，是南阳郡西鄂县人。也，表示判断。

生（张启明）：很好，特别棒。

生（张启明）：第十道题——自书典所记，未之有也。开始。

生（纷纷起立）

生（张启明）：来，朱尊珠这一组。

生（朱尊珠）：从古籍的记载中，还没有这件事。未之有也是还没有这件事的意思，是宾语前置句。

生（张启明）：很好，特别棒。

李燕东公布现在各组获得的星星数量，有的组兴高采烈，有的组垂头丧气，还有的组跃跃欲试。

生（张启明）：大家先别着急，还有机会。我们下面要反弹琵琶，把白话文翻译成文言文。大家准备好了吗？

生（合）：好了！

生（张启明）：第一道题——张衡从小就擅长写文章，曾到三辅一带游学。开始。

生（纷纷起立）

生（张启明）：来，谢清早这一组。

生（谢清早）：衡少善属文，游于三辅。

生（张启明）：很好。

生（张启明）：第二道题——张衡擅长器械方面制造的巧妙，尤其在天文、气象和历法方面用心思。开始。

生（纷纷起立）

生（张启明）：来，叶碧怡这一组。

生（叶碧怡）：衡善机巧，尤致思于天文阴阳历算。致思是用心思的意思。

生（张启明）：很好，特别棒。

生（张启明）：第三道题——都隐藏在酒樽形的仪器中，覆盖严密得没有一点缝隙。开始。

生（纷纷起立）

生（张启明）：来，蔡雨均这一组。

生（蔡雨均）：皆隐在尊中，覆盖周密无际。际是缝隙的意思。

生（张启明）：很好，特别棒。

生（张启明）：第四道题——京城的学者都责怪它没有应验。开始。

生（纷纷起立）

生（张启明）：来，杨怡慧这一组。

生（杨怡慧）：京师学者咸怪其无征。咸是都的意思。

生（张启明）：很好，特别棒。

生（张启明）：第五道题——就写作《思玄赋》来表达和寄托自己的情意

和志向。开始。

生（纷纷起立）

生（张启明）：来，梁煜喆这一组。

生（梁煜喆）：乃作《思玄赋》以宣寄情志。宣寄情志是表达和寄托自己的情意和志向的意思。

生（张启明）：很好，特别棒。

生（张启明）：第六道题——两次升迁为太史令。开始。

生（纷纷起立）

生（张启明）：来，方傑楠这一组。

生（方傑楠）：再迁为太史令。再是两次的意思。

生（张启明）：很好，特别棒。

生（张启明）：第七道题——十年才写成。开始。

生（纷纷起立）

生（张启明）：来，苏佳乐这一组。

生（苏佳乐）：十年乃成。乃是才的意思。

生（张启明）：还有一题。张衡就没有用实话对答然后出来了。

生（苏佳乐）：衡乃诡对而出。乃是于是、就的意思。

生（张启明）：第八道题，有两道。虽然比世人才华高，但是没有骄傲自大的情绪。另一句是的意思是虽一龙发机，而七首不动。

生（纷纷起立）

生（张启明）：来，杨怡慧这一组。

生（杨怡慧）：虽才高于世，而无骄尚之情。开始。

虽……而……是虽然……但是……的意思。

生（张启明）：很好，特别棒。

生（张启明）：第九道题——张衡，字平子，是南阳郡西鄂县人。开始。

生（纷纷起立）

生（张启明）：来，张识君这一组。

生（张识君）：张衡字平子，南阳西鄂人也。也，表示判断。

生（张启明）：很好，特别棒。

生（张启明）：第十道题——从古籍的记载中，还没有这件事。开始。

生（纷纷起立）

生（张启明）：来，张嘉琪这一组。

生（张嘉琪）：自书典所记，未之有也。未之有也是还没有这件事的意思，是宾语前置句。

生（张启明）：很好，特别棒。课前预习展示环节结束，目前领先的是苏佳乐这一组。我和李燕东圆满完成任务，谢谢大家的配合。

生（纷纷鼓掌）

师：谢谢两位同学！老师非常高兴地看到同学们的预习情况非常好啊！暂时落后的小组先不要灰心，下面还有机会。同学们，大家知道几天后的 12 月 20 日是什么日子吗？

生：澳门回归 20 周年。

师：是的，澳门和珠海可以说是一衣带水，关系紧密，有一座桥的落成让珠海和澳门的联系更紧密，那就是港珠澳大桥。而港珠澳大桥的总工程师是谁，大家知道吗？

生（齐声答）：林鸣。

师：是的，林鸣是港珠澳大桥的总工程师。而港珠澳大桥是一个集桥、岛、隧为一体的建筑，那其中建筑难度最大的是哪一部分呢？

生（齐声答）：海底隧道。

师：是的，这个海底隧道长达 6.7 公里，要想保证长达 6.7 公里的海底隧道能够滴水不漏，林鸣和他的团队艰苦卓绝、自主攻关。下面就让我们通过这个短片来认识林鸣，认识港珠澳大桥。

师播放短片，生认真观看。

师：老师为林鸣写了一篇传记，下面我们就试着把这篇传记翻译成文言文哦！请大家齐读这篇传记。《大国工匠——林鸣传》预备起。

生齐读。

师：大家拿出学案，把预习时自己翻译的文言文互相分享，取长补短，提炼出一篇小组的佳作，一会儿我们一句一句来翻译，来分享。下面，给大家三分钟时间，小组讨论开始。

生开始小组讨论，师个别指导。

师：时间到，那我们就开始试着翻译吧。第一句——《卫报》写文章赞叹说："港珠澳大桥是世界新七大奇迹之一。"

生（纷纷举手）

师：请邓婷婷回答。

生：《卫报》属文叹曰："其为新奇迹于世也"。

师：很好，还用到了一个状语后置句。还有其他同学想分享你的译法吗？

生：我翻译的是，《卫报》属文叹曰："港珠澳大桥实乃世之新七大奇观也。"

师：很好，这样的译法让我想起王安石《游褒禅山记》中的一句话，"世之奇伟瑰怪非常之观，常在于险远"。好，下一句。大桥如一条卧在水上的巨龙，历时十年才完成，横跨伶仃洋，连接港珠澳三地。

生（纷纷举手）

师：请邓婷婷回答。

生：长桥卧波，十年乃成，横伶仃，连三地。

师：横伶仃，连三地好不好！

生（齐说）：好！

师：我们能不能精益求精，把"连"换一个字？

生（蔡雨均）：衔。范仲淹的《岳阳楼记》中有一句"衔远山，吞长江，浩浩汤汤，横无际涯"，我觉得"衔"用在这里很好。

生（纷纷鼓掌）

师：衔，特别好，大家迁移运用、学以致用的能力让老师惊叹啊！下一句，它的施工难度从书籍的记载来看，还未曾有过这种情况。这一句很简单了吧。

生（纷纷举手）

师：这么多人举手。来，请朱宇晴回答。

生：其难自书典所记，未之有也。

师：这句话应该没有什么争议吧。来，下一句，因为要把三十三节沉管在海底如符契一样成功对接，严密得没有一丝缝隙。这一句有点难度哦。

生（思考状）

师：请钟丽雯回答。

生：欲以三十有三沉管于海底如符契对接，覆盖周密无际。

师：翻译得不错，只是"在海底如符契一样成功对接"这一句怎么翻译更合适呢？大家看到"符契"会想到《兰亭集序》里的哪句话呢？

生：每览昔人兴感之由，若合一契。

师：特别好！借鉴一下，我们可以把这句话翻译成什么呢？请吕英丽来说一下。

生：盖欲以三十有三沉管若合一契于渊，覆盖周密无际。

师：大家觉得怎么样？

生：好！

师：老师也觉得很棒。我们再看下一句"带领大家完成这一壮举的，正是已年近六十岁的工程师——林鸣。"

生：带领众人就此壮举者，林鸣也。林鸣，年近花甲之工匠也。

师：同学们，文言文和白话文有一个最大的区别是什么？文言文是以单音节词为主，还是以双音节词为主呢？

生：单音节词。

师：那么"带领大家完成这一壮举"怎么翻译呢？蔡雨均你再来说一下。

生：率众就此举者。

师：嗯，很好。率是带领，众是大家。所以这句话可以翻译为"率众就此举者，年且花甲之工匠林鸣也。"继续看下一句，"林鸣是江苏兴化人，在桥梁制造方面颇用心思。"这一句很简单吧？

生：鸣，江苏兴化人也，尤致思于造桥。

师：特别好，这一句是判断句，"也"字表示判断。好，继续下一句"十年来，林鸣每天都晨跑十公里以上，他说："我用身体的疲劳来驱赶精神上的疲劳，也在奔跑中思考。"这句话有点长哦。

生：十年，鸣日咸走十公里，曰："吾以体之劳而驱神之疲，亦于走中思。"

师：同学们，我们学过一些表示"年"的字，还记得有哪些吗？

生：岁、载，还有稔。

师：很棒！那十年就可以有多种翻译方式了。还有身体的疲劳你会想到哪一句古文？天将降大任于是人也，必先……

生：必先苦其心志，劳其筋骨，饿其体肤，空乏其身……

师：所以我们可以怎样翻译身体的疲劳呢？

生：筋骨之劳。

师：很好。所以这一句老师翻译为"十载，鸣日咸走数十里，曰：'吾以筋骨之劳而驱心神之疲，亦于走中思。'"好，下一句，"十年来，林鸣从不曾考虑自己的私事，他两度住院，手术做完才几天，就马上回到施工一线。"

生：十稔，鸣未尝思一己之私，再寓院，术毕数日，乃归一线。

师：很好。用了"十稔"表示"十年"，"寓"是我们积累过的，意思是"住"。但是"一线"这个词怎么样？是不是太现代化了呀！

生：是的，省略吧。

师：所以我们可以翻译为"十稔，鸣未尝图身之事，再寓院，术毕数日，乃反"，这里"反"是一个通假字，通"返回"的"返"。好，最后一句，"'桥的价值在于承载，而人的价值在于担当'，林鸣以大桥来表达和寄托情意与志向，是大国工匠的代表。"

生："桥之价于载，且人之价于担"，鸣以桥宣寄情志，乃大国工匠之范。

师：太棒了！同学们，那我们就一起把这篇白话文翻译成了文言文。让我们一起来读一下我们翻译的参考译文。

生齐读。

师：同学们，曾经在一个采访中，林鸣以桥梁工程师的视角说道："现在，包括港珠澳大桥、深中通道、虎门二桥还有正在规划的伶仃洋大桥，将来东西连通后，珠江口区域将会成为一个超级城市。从这个意义上说，超级工程不能简单地用工程经济指标来衡量，而要用社会发展的战略价值去考量。它正在改变格局，改变人的思路，改变城市化的观念。"对现状的思索，对创新的追求，对尝试的包容，对超越的欣喜，是对包括张衡、林鸣在内的大国工匠精神的概括，由古至今，正是有了这种精神我们的国家才能够永葆发展的活力。同学们，你们生逢其时，生逢其地，努力吧，祖国的未来，粤港澳大湾区的发展，将由你们续写浓墨重彩的新篇章！

师：同学们，最后我们来看一下这节课哪一组表现最好，获得的星星最多。

生："方程组"。

师：是的，恭喜"方程组"！请"方程组"的同学们上台领奖。

生上台领奖。

师：同学们，那你们觉得哪位同学表现得最好呢？

生：蔡雨均。

师：众望所归啊，蔡雨均同学翻译得确实很棒，恭喜获得"文白对译MVP"称号！

生上台领奖。

师：同学们，今天我们学习了文白对译的方法，不仅掌握了《张衡传》的重点文言知识，还把一篇具有时代精神的《林鸣传》翻译成了文言文，以此来致敬大国工匠，学习工匠精神。同学们，通过这节课老师看到了大家良好的文言基础与探究的热情，希望这节课为大家带来勇气与信心，离文言文更进一步。那么今天的作业是请大家运用今天所学到的文白对译的方法，为你的父母创作一篇二百字左右的传记，表达你对他们的爱。

师：同学们，这节课就上到这里，下课。

生：谢谢老师，老师再见。

师：同学们再见。

《张衡传》专家评析

一、任教老师关于课程设计的陈述

任教老师——珠海市广东实验中学金湾学校田卓艳老师：感谢各位老师在百忙之中莅临指导，下面由我简要叙述本节课的设计理念。还记得我第一次接触到文言文对译课，是在红旗中学听赵美欢老师的课《陈情表》，当时我的脑海中就涌现出一个念头，就是我想把林鸣的故事告诉给学生。因此我在创作对译白话文段的时候，抓住《张衡传》这篇课文给我留下的最深刻的印象——张衡制造地动仪的事件以及工匠精神，发散开去，结合现实。立足珠海区位优势以及澳门回归二十周年这一重大事件，联想到当今大国工匠的代表林鸣及伟大工程港珠澳大桥。因此我在查阅相关资料的基础上创作了《大国工匠——林鸣传》，希望增加这节课的时代气息，让学生感受到祖国的繁荣与强大，也对学生做价值观的引导，弘扬探索钻研、担当奉献的工匠精神。

在预习检测环节，我运用"翻转课堂"的形式，让学生主持，以小组为单位回答，充分调动学生学习的主动性，不仅检验了课前预习情况，也活跃了课堂气氛。这节课还运用了小组合作探究的方法，利用激励机制，调动课堂气氛，发挥学生的主动性，取长补短，自我进步。在这堂课上，学生的积极性被极大地调动了，但是也因此造成了一个遗憾，就是时间的把握。因为太多学生站起来回答问题，所以在自主预习检测时，花费的时间超出了我的设想。希望自己以后对于课堂各个环节时间的把握能够更好，谢谢各位老师。

二、听课老师对课例进行评价

珠海市广东实验中学金湾学校吴戈老师：对于田老师在繁忙的常规工作中准备了一节精彩的文言文对译课这一点，我是非常钦佩的。田老师工作时间并不长，但是执教是老练的，纯熟的。围绕着核心素养的语言构建与运用展开，语法现象在课中给学生梳理，把梳理来的知识迁移到运用中。这节课的实用价值有两点，一是学生对文言文的理解和对文言文语法现象的把握，还有一点非常值得我们学习的是围绕着习总书记所说的"立德树人"的根本任务来完成，让学生理解和学习大国工匠的精神，也是最后拔高的内容。最后，我认为学生的生成是热烈的，这是在高中课堂中很难得的。

珠海市红旗中学赵美欢老师：田老师的课让我非常意外，意外表现在以下几点。一是运用了"翻转课堂"的理念，把课堂直接交给学生来把控，学生也不负众望，做得很漂亮。可以看出田老师事先应该下足了功夫，平常注重对学生的训练。二是课前导入运用了网络流行语，体现了课题"互联网+"的理念，引发了学生的兴趣，为"翻转课堂"做了铺垫。三是文白对译文本运用了珠海本土的事件，学生读起来非常有亲切感，这也促进了热烈的课堂氛围的呈现。

珠海市红旗中学郑文佳老师：我认为田老师的这堂课主要有五个优点。一是田老师是完全按照"文白对译六字诀"来组织课堂的，掌握了文白对译的精髓，课堂组织有序，逐步推进。二是这堂课的文白对译迁移对接点非常明确。这篇文言文有哪些知识点是需要学生掌握的，在课件上都有体现，学生能够清晰地知道学了这节课后我应该要掌握的知识点是哪些。三是田老师运用评价、小组竞赛的方式，激发学生积极性。学生的活跃度来自小组的积分表。积分表也是我们在对译教学中经常用到的。四是田老师的白话短文的撰写非常有时代性、新鲜感。而且恰到好处地运用视频，也体现了我们的课题是基于互联网的对译研究，体现了课题要素。五是最后的小结升华思想，文白对译往往注重对字词句的解释，疏于对文章的"文以载道"的分析，而田老师的这堂文白对译课把工匠精神体现出来了，激发了学生的爱国情操。因此整节课从文言文对译课来讲上得是有模有样，十分老到的。如果实在要指出不足的话，就是白话文的翻译，有一些值得商榷的地方。比如年且花甲之工匠林鸣也，我们现在觉得工匠比工程师地位低一点，所以两者是否有区别，或者可不可以用匠师呢？

珠海市金湾区教育科研培训中心汤凤珍老师：田老师是严格执行了文言文对译六字诀的精髓的，学生的兴趣在田老师的引导下生成。而且田老师的导入激趣，一下子提升了学生的兴趣，体现了文白对译的美与魅力。另外，文白对译环节很见田老师的功力，可见在准备时下了苦功夫。但是有一个弱点是在基础落实的时候如何推进课堂，如何把握课堂的时间，这个还需要田老师来思考。

《寡人之于国也》课例

《寡人之于国也》教学设计

【教学目标】

1. 语言建构与运用：立足文本语言，运用学习的文言文实词、虚词译白话文；

2. 思维发展与提升：运用学习过的古文来表述当下生活，运用于平日的写作；

3. 文化传承与理解：提高对文言文的认知，理解学习优秀传统思想的重要意义。

【教学重难点】：

1. 重点：

整合《寡人之于国也》中繁杂丰富的文言文现象

2. 难点：

运用《寡人之于国也》及以前所学的文言文实词用于《鄙人之于学也》的白话文翻译

【主要教学方法】：

1. 回顾《寡人之于国也》文本，整理文本中的重要实词、虚词

2. 通过立足文本语言分析、初步掌握简单的文言文对译方法。

3. 通过对话朗读、情景演绎，体味《寡人之于国也》中梁惠王、孟子的人物形象和情感态度，拉近学生与文本的距离。

4. 采用"自主、合作、探究"的学习方法，充分调动学生的积极性，充分发挥他们的主观能动性，让学生"一课一得"，真正激发学生的语文学习兴趣。

【教学过程】：

1. **【导——导入课题】**：这周五，是你奶奶66岁大寿，回想到多年来奶奶对自己的疼爱，你想向班主任请假，回家给奶奶祝寿。你该写一份怎样的请假

条来打动班主任?

预设一:

尊敬的班主任,因奶奶周五过66岁生日,我需要请假回家参加寿宴,特向你请假一天,望批准。

预设二:

今逢祖母大寿,祖母今年六十有六,是生读书之时日长,而报祖母之日短。吾师常以孝仁教诲我等,愿师谅吾一片拳拳孝心,得批吾假。

【解析题目】

《寡人之于国也》

译成现代汉语:本王对于这个国家啊

对比体味:文言文更精炼、简洁、蕴藉的特点

2. 【读——诵读】

对话还原:情景演绎法

第一组同学分角色演绎梁惠王与孟子

第二组同学分角色演绎梁惠王与孟子

对比两组同学朗读效果,体验不同人物身份应该呈现的神态、语气,以诵读方式走进课文人物本身

3. 【译——文白对译】

(1) 文本分析

梁惠王曰:"寡人<u>之</u>于国也,尽心焉耳矣。<u>河</u>内凶,则移其民于河东,移其粟于河内;河东凶亦然。<u>察</u>邻国之政,无如寡人之用心者。邻国之民不<u>加</u>少,寡人之民不加多,何也?"

孟子对曰:"王好战,<u>请</u>以战喻。填然鼓之,兵刃既接,弃甲曳兵而<u>走</u>。<u>或</u>百步而后止,或五十步而后止。以五十步笑百步,<u>则何如</u>?"

曰:"不可,<u>直</u>不百步<u>耳</u>,是亦走也。"

曰:"王如知此,则<u>无望民之多于邻国也</u>"

之:_____ 河:_____ 察:_____ 加:_____ 请:_____

走:_____

或:_____ 则何如:_____ 直……耳:_____ 无:_____ 多于邻国:_____

(2) 概括文言文语用现象:

古今异义、一词多义、词类活用、通假字、判断句、省略句、倒装句……

（3）对译小测试：根据白话文，回答相应的文言文语段

1. 黄河以北遭遇荒年，就把那里的百姓迁移到黄河以东，把黄河以东的粮食运到黄河以北。

预设：河内凶，则移其民于河东，移其粟于河内；

2. 兵器刀锋已经相交撞击，扔掉盔甲拖着兵器逃跑。

预设：兵刃既接，弃甲曳兵而走

3. 大王如果懂得这个道理，那不必去期望您的国家的民众比邻国增多啦。

预设：王如知此，则无望民之多于邻国也

4. 不违背农时，粮食就吃不完。密网不进池塘捕鱼，鱼鳖就不会吃完。

预设：不违农时，谷不可胜食也；数罟不入洿池，鱼鳖不可胜食也

5. 猪狗吃人所吃的食物，（贵族们）却不加制止，路上有饿死的人（官府）却不知道打开粮仓赈救灾民

预设：狗彘食人食而不知检，涂有饿莩而不知发

4.【练——对照练习】对照《寡人之于国也》的文言现象、句式特点将下面的白话文翻译成文言文——《鄙人之于学也》。

（1）白话文：学生说："我对于学习，实在是尽心了。"

预设：生曰：鄙人之于学也，尽心焉耳矣。

（2）白话文：每天早起晚睡，读书背书；在课堂上，老师讲解知识传授道理解答疑惑时，我都全神贯注地听。

预设：夙兴夜寐，读之诵之；于课堂之上，师者传道受业解惑之际，余亦凝神不移。

（3）白话文：下课后，每项作业我都全力以赴地完成。观察身边的同学，没有像我这样用心对待学习的，但是我的学习却没有进步，为什么会这样呢？

预设：课堂之下，作业练习悉尽心竭力毕之。察同窗之学，无如鄙人之用心者，然鄙人之学业未有进益，何也？

（4）白话文：老师回答："你喜欢读书，那就让我用读书来打比喻吧。课堂之上，不会读书的人，尽管用耳朵听，嘴巴说，却从不记笔记；会读书的人，耳朵听着，心里记着，听懂后记笔记，记完笔记懂得使用。有时遇到不会的，一定会寻求老师帮助。这才是尽心了！"

预设：师曰："子好学，请以学喻。于课堂之上，不善学者，虽入乎耳，出乎口，听而不书；善学者，入乎耳，出乎口，著乎心，听而后书，书而后用；或遇惑，必求于师。此乃尽心哉！"

5.【用——学以致用】

（1）文言文可用于作文写作——高考满分作文展示（古白话写就《赤兔之死》）

建安二十六年，公元221年，关羽走麦城，兵败遭擒，拒降，为孙权所害。其坐骑赤兔马为孙权赐予马忠。一日，马忠上表：赤兔马绝食数日，不久将亡。孙权大惊，急访江东名士伯喜。此人乃伯乐之后，人言其精通马语。马忠引伯喜回府，至槽间，但见赤兔马伏于地，哀嘶不止。

众人不解，惟伯喜知之。伯喜遣散诸人，抚其背叹道："昔日曹操做《龟虽寿》，'老骥伏枥，志在千里。烈士暮年，壮心不已'，吾深知君念关将军之恩，欲从之于地下。然当日吕奉先白门楼殒命，亦未见君如此相依，为何今日这等轻生，岂不负君千里之志哉？"

赤兔马哀嘶一声，叹道："予尝闻，'鸟之将死，其鸣也哀；人之将死，其言也善。'今幸遇先生，吾可将肺腑之言相告。吾生于西凉，后为董卓所获，此人飞扬跋扈，杀少帝，卧龙床，实为汉贼，吾深恨之。"

——《赤兔之死》节选

（2）文言文可为我们的生活增色——我们可以怎样使用文言文？

你想表达平日里的积累对学习的重要性：

预设：故不积跬步无以致千里

你想表达坚持不懈地学习才能成功：

预设：锲而舍之，朽木不折；锲而不舍，金石可镂

你想表达久未回家的期盼，终于到家的欣喜：

预设：问征夫以前路，恨晨光之熹微

预设：乃瞻衡宇，载欣载奔

你想表达我们的内心世界不应受外界的赞美或批判而改变的心境：

预设：不以物喜，不以己悲

预设：且举世誉之而不加劝，举世非之而不加沮

6.【总结——文白对译的意义】

提升认知

孔子曰："言之无文，行而不远"一代有一代之精神，一代有一代之文学表达文言文是中国古代文化的源流和根脉文言文是中国古代思想的重要载体。

知从何处来，才知该往何处去。

《寡人之于国也》导学案

【学习目标】

1. 语言建构与运用：立足文本语言，学会运用学习的文言文实词译白话文；

2. 思维发展与提升：运用学习过的古文来表述当下生活，运用于平日的写作；

3. 文化传承与理解：提高对文言文的认知，理解优秀传统思想的重要意义。

【学习重点】 整合《寡人之于国也》中繁杂丰富的文言文现象

【学习难点】 运用《寡人之于国也》及以前所学的文言文实词用于《鄙人之于学也》的白话文与文言文对译

【学法指导】 诵读法 质疑法 讨论法 探究法

【学习过程】

1. 情景设想：这周五，是你奶奶66岁大寿，回想到多年来奶奶对自己的疼爱，你想向班主任请假，回家给奶奶祝寿。你该写一份怎样的请假条来打动班主任？

小练笔：＿＿＿＿＿＿＿＿＿＿＿＿＿＿＿＿＿＿＿＿＿＿＿＿＿＿

2. 知识大盘点：将下列文言文语段中加粗加下划线的词翻译成现代汉语，并写出其文言现象。

梁惠王曰："寡人<u>之</u>于国也，尽心焉耳矣。<u>河</u>内凶，则移其民于河东，移其粟于河内；河东凶亦然。<u>察</u>邻国之政，无如寡人之用心者。邻国之民不<u>加</u>少，寡人之民不<u>加</u>多，何也？"孟子对曰："王好战，<u>请</u>以战喻。填然鼓之，兵刃既接，弃甲曳兵而<u>走</u>。<u>或</u>百步而后止，或五十步而后止。以五十步笑百步，<u>则何如</u>？"

曰："不可，<u>直</u>不百步<u>耳</u>，是亦走也。"

曰："王如知此，则<u>无</u>望民之<u>多于邻国</u>也。"

之：＿＿＿＿＿ 河：＿＿＿＿＿ 察：＿＿＿＿＿ 加：＿＿＿＿＿ 请：＿＿＿＿＿

走：＿＿＿＿＿

或：＿＿＿＿＿ 则何如：＿＿＿＿＿ 直…耳：＿＿＿＿＿ 无：＿＿＿＿＿ 多于邻

国：_____

3. 对译小测试：根据白话文，写出相应的文言文语段

（1）黄河以北遭遇荒年，就把那里的百姓迁移到黄河以东，把黄河以东的粮食运到黄河以北。

_____

（2）兵器刀锋已经相交撞击，扔掉盔甲拖着兵器逃跑。

_____

（3）大王如果懂得这个道理，那不必去期望您的国家的民众比邻国增多啦。

_____

（4）不违背农时，粮食就吃不完。密网不进池塘捕鱼，鱼鳖就不会吃完。

_____

（5）猪狗吃人所吃的食物，（贵族们）却不加制止，路上有饿死的人（官府）却不知道打开粮仓赈救灾民

_____

4. 小试牛刀：对照《寡人之于国也》的文言现象、句式特点将下面的白话文翻译成文言文——《鄙人之于学也》。

白话文	学生说："我对于学习，实在是尽心了。"
文言文	
白话文	每天早起晚睡，读书背书；在课堂上，老师讲解知识传授道理解答疑惑时，我都全神贯注地听。
文言文	
白话文	课后，每项作业我都全力以赴地完成。观察身边的同学，没有像我这样用心对待学习的，但是我的学习却没有进步，为什么会这样呢
文言文	
白话文	老师回答："你喜欢读书，那就让我用读书来打比喻吧。课堂之上，不会读书的人，尽管用耳朵听，嘴巴说，却从不记笔记；会读书的人，耳朵听着，心里记着，听懂后记笔记，记完笔记懂得使用。有时遇到不会的，一定会寻求老师帮助。这才是尽心了！"
文言文	

《寡人之于国也》教学实录

师：同学们，上课！

生：老师好！

师：同学们好，设想这样一个场景，正逢你奶奶66岁大寿，你想向班主任请假回家给奶奶祝寿，你们会写一份怎样的假条来阐明理由，打动你的班主任？

（学生讨论中……）

生1：就像平时一样，把事情的原委一条条说清楚就好，我们班主任通情达理，一定会批假的。

（生笑）

生2：我想起了我们刚学的《陈情表》，作者李密写给皇帝的奏表感人肺腑，堪称千古名篇。我觉得我们可以借鉴一下，用来写假条。

师：非常好！正合我意！我这里给大家展示一下，我是怎样来写这份假条的。

（展示答案——今逢祖母大寿，祖母今年六十有六，是生读书之时日长，而报祖母之日短。吾师常以孝仁教诲我等，愿师谅吾一片拳拳孝心，得批吾假。）

师：同学们，普通白话文的假条和文言文写成的假条，哪种假条更能打动你？

生：文言文。

师：为什么文言文写成的假条更打动你呢？它的独特魅力在哪里？

生3：文言文读起来表达情感更典雅、蕴藉、隽永、打动人心、值得回味。

师：对的！这便是文言文独特的魅力所在，除此之外，我们再来翻译一下《寡人之于国也》这篇文章的题目。

生4：本王对于这个国家啊（实在是已经足够尽心了）。

师：翻译得相当精准！你发现没有，《寡人之于国也》的标题与"本王对于这个国家啊（实在是已经足够尽心了）"这题标题对比，有什么不同之处？

生4：文言文表达起来更加简洁、精炼！

师：是的，以上就是我们对文言文特点的总结。下面，我们请两组同学来演绎一段梁惠王与孟子的对话，注意两人不同身份、性格，说话的语气语调也是不尽相同的。

（生5、生6演绎对话；生7、生8演绎对话）

师：通过还原人物对话，我们可以最大限度地接近文言文中的人物，了解他们的心理状态和时代背景。

师：下面，我们来逐句分析《寡人之于国也》中的文言现象。同学们逐个来回答，我来总结。

（学生讨论、回答中）

师：好！通过同学们的答案，我们的总结如下：单音节词多、古今异义、一词多义、省略句、词类活用、倒装句、固定句式、判断句、通假字……

生9：倒装句的分类还包括了"状语后置、宾语前置、定语后置……"

师：非常好！可以看出这位同学文言功底较为深厚。下面，我们来进行对译小测试——根据白话文，回答相应的文言文语段——黄河以北遭遇荒年，就把那里的百姓迁移到黄河以东，把黄河以东的粮食运到黄河以北。

生10：河内凶，则移其民于河东，移其粟于河内；

师：兵器刀锋已经相交撞击，扔掉盔甲拖着兵器逃跑。

生11：兵刃既接，弃甲曳兵而走。

师：大王如果懂这个道理，那不必去期望您的国家的民众比邻国增多。

生12：王如知此，则无望民之多于邻国也。

师：下面对照《寡人之于国也》的文言现象、句式特点将下面的白话文翻译成文言文——《鄙人之于学也》。

（学生分小组讨论、回答）

师：学生说："我对于学习，实在是尽心了。"

小组1：生曰：鄙人之于学习也，尽心焉耳矣。

师：每天早起晚睡，读书背书；在课堂上，老师讲解知识传授道理解答疑惑时，我都全神贯注地听。

小组2：夙兴夜寐，读之诵之；于课堂之上，师者传道受业解惑之际，余亦凝神不移。

师：下课后，每项作业我都全力以赴地完成。观察身边的同学，没有像我这样用心对待学习的，但是我的学习却没有进步，为什么会这样呢？

小组3：课堂之下，作业练习悉尽心竭力毕之。察同窗之学，无如鄙人之用心者，然鄙人之学业未有进益，何也？

师：老师回答："你喜欢读书，那就让我用读书来打比喻吧。课堂之上，不会读书的人，尽管用耳朵听，嘴巴说，却从不记笔记；会读书的人，耳朵听着，心里记着，听懂后记笔记，记完笔记懂得使用。有时遇到不会的，一定会寻求老师帮助。这才是尽心了！"

小组4：师曰："子好学，请以学喻。于课堂之上，不善学者，虽入乎耳，出乎口，听而不书；善学者，入乎耳，出乎口，著乎心，听而后书，书而后用；或遇惑，必求于师。此乃尽心哉！"

师：从同学们的答案可以看出，你们以小组未单位完成对译作业，能够完成得如此优秀，一定是集中发挥了小组内所有成员的智慧！

师：同学们，文言文在现实生活中的运用其实离我们一点都不远。我们来看看2001年一篇高考满分作文——《赤兔之死》。

建安二十六年，公元221年，关羽走麦城，兵败遭擒，拒降，为孙权所害。其坐骑赤兔马为孙权赐予马忠。一日，马忠上表：赤兔马绝食数日，不久将亡。孙权大惊，急访江东名士伯喜。此人乃伯乐之后，人言其精通马语。马忠引伯喜回府，至槽间，但见赤兔马伏于地，哀嘶不止。

众人不解，惟伯喜知之。伯喜遣散诸人，抚其背叹道："昔日曹操作《龟虽寿》，'老骥伏枥，志在千里。烈士暮年，壮心不已'，吾深知君念关将军之恩，欲从之于地下。然当日吕奉先白门楼殒命，亦未见君如此相依，为何今日这等轻生，岂不负君千里之志哉？"

赤兔马哀嘶一声，叹道："予尝闻，'鸟之将死，其鸣也哀；人之将死，其言也善'，今幸遇先生，吾可将肺腑之言相告。吾生于西凉，后为董卓所获，此人飞扬跋扈，杀少帝，卧龙床，实为汉贼，吾深恨之。"

同学们，虽然我们无法以深厚的古文功底写就一篇洋洋洒洒的古文，但是，我们可以这样为我们的文章增添色彩：

（1）你想表达平日里的积累对学习的重要性：

生（齐答）：故不积跬步，无以至千里。

（2）你想表达坚持不懈地学习才能成功：

生（齐答）：锲而舍之，朽木不折；锲而不舍，金石可镂。

（3）你想表达久未回家的期盼，终于到家的欣喜：

生（齐答）：问征夫以前路，恨晨光之熹微；乃瞻衡宇，载欣载奔。

（4）你想表达我们的内心世界不受外界的赞美或批判而改变的心境：

生（齐答）：不以物喜，不以己悲/且举世誉之而不加劝，举世非之而不加沮。

师：同学们，文言文对我们来说是有难度也有距离的，但是为什么要学文言文呢？它的意义在哪里？孔子曰："言之无文，行而不远。"一代有一代之精神，一代有一代之文学表达，文言文是中国古代文化的源流和根脉，文言文是中国古代思想的重要载体。一个民族，知从何处来，才知该往何处去。下课！！

生：谢谢老师，老师再见。

《寡人之于国也》专家评析

郑文佳老师：李老师的课堂令人耳目一新，可以看出她有加入自己较多的个人思考，同时也敢于大胆尝试，上课收放自如，能恰到好处地引领着学生去思考、实践。最难能可贵的是李老师把"文言文对译"的现实作用与当下高考作文联系起来，强化了文言文在学习和生活中的现实意义。但是，这堂课有点不足的地方在于，《寡人之于国也》中的实词、句式没有一一在《鄙人之于学也》中对照落实，这会导致学生的学以致用没有办法看到实效。希望这一点上，能够进一步改进。

汤凤珍老师：李老师在语文教学实践上有较高的悟性，虽然之前参与的"文言文对译"课堂不多，但是能够根据"文言文对译"的课题性质自行琢磨、感悟出这堂课的上课内容和上课方式。这堂课选择《寡人之于国也》这篇文章也恰到好处，这篇文章文言现象丰富，也饱含人生哲理，参照《寡人之于国也》对译《鄙人之于学也》，操作性较强。但是希望老师还是一步步按照六大步骤来实践，走得更加稳当而妥帖。

参考文献

［1］王瑶. 信息技术与文言文教学整合模式研究［D］. 长春：东北师范大学，2007.

［2］冷冬梅. 信息技术让文言文教学更精彩［J］. 中小学电教，2010（6）.

［3］刘冬. 网络环境下的文言文自主学习模式及应用研究［D］. 长春：东北师范大学，2011.

［4］王安源. 信息技术与文言文阅读教学整合的模式及应用案例设计［D］. 长沙：东北师范大学，2012.

［5］袁建平. 有效整合信息技术资源促进文言文课堂和谐生成［J］. 软件导刊（教育技术），2012（10）.

［6］陈薪羽. 试论信息技术在中学语文文言文教学中的实践［J］. 语文建设，2014（6）.

［7］张静怡."文言文对译教学法"的实践与反思——以《两小儿辩日》为例［D］. 长沙：湖南师范大学，2016.

［8］蒋永华. 信息技术在文言文教学中的运用［J］. 文学教育，2017（10）.

［9］杨雪花. 文言文教学中如何利用信息技术突出学生的主体地位［J］. 甘肃教育，2018（5）.

［10］陆登峰. 信息技术与初中文言文教学有效融合的途径［J］. 青海教育，2019（1）.

［11］张晓红. 信息技术与初中文言文教学的有效融合［J］. 西部素质教育，2019（8）.

［12］中央教育科学研究所. 叶圣陶语文教育论集［M］. 北京：教育科学出版社，1980：606.

［13］刘坤. 桂生高岭莲出渌波［M］. 郑州：河南人民出版社，2010：7.

后　记

　　每一次发生重大的社会事件，对人们的意识和思想都会产生深远的影响。虽然疫情使校园封闭、师生阻隔，却阻挡不了教育工作者对梦想的追求。

　　在新冠肺炎疫情期间，我们潜心整理，认真打磨书稿，虽然有些内容还谈不上尽善尽美，甚至有些稚嫩，但展现的却是最真诚、质朴的思考和感悟。

　　本书能够顺利完稿并出版，离不开长期以来关心和支持课题组开展研究工作的各级专家、领导和同仁们，在此一并致以衷心的感谢！

　　感谢肇庆学院的胡海建、曾毅教授，《广东教育》杂志社的龙建刚主任，《师道》杂志社的邹韵文编辑，广东教育出版社的李朝明副社长，珠海分社的王茂协社长的关心和支持；感谢珠海市教研中心王健副主任，原珠海市高中语文教研员容理诚老师，现任珠海市高中语文教研员黄平老师，科研室的熊志权主任、刘文军老师，珠海市二中的特级教师刘坤老师，广东清远市清新一中的特级教师邹天顺老师的热心帮助。

　　尽管课题组成员在对书稿的写作过程中精益求精，付出了大量的心血，但因精力和水平有限，仍不免存在一些不足之处。读者朋友们在阅读和使用本书的过程中如发现问题，敬请指正。如有建议与意见，也请不吝赐教。特此致以真诚的感谢！